卷首语

创新，请先学会放下

当世界并不缺少汽车公司时，埃隆·马斯克放下了，Tesla（特斯拉）跨界拥抱互联网科技与能源产业，改写了传统汽车的历史；

当所有电商都对"重资产"嗤之以鼻时，刘强东放下了，京东颠覆了传统购物和物流的商业模式，破解了购物体验的桎梏；

当人与人越来越远时，马克·扎克伯格放下了，Facebook（脸书）改变了人们的社会交往习惯，开创了新时代社交网络的奇迹；

马云放下了，阿里诞生了；

乔布斯放下了，苹果上市了；

任正非放下了，华为成功了；

……

在这些成功企业家的背后，我们会发现一个最重要的品质，就是"放下"——不被以往的经验限制，不活在固有的观点和看法里。

一个人、一家企业过去的积淀，有的是经验，有的是包袱，还有的什么都不是，只是时间的记录。在当今科技进步日新月异、互联网无孔不入、商业模式变化万千的时代，新东西太多，变化太快，几乎不让你有片刻的歇息，你的大脑似乎也不可能装下这么多的新东西。所以，你必须先放下一些旧的、没有价值的东西，腾出空间，再装入这些新的东西，提高大脑的"含金量"。

当前，第四次工业革命风起云涌，随着消费升级和科技革新，人才、资金、技术快速聚集，新技术、新产业、新业态、新模式快速形成。它们相互作用，融合创新，并加速迭代，又不断催生出更新的、跨界的技术和范式。就像一个万花筒，蕴含着无限的可能。汽车行业正面临着它诞生 130 年以来前所未有的变量，朝向未来交通出行及服务产业开启新一轮的跃迁。

从 2014 年开始，北汽集团开始了"从传统的制造型企业向制造服务型和创新型企业转型"的战略转型之路，在产业创新方面做出了有益的探索和丰富的实践。每当我们以空杯心态，跳出传统汽车产业思维，再来审视全产业链的最新格局和前瞻趋势时，常有所思，亦有所得。

历史的发展，总有一些关键的节点、关键的时期。在这些时间与空间的交汇点上，火花不断迸发，机遇纷至沓来。想抓住机遇，需要创新思维，需要不困于过去、不惑于当下、不畏于将来，需要有准备而且有能力的人。

北汽集团总经理

前言

作为一本专供业内人士参考的报告，《下一站，繁荣》研究团队一直在思考，应该提供什么样的内容给大家。实际上我们已经走进一个信息过载的社会——我们还需要一本新的报告吗？答案是肯定的，在纷繁芜杂、真假难辨的信息中，我们越发希望获取真实的、经历时间考验的、能对我们工作起到帮助的信息。在每天"报告"狂轰滥炸的时代，这样的报告才会历久弥新、弥足珍贵。谈到汽车圈的变革，首当其冲的是这个曾经非常封闭的圈子变得喧嚣。国内，新旧汽车势力正在上演"你方唱罢我登场"的奇怪繁荣，传统势力合纵连横，新势力携天量融资，却极少看到质的飞跃；国外，汽车乃贸易摩擦兵锋所指，当买办、搭便车的发展模式已经难以为继。不管情愿不情愿，中国汽车工业三十年"成长的烦恼"要结束了，每家车企都要"杀死心中的男孩"，我们其实置身于一个内外交困、扭曲可疑的现实处境，我们都要面对那个残酷然而无比真实的未来。谈到未来，每个人都是亢奋的，电动化、智能化、网联化、共享化书写着汽车产业新四化的春天故事，拆解了这新四化，关于时间的节点并无把握，技术和模式的产业化、应用化如雾里看花。往往我们不要这宏大趋势，新四化的趋势从汽车诞生之日就已注定——我们要的是细分领域的机遇。历史是螺旋上升的，投资上踏空只是失去一个赚钱的机会，而产业上踏空，将失去真正的未来。我们要摸清这螺旋上升的一级级阶梯，才能拾级而上。我们是从汽车生产、产业咨询、学术界、高校出身的小小一线投资人，我们身处交易中央，我们收拢每年上百个项目调研的反思和所得，力争拆解开汽车这长长的产业链条，力争抽丝剥茧，从整车、传统零部件到新兴供应商、新入局科技公司等，去把握汽车产业最真实的脉动。我们这个先祖以"轩辕"命名的民族，在汽车产业能与欧、美、日争雄之时，对于产业界同人来讲，才叫"复兴"。

北汽产业投资 / 简介

北京汽车集团产业投资有限公司（以下简称"北汽产投"）成立于2012年年底，注册资本17.6亿元人民币，是世界500强企业北京汽车集团全资子公司，以及资本运作、股权投资、创新孵化、构建产业资本全价值链的核心平台。

作为以"引领产业投资方向"为目标的金融控股机构，北汽产投承担着推动汽车产业链升级和生态圈整合的使命，以资本催生创新动能，让金融赋能实体经济。自成立以来，北汽产投除关注当前仍具有一定增长空间的、北汽集团传统的汽车整车及核心零部件等优势产业之外，尤为关注代表新经济趋势的其他国家战略性新兴产业中的高成长企业。凭借雄厚的产业背景优势、强大的资本市场整合能力，以及良好的政府资源和地企关系，北汽产投组建了一支经验丰富、专业多元、素质优良的管理经营团队，先后发起设立了安鹏新能源汽车产业发展基金、汽车后市场基金、车联网发展基金、井冈山产业基金等41只基金，管理资金规模近300亿元人民币；在主打领域，积极投资了近100个优质企业和项目。

成立以来，北汽产投创新整合全产业链资源，投资优质项目，获得了社会的广泛关注与认可，连续5年斩获资本市场行业大奖，成为唯一入围"中国私募股权投资机构50强"的汽车产业资本，多次在新能源、高端装备制造等领域入围10强。

公司目前已形成"北汽产投"+"安鹏"的双品牌架构；建立了以产业投资为主体，以产业金融+金融科技为两翼的三位一体业务布局；构建了产业投资平台、产业加速平台、创新生态平台、金融服务平台四大平台，完善了汽车产业生态圈和创新金融服务圈。

CONTENTS
目录

第1章 汽车产业现状与趋势 /1
1.1 汽车产业整体经济运行情况 /2
1.2 双积分将为新能源汽车产业发展建立长效机制 /7
1.3 油耗与排放政策促进节能减排 /10
1.4 补贴政策促进优胜劣汰 /11

第2章 全球汽车发展、创新与投资 /13
2.1 从整车集团战略布局看汽车行业创新发展趋势 /14
2.2 全球汽车零部件供应商发展、创新与投资布局 /24

第3章 宏观经济形势 /44

第4章 汽车全产业链投资价值研究 /50
4.1 汽车动力系统 /52
    4.1.1 发动机 /52
    4.1.2 变速箱 /58

4.2 底盘与车体汽车电子 /64
    4.2.1 汽车制动系统 /64
    4.2.2 主动悬架系统 /70

4.3 轻量化——材料、结构与工艺 /73
    4.3.1 高强度钢 /75
    4.3.2 轻合金 /76

4.3.3 复合材料 /77

4.3.4 3D 打印技术 /81

4.4 新能源汽车 /84

4.4.1 新能源汽车整车 /86

4.4.2 动力电池产业链 /96

4.4.3 电驱动系统 /124

4.4.4 燃料电池 /133

4.4.5 功率半导体 /138

4.4.6 先进充电技术 /146

4.4.7 热管理 /149

4.5 智能网联汽车 /155

4.5.1 智能驾驶传感器 /155

4.5.2 ADAS /172

4.5.3 汽车网联 /178

4.5.4 车载芯片 /191

4.5.5 车载多媒体与交互系统 /199

4.6 汽车后市场 /209

4.6.1 大出行 /210

4.6.2 汽车新零售 /218

4.6.3 汽车维修保养 /228

4.6.4 汽车循环利用 /230

第 5 章 结束语 /235

汽车产业发展、创新与投资整体鸟瞰图

背景

社会背景
- 能源问题+环境问题
- 人口结构+城市化进程
- 出行方式+汽车使用行为发生变化

产业背景
- 电动化降低汽车产业参与门槛
- 科技巨头渗透至方方面面
- 汽车、信息化、数字化深度融合

技术背景
- 电动、智能、网联、共享、电商所需的底层技术基本完备
- 大公司的技术储备+新兴小公司的积木式创新
- 通信、互联网、工业互联网的技术飞跃

市场参与主体

- **整车企业**:奔驰、通用、丰田、宝马、福特、大众、本田、日产、北汽、吉利、比亚迪等
- **原有零部件巨头**:博世、德尔福、大陆、电装、伟世通、海纳川、华域等
- **其他领域的企业(希望进军汽车领域)**:宝能、汉能、五粮液
- **科技巨头**:谷歌、特斯拉、三星、松下、苹果、Uber、阿里、百度
- **新兴造车势力**:威马、蔚来、拜腾、小鹏、奇点等
- **初创机构**:Drive.ai、Pony.ai、地平线、Roadstar.ai、Perceptin等

→ **汽车产业蛋糕**

产业发展趋势

社会趋势
电动、智能重塑城市居民生活,汽车使用更高效,缓解拥堵问题,改变居住方式、出行方式,消费习惯等
重塑税收、交通等政策体系,颠覆燃油税收体系,新能源补贴体系也将重塑
大容量电池、快充技术等影响电网建设,电力体系、错峰储能等需求攀升

产业趋势
汽车生产周期显著缩短,成本显著降低
汽车生命周期里程增加,而更新速度显著加快
私人用车占比降低,产权和使用权分离成为常态
参与主体变化,蛋糕被产业外势力瓜分
供应商显著变革,颠覆维修保养体系
二手车交易频繁,流通体系、金融体系面临冲击
汽车产业产生巨大变革

技术趋势
车辆设计成本降低,AR/VR、3D打印、3D视觉、5G、区块链等助力电动、智能、网联、共享的发展,拓展汽车产业的内涵和外延

第1章
汽车产业现状与趋势

1.1 汽车产业整体经济运行情况

1. 2017年相关情况

2017年中国汽车产销量分别为2 901.5万辆和2 887.9万辆,连续九年蝉联全球第一。2017年,由于购置税优惠幅度减小的影响,汽车产销量同比增长3.19%和3.04%,增速比2016年同期回落11.27个百分点和10.61个百分点。

1)乘用车(图1-1)

2017年中国乘用车产量为2 480.67万辆,同比增长1.58%。从乘用车四类车型的产销量情况看,SUV促进乘用车产销量增长作用明显,交叉型乘用车市场继续萎缩。其中,轿车产销量同比分别下降1.4%和2.5%;SUV产销量同比分别增长12.4%和13.3%;MPV产销量同比分别下降17.6%和17.1%;交叉型乘用车产销量同比分别下降20.4%和20%。

图 1-1　2005—2017 年乘用车销量

2)商用车(图1-2)

(1)客车:2017年中国客车行业5米以上客车销售221 700辆,同比下降12.3%,实现销售收入近千亿元。三大细分市场销量与2016年相比均有所下滑,其中,公交销售98 571辆,下降15.4%;公路销售102 021辆,下降9.3%;校车销售21 108辆,下降10.9%。

(2)卡车:2017年,卡车(含非完整车辆、半挂牵引车)市场累计产销量分别为368.27万辆和363.34万辆,同比均增长16.9%。2017年,重型卡车(含非完整车辆、半挂牵引车)市场同比大增52.4%,增幅较2016年的33.1%扩大近20个百分点;中型卡车(含非完整车辆)市场与2016年几乎持平,增幅较2016年(14.29%)大幅减小。

图 1-2　2005—2017 年商用车销量

3）新能源汽车产销情况

- 据中汽协统计，新能源汽车2017年全年销售77.7万辆，同比增长53.3％，占整体市场的2.7％，比2016年提高了0.9个百分点。

- 在乘用车方面，2017年新能源乘用车的累计销量为57.8万辆，同比增长110.3％。其中，纯电动乘用车销量为46.8万辆；插电式混合动力乘用车销量为11.1万辆。2017年，在新能源汽车销量构成中，纯电动乘用车占总销量的60.23％，插电式混合动力乘用车、纯电动车商用车、插电式混动车合动力商用车分别占总销量的14.29％、23.68％和1.80％。

- 从车型看，纯电动车多于插电混动车（46.8万辆 VS 11.1万辆），纯电动车以A00级和A0级为主，A00级长期占纯电动车销量50％以上（图1-3）。2017年1—11月，A00级纯电动车占比达53.35％。从全球范围看，纯电动车（BEV）和插电混动车（PHEV）销量相差无几（图1-4）。

2. 2018年第一季度相关情况

2018年第一季度，汽车行业利润同比下滑4.7％，具体销量如下。

1）乘用车（图1-5）

2018年第一季度，全国狭义乘用车累计销量为566.9万辆，同比增长4.4％。全国狭义乘用车累计批发销量为599.2万辆，同比增长3.7％。全国狭义乘用车累计产量为586.2万辆，同比下滑1.1%。

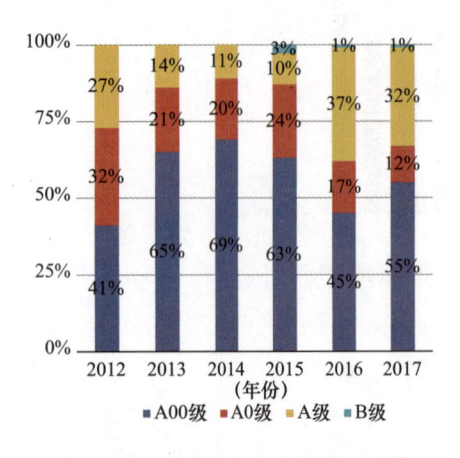

图 1-3　纯电动车以 A00 级车型为主

图 1-4　全球范围内插电混动车和纯电动车销量基本持平

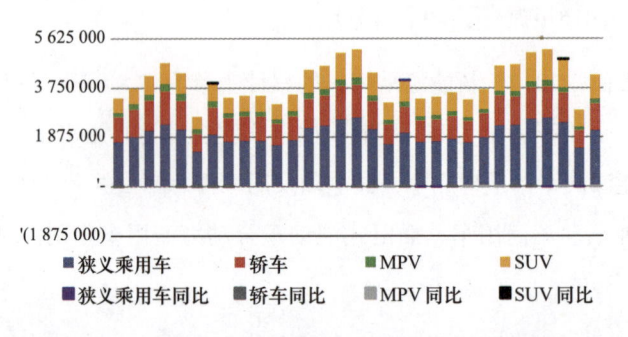

图 1-5　2015 年 9 月—2018 年 3 月乘用车销售情况

2）商用车（图1-6）

2018年第一季度，重卡销量达31.6万辆，其中，1月销量为9.8万辆，2月销量为6.8万辆，3月销量为13.2万辆。虽然2月重卡销量表现不足，但3月的销量足以拉动第一季度累计销量的增长。

3）新能源乘用车

2018年1—3月新能源乘用车累计销售11.7万辆。其中，3月纯电动乘用车共销售4.1万辆，同比增长78%，占新能源乘用车销量的73%，前三月累计销售8万辆；插电混动乘用车销售1.5万辆，同比增长220%，前三月累计销售3.7万辆。

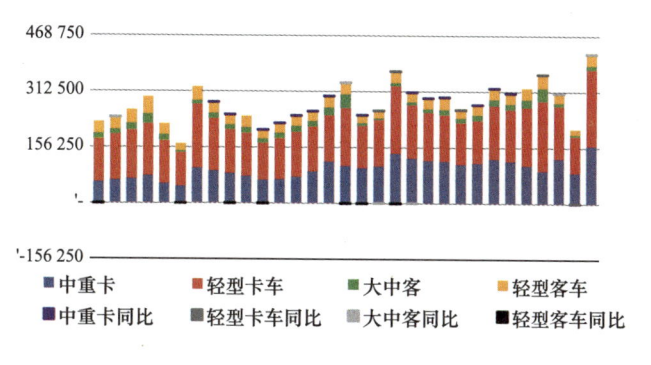

图 1-6　2015 年 9 月—2018 年 3 月商用车销售情况

和上一轮购置税政策的影响相比，本轮购置税政策对销量增速的影响小得多。从2011年第二季度起，乘用车销量出现低速增长甚至负增长，对应本轮购置税补贴后的时点为2018年第二季度。因此，虽然当前主机厂主动去库存降价，但鉴于行业需求的萎缩，2018年第二、三季度乘用车销量或出现负增长，全年销量增速为−5%～3%。

对新能源汽车而言，补贴虽然大幅降低，但仍然会保持快速增长。预计2018年新能源乘用车销量为90万～100万辆，商用车销量为15万～25万辆，新能源汽车销量为105万～125万辆。从销量结构上看，由于纯电动车补贴高于插电混动车，因此市场仍然由纯电动车主导。从行业格局上看，新能源汽车厂家销量将会分化，部分传统优势新能源汽车企业的表现会更好，随着合资车企车型的导入，未来合资新能源汽车的占比将会显著提升。

重卡属于周期性行业。当前经济仍在增长，中央政治局在经济工作会议中提到了拉动内需，这是三年来中央再次提出"扩大内需"，或证明中央对于经济波动有明确容忍底线，对于短期经济稳定的重视程度明显提升。因此，重卡销量雪崩的概率不大，预计工程重卡的需求高于物流重卡。由于2017年重卡销量的基数较高，因此2018年销量可能会小幅增长。

在客车领域，传统客车不会有太大变化；对新能源客车而言，补贴门槛的提升幅度非常大，将会极大地提高企业成本，对应销量增速同比仍将下滑。行业现金流充裕的龙头企业将享受市占率带来的红利，而技术相对落后或现金流不足的企业将逐步被挤出新能源市场。行业的市场集中度将会进一步提升，但整体来看，企业的业绩增速仍将下滑。

2012年国务院就通过了《节能与新能源汽车产业发展规划（2012—2020年）》，其中提出，到2015年，纯电动汽车和插电式混合动力汽车累计产销量力争达到50万辆；到2020年，纯电动汽车和插电式混合动力汽车生产能力达200万辆，累计产销量超过500万辆，燃料电池汽车、车用氢能源产业与国际同步发展。

从全球来看，到2050年前，将出现燃料电池汽车、电动汽车、混合动力汽车和内燃机汽车并存的格局，能源多元化将是未来30年汽车能源动力系统发展的主基调（图1-7）。

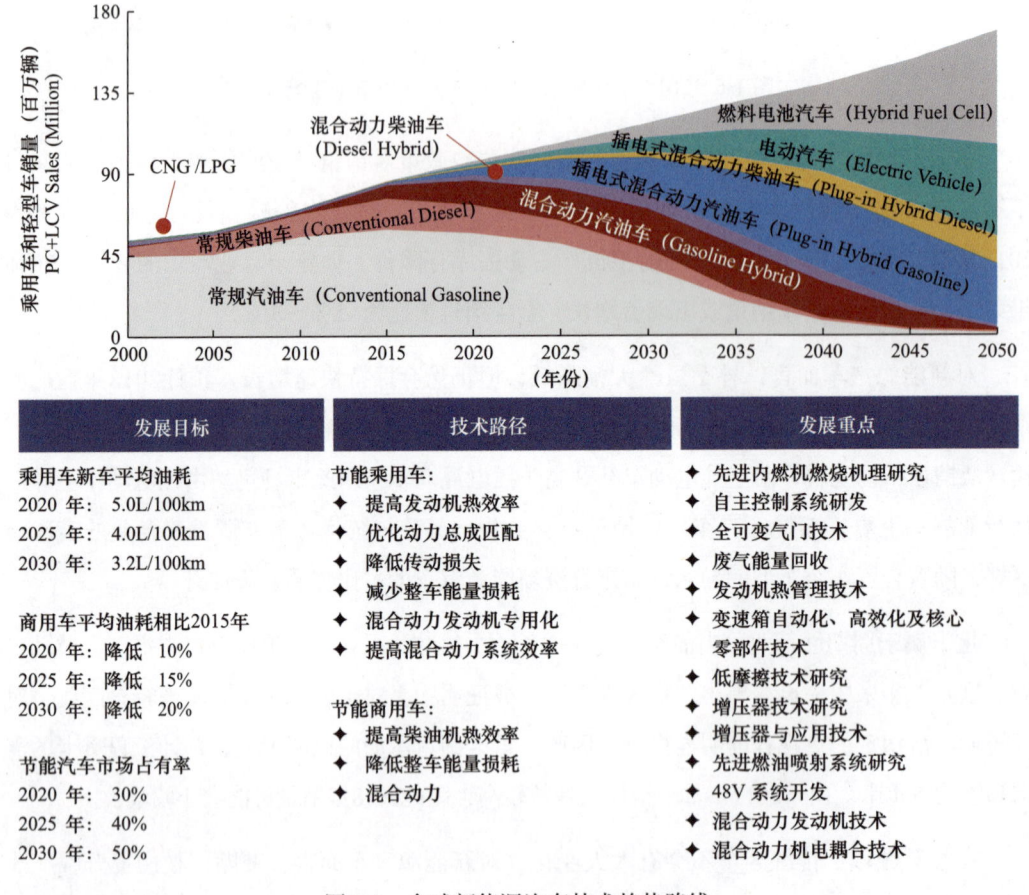

发展目标	技术路径	发展重点
乘用车新车平均油耗 2020 年：5.0L/100km 2025 年：4.0L/100km 2030 年：3.2L/100km 商用车平均油耗相比2015年 2020 年：降低 10% 2025 年：降低 15% 2030 年：降低 20% 节能汽车市场占有率 2020 年：30% 2025 年：40% 2030 年：50%	节能乘用车： ◆ 提高发动机热效率 ◆ 优化动力总成匹配 ◆ 降低传动损失 ◆ 减少整车能量损耗 ◆ 混合动力发动机专用化 ◆ 提高混合动力系统效率 节能商用车： ◆ 提高柴油机热效率 ◆ 降低整车能量损耗 ◆ 混合动力	◆ 先进内燃机燃烧机理研究 ◆ 自主控制系统研发 ◆ 全可变气门技术 ◆ 废气能量回收 ◆ 发动机热管理技术 ◆ 变速箱自动化、高效化及核心零部件技术 ◆ 低摩擦技术研究 ◆ 增压器技术研究 ◆ 增压器与应用技术 ◆ 先进燃油喷射系统研究 ◆ 48V 系统开发 ◆ 混合动力发动机技术 ◆ 混合动力机电耦合技术

图 1-7　全球新能源汽车技术趋势路线

1.2 双积分将为新能源汽车产业发展建立长效机制

2017年9月28日,《乘用车企业平均燃料消耗量与新能源汽车积分并行管理办法》(以下简称《办法》)正式发布,并于2018年4月1日起施行。该《办法》对传统能源乘用车年度生产量或进口量达到3万辆以上的乘用车企业,从2019年度开始设定积分比例要求,2019年度、2020年度的积分比例要求分别为10%、12%,2021年度及以后年度的积分比例要求另行公布。

具体积分见表1-1。其中,R为电动汽车续驶里程(工况法),单位为km;P为燃料电池系统额定功率,单位为kW。标准车型积分上限为5分。车型积分计算结果按四舍五入原则保留两位小数。

表1-1 乘用车企业平均燃料消耗量与新能源汽车积分

	乘用车企业平均燃料消耗量积分	新能源汽车积分
是否允许结转	是(2018年度及以前年度的正积分,每结转一次,结转比例为80%;2019年度及以后年度的正积分,每结转一次,结转比例为90%)	否(仅2019年度可以等额结转一年)
是否允许转让	只能在关联企业间转让	允许自由交易
抵债工具	1. 可用燃料消耗正积分 2. 可用新能源积分	只能用新能源积分
抵债方式	1. 通过结转、受让获得燃料消耗正积分 2. 自行产生的新能源积分 3. 购买的新能源积分	1. 自行产生的新能源积分 2. 购买的新能源积分
车辆类型		标准车型积分
纯电动乘用车		$0.012 \times R + 0.8$
插电式混合动力乘用车		2
燃料电池乘用车		$0.16 \times P$

1. 燃料消耗积分与新能源积分使用相同的考核标准

- 油耗积分与新能源积分的抵扣关系为1:1。根据之前的《乘用车企业平均燃料消耗量核算办法》,对于燃料消耗积分不达标的企业,除不允许上新车型和新产线外,还要对旧产线进行强制性整改和停产。双积分政策推出后,改为新能源积分不达标的,不予办理燃油排量超标的新车型和新产线。

- 燃料消耗积分允许结转，但不能出售给其他企业；而新能源积分允许交易，但不允许结转。也就是说，新能源积分在2019年以后原则上不能留到下一年用，这是为了防止企业依靠新能源积分结转政策提前生产新能源车获取国家新能源补贴。而燃料消耗积分却允许企业调整生产计划进行相关的平滑，在行业需求较弱时可以降低产量累积正积分。

2. 新能源双积分政策可能会改变插电混动车的行业现状，进而改变产业格局

插电混动车的积分默认为2分，约为纯电动车积分的一半。由于积分市场整体供过于求，因此在积分充足的情况下，插电混动车也可满足对新能源积分的需求。假设2019年销售新能源乘用车100万辆，其中插电混动车占比达到75%，插电混动车积分为150万分，纯电动车积分（按4分计算）为100万分，仍然能够基本满足行业对积分的需求。未来插电混动车能否快速发展取决于补贴政策的调整，即"插电混动车收入-插电混动车成本+插电混动车补贴"能否超过"纯电动车收入-纯电动车成本+纯电动车补贴"。目前来看，纯电动车的补贴系数为3.4～4.5，插电混动车的补贴系数为2.2，多数新能源乘用车的调整系数为1～1.1。为方便计算，我们假设纯电动车补贴系数为3.4，调整系数为1，续航里程为251km，该纯电动车的补贴金额为3.4万元（国补）；地补一般是国补的25%～50%，为方便计算取30%，该纯电动车的总补贴金额为4.42万元。在相同的情况下，假设插电混动车能拿到地补，插电混动车的补贴金额为2.86万元，和纯电动车差了1.56万元，成本差距和2017年相比大幅缩小。当然，北京市等限牌城市规定插电混动车不能使用新能源牌照，此类政策仍然会限制插电混动车的销量。

3. 多余的新能源积分如何消化的问题在2019—2020年将成为新能源市场的主题

新能源积分交易相对灵活，在企业关联方之间、不同企业之间均可实现交易。我们预计2018—2019年市场将产生400万分以上的新能源正积分，而2019年市场需求约为250万分。当前新能源积分没有政府官方指导价，因此市场很有可能会由供需格局来主导。合资企业新能源车型推出相对较慢，因此我们认为2019—2020年自主品牌将会以低价出售新能源积分给合资品牌，或者结转积分给关联的合资企业。而由于新能源积分可以跨年结转，2020年的积分供给仍然会很充裕。

4. 双积分政策有望加速产业整合

我们认为，对于合资品牌而言，2019—2020年市场上充裕的新能源积分有利于企业维持研发投入，在未来推出质量更好、更具备竞争力的车型。对自主品牌而言，合资品牌的晚介入会为这些企业提供弯道超车的历史性机遇。同时，燃料积分不达标的企业将被淘汰出局，产业整合的速度将会加快。

5. 在乘用车方面，新的补贴政策利空磷酸铁锂、利好高能量密度技术路线

对纯电动乘用车而言，能量密度分级补贴是本次调整的最大变化。低能量密度电池的补贴系数从1下降到了0.6，而能量密度在105Wh/kg以下的产品将不能拿到补贴。未来，企业将使用各种手段提高电池包整体的能量密度，包括液冷、电芯材料、pack结构等多方面的调整将会逐渐成为2018年市场的趋势。

6. 同续航里程车型补贴大幅下调，利空小微电动车，补贴金额的下调将大幅挤压中游行业的盈利空间

以北汽EC为例，2017年的国补金额为4.4万元，2018年下降到了3.4万元，北京地补为国补的50%，相当于补贴下滑了22.7%。这部分成本将由产业内议价能力弱、产能过剩的中游行业来承担，包括材料、电芯、隔膜等，毛利下滑的空间很有可能超过10%。我们认为，2018年对新能源中游行业的投资需要更谨慎。

1.3 油耗与排放政策促进节能减排

按照工业和信息化部最新修订的《乘用车燃料消耗量限值》和《乘用车燃料消耗量评价方法和指标》两项强制性标准，2016—2020年所有车企生产的乘用车平均油耗必须从6.9L/100km进一步降至5.0L/100km，至2025年达到4.0L/100km（图1-8）。

图 1-8　国家油耗限值

除油耗限值对技术路线的影响之外，汽车行业碳排放要求将更加严格（图1-9）。我国的汽车尾气排放法起步较晚，具体实施按照国Ⅰ、国Ⅱ、国Ⅲ、国Ⅳ标准。2017年计划启动全国碳排放权交易市场，限制碳排放，提高排放标准并逐步向国际标准看齐（欧洲2021年汽车行业二氧化碳排放限制标准为95g/km，日本2020年二氧化碳排放目标为115g/km），政策将再次倒逼车企改革，加速汽车节能技术的发展和推广。

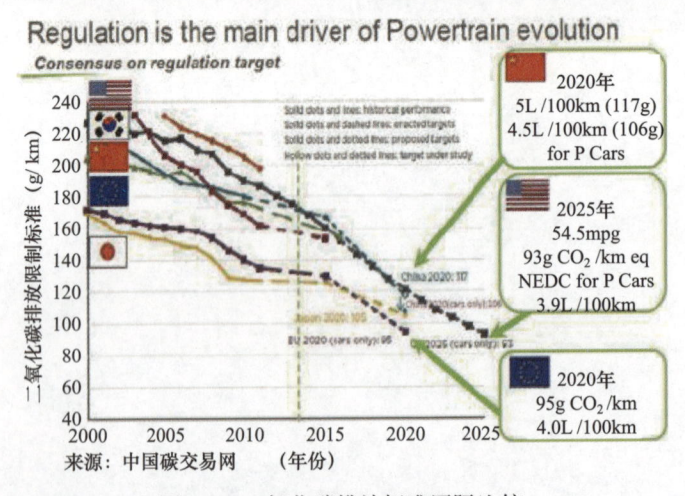

图 1-9　二氧化碳排放标准国际比较

1.4 补贴政策促进优胜劣汰

2017—2020年，除燃料电池汽车外，其他车型补助标准适当退坡。其中，2017—2018年补助标准在2016年的基础上下降20%，2019—2020年补助标准在2016年的基础上下降40%（表1-2）。

表1-2 2017年和2018年新能源汽车补贴方案比较

纯电动乘用车考核参数	2017年补贴方案 分档标准	补贴金额/系数	2018年补贴方案 分档标准	补贴金额/系数
续航里程（km）	$100 \leq R < 150$	2	$150 \leq R < 200$	1.5
	$150 \leq R < 250$	3.6	$200 \leq R < 250$	2.4
	$R \geq 250$	4.4	$250 \leq R < 300$	3.4
			$300 \leq R < 400$	4.5
			$R \geq 400$	5
能量密度（Wh/kg）	$E < 90$	0	$E < 105$	0
	$90 \leq E < 120$	1	$105 \leq E < 120$	0.6
	$E \geq 120$	1.1	$120 \leq E < 140$	1
			$140 \leq E < 160$	1.1
			$E \geq 160$	1.2
百公里电耗优于政策的比例			$0 < Q < 5\%$	0.5
			$5\% \leq Q < 25\%$	1
			$Q \geq 25\%$	1.1

纯电动客车考核参数	2017年补贴方案 分档标准	补贴金额/系数	2018年补贴方案 分档标准	补贴金额/系数
度电补贴（元/kWh）	1800		1200	
车长（m）	$6 < L \leq 8$	9	$6 \leq L < 8$	5.5
	$8 \leq L < 10$	20	$8 \leq L < 10$	12
	$L \geq 10$	30	$L \geq 10$	18
能量密度（Wh/kg）	$E \leq 85$	0	$E < 115$	0
	$85 < E \leq 95$	0.8	$115 < E \leq 135$	1
	$95 < E \leq 115$	1		
	$E > 115$	1.2	$E > 135$	1.1
E_{kg}要求[Wh/(km·kg)]	≤ 0.24		$E_{kg} > 0.21$	0
			$0.15 < E_{kg} \leq 0.21$	1
			$E_{kg} \leq 0.15$	1.1

（续表）

纯电动货车、专用车考核参数	2017年补贴方案		2018年补贴方案	
	分档标准	补贴金额/系数	分档标准	补贴金额/系数
度电补贴（元/kWh）	$q \leq 30$	1500	$q \leq 30$	850
	$30 < q \leq 50$	1200	$30 < q \leq 50$	750
	$q > 50$	1000	$q > 50$	650
补贴上限	15		10	
能量密度	不低于90Wh/kg		不低于115Wh/kg	
运输类 E_{kg} [Wh/(km·kg)]	不高于0.5		$E_{kg} \leq 0.35$	1
			$0.35 < E_{kg} \leq 0.4$	0.2
			$E_{kg} > 0.4$	0
吨百公里电耗	$\leq 13kWh$		$\leq 8kWh$	

补贴退坡和技术门槛提高，将促进新能源汽车企业的优胜劣汰。

第2章

全球汽车发展、创新与投资

在汽车行业变革关头，汽车产业参与者的构成从未像今天这样复杂，科技巨头、整车企业、零部件巨头、新技术和新模式的初创公司在激烈竞争，众多汽车行业的"野蛮人"试图分享汽车产业未来的蛋糕，嗜血的资本方也参与其中，推动世界汽车产业急剧变化（图2-1）。相信未来5年，产业重塑将远超过去50年的发展进程，而更短的时间之内，传统汽车势力的马太效应将显现，没有雄厚资本或没有掌握先机的玩家终将出局，等到我们期待的未来降临时，我们可能会发现和今天的期待不大一样，成功，相比于过去，属于更少数人。

图 2-1　汽车产业参与者

2.1　从整车集团战略布局看汽车行业创新发展趋势

整车集团战略布局如图2-2～图2-5所示。

1. 从特斯拉的生死时速看新能源汽车产业发展

在产业化前期，特斯拉的产量与福特T型车极为接近，2017年开始拉大差距；2018年，特斯拉的产量将达到20万辆以上；2018—2019年，将揭示特斯拉是如T型车一样跨时代的存在，还是一个肥皂泡（图2-6和表2-1）。这一时期更是新兴造车势力的机会窗口期，威马、蔚来、车和家等新车型密集亮相。

第 2 章 / 全球汽车发展、创新与投资

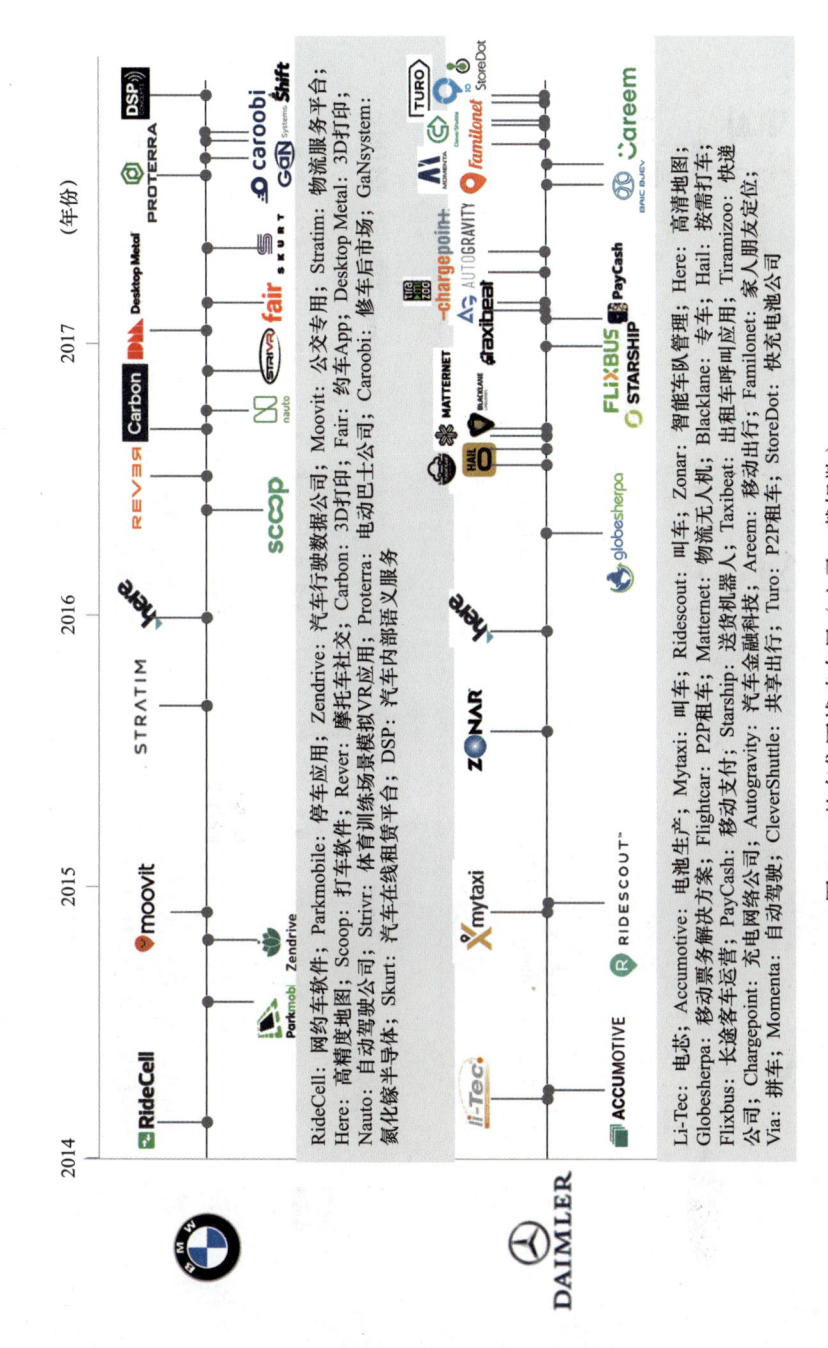

图 2-2 整车集团战略布局（宝马、戴姆勒）

RideCell：网约车软件；Accumotive：电池生产；Mytaxi：叫车；Ridescout：叫车；Zonar：智能车队管理；Here：高清地图；Parkmobile：停车应用；Zendrive：汽车行驶数据公司；Scoop：打车社交；Rever：摩托车社交；Carbon：3D打印；Stratim：物流服务平台；Globesherpa：移动票务解决方案；Flightcar：P2P租车；Matternet：物流无人机；Blacklane：专车；Hail：按需打车；Flixbus：长途客车运营；PayCash：移动支付；Starship：送货机器人；Taxibeat：出租车呼叫应用；Tiramizoo：快递公司；Chargepoint：充电网络公司；Autogravity：汽车金融科技；Areem：移动出行；Familonet：家人朋友定位；Nauto：自动驾驶半导体；Strivr：体育训练场景模拟VR应用；Proterra：电动巴士公司；Caroobi：修车后市场；GaNsystem：氮化镓半导体；Skurt：汽车在线租赁平台；DSP：汽车内部语义服务；Via：拼车；Momenta：自动驾驶；CleverShuttle：共享出行；Turo：P2P租车；StoreDot：快充电池公司

15

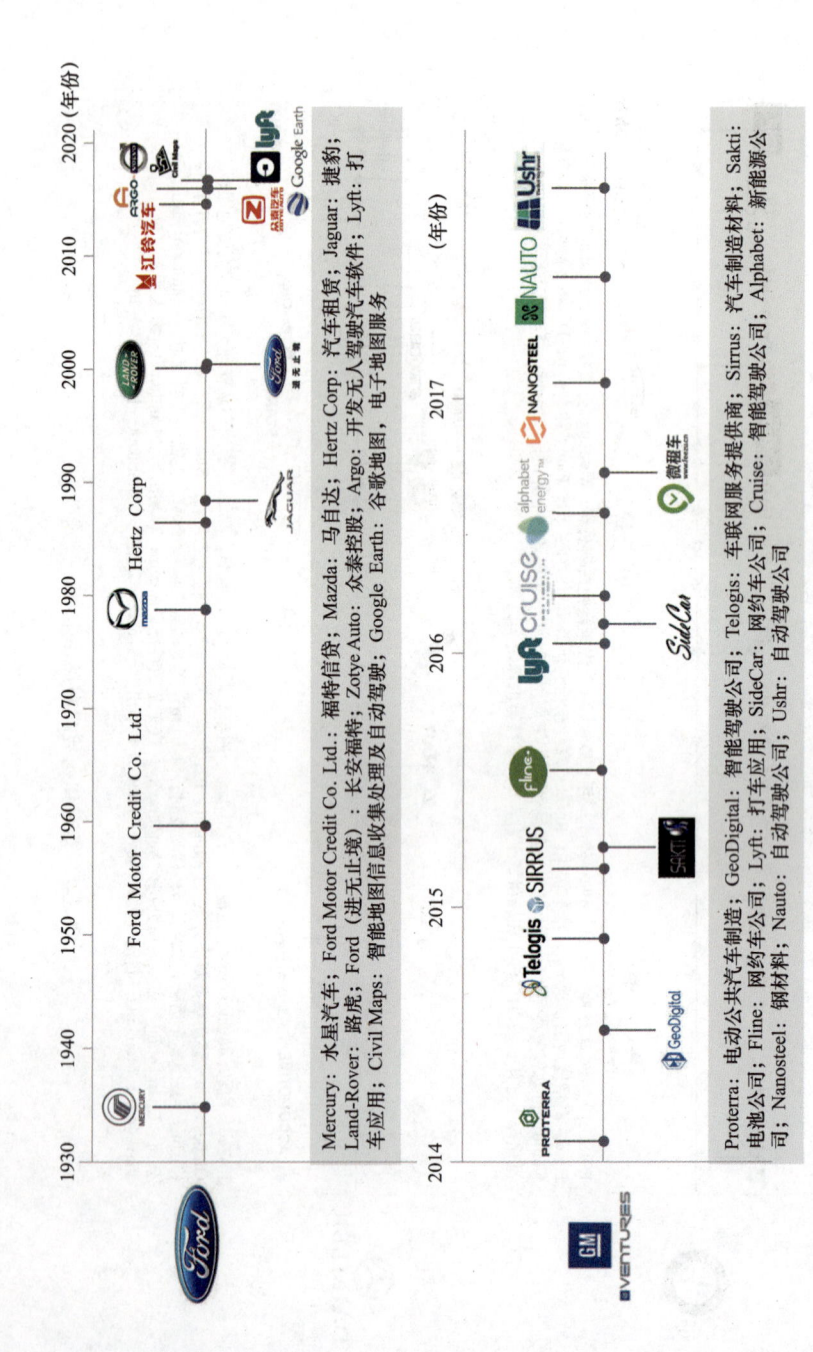

Mercury: 水星汽车; Ford Motor Credit Co. Ltd.: 福特信贷; Mazda: 马自达; Hertz Corp: 汽车租赁; Jaguar: 捷豹; Land-Rover: 路虎; Ford (进无止境): 长安福特; Zotye Auto: 众泰控股; Argo: 开发无人驾驶汽车软件; Lyft: 打车应用; Civil Maps: 智能地图信息收集处理及自动驾驶; Google Earth: 谷歌地图, 电子地图服务

Proterra: 电动公共汽车制造; GeoDigital: 智能驾驶公司; Telogis: 车联网服务提供商; Sirrus: 汽车制造材料; Sakti: 电池公司; Fline: 打车应用; Lyft: 网约车公司; SideCar: 智能驾驶公司; Cruise: 自动驾驶公司; Alphabet: 新能源公司; Nanosteel: 钢材料; Nauto: 自动驾驶公司; Ushr: 自动驾驶公司

图 2-3　整车集团战略布局（福特、通用）

第 2 章 / 全球汽车发展、创新与投资

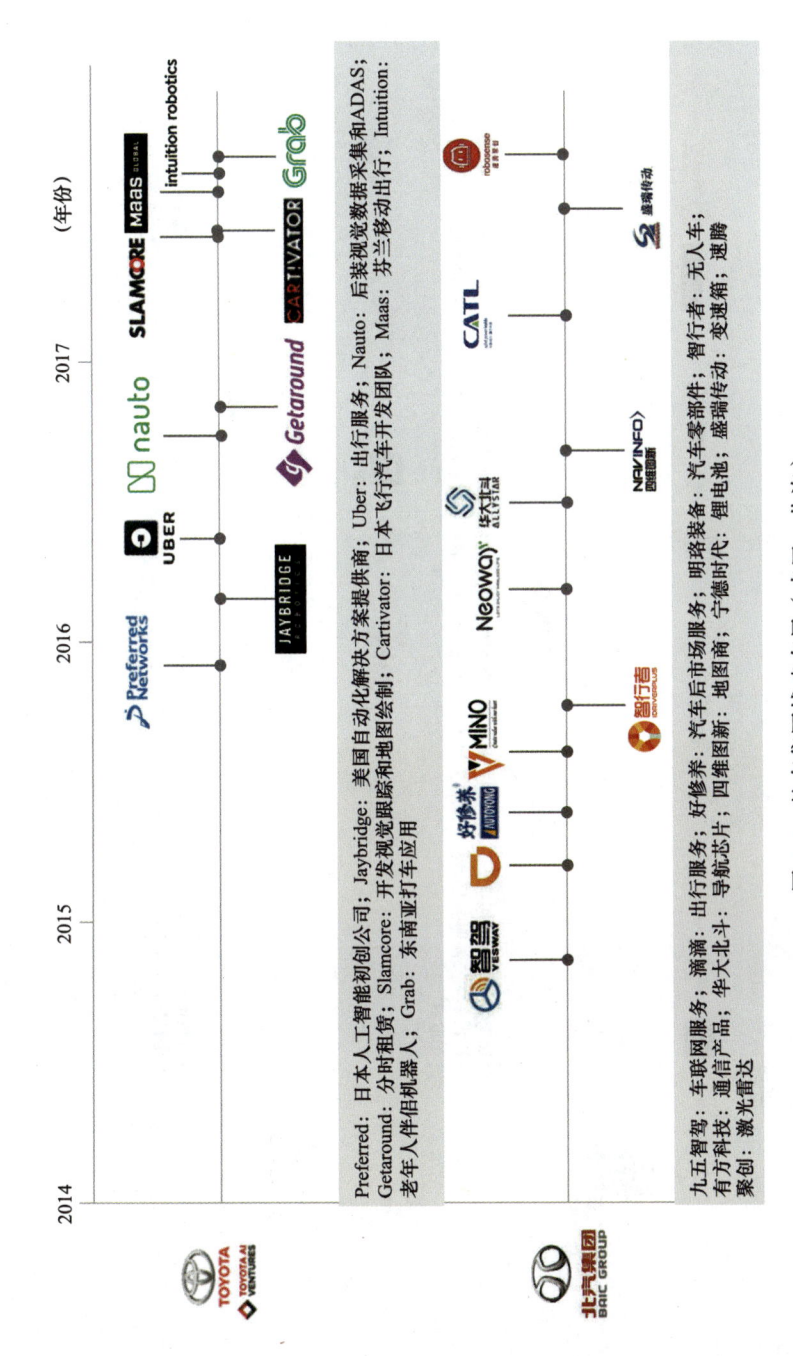

图 2-4 整车集团战略布局（丰田、北汽）

Preferred：日本人工智能初创公司；Jaybridge：美国自动化解决方案提供商；Nauto：后装视觉数据采集和ADAS；Getaround：分时租赁；Slamcore：开发视觉跟踪和地图绘制；Cartivator：日本飞行汽车开发团队；Maas：芬兰移动出行；Intuition：老年人伴侣机器人；Grab：东南亚打车应用

九五智驾：车联网网络服务；滴滴：出行服务；好修养：汽车后市场服务；明路装备：汽车零部件；智行者：无人车；有方科技：通信产品；华大北斗：导航芯片；四维图新：地图商；宁德时代：锂电池；盛瑞传动：变速箱；速腾聚创：激光雷达

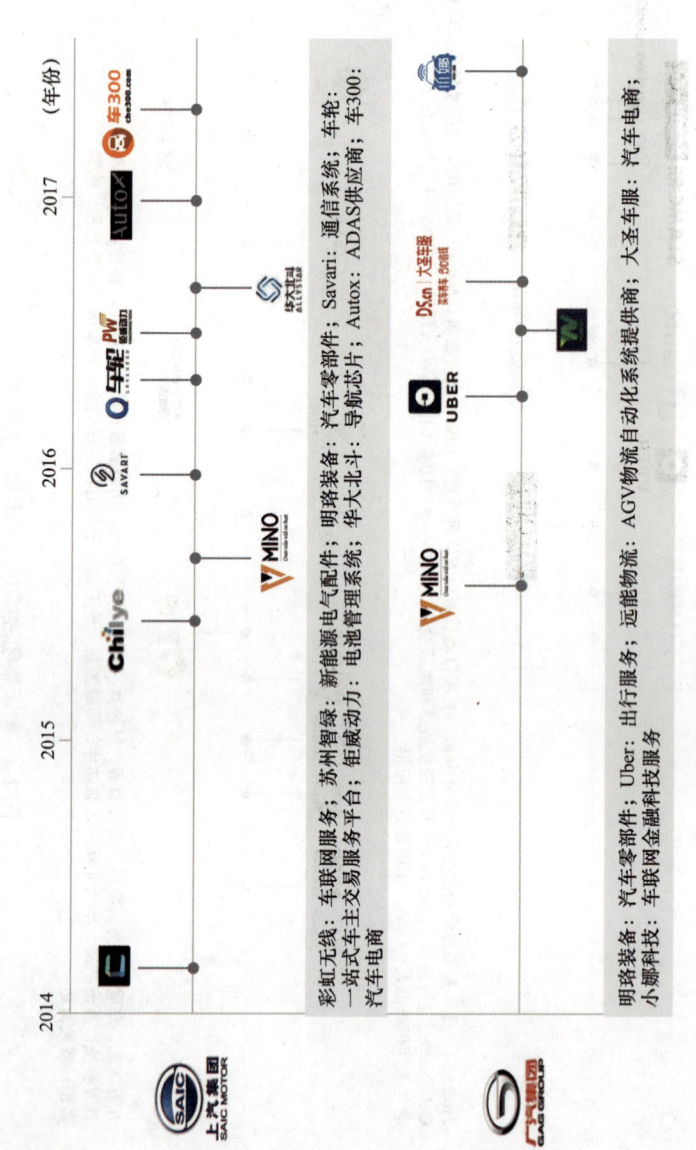

图 2-5 整车集团战略布局（上汽、广汽）

彩虹无线：车联网服务；苏州智绿：新能源电气配件；车轮：汽车零部件；Savari：通信系统；车轮：一站式车主交易服务平台；钜威动力：电池管理系统；华大北斗：导航芯片；Autox：ADAS供应商；车300：汽车电商

明路装备：汽车零部件；Uber：出行服务；运能物流：AGV物流自动化系统提供商；大圣车服：汽车电商；小顺科技：车联网金融科技服务

图 2-6 特斯拉和福特 T 型车产量比较

表2-1 特斯拉和苹果比较

特斯拉VS苹果	2007年的苹果	2017年的特斯拉	特斯拉Model 3	苹果4
电池性能	待机时间为功能机的5%	260～480km	350～500km	待机时间是诺基亚同期的1/3
基本特点	3.5英寸电容触摸屏，物理按键少，只支持EDGE数据网络而不是已经更新的3G，无法连接企业电子邮件服务器	双电机，17英寸超大触摸屏，2.5～4.2秒0～60mph加速	5.1～5.6秒0～60mph加速，超级充电，1块数字显示屏，电子稳定和牵引力控制系统	视网膜屏幕（960×540分辨率），500万像素摄像头，陀螺仪
使用便利性	不需要手写笔，多点触屏，软件便利	自适应大灯，全自动驾驶硬件	方向盘取消了多余的操纵杆和按钮，剩余功能通过触屏实现	iOS4的多任务处理，A4芯片
产品线	独家经销商AT&T，4GB和8GB内存	3款电池	Model X系列	黑色、白色，8GB、16GB、32GB，增加代销商
市值	1200亿美元	500亿美元	490亿美元	2000亿美元
市场占有率和竞争格局	3％市场占有率，Nokia占49％，Blackberry占10％，Motorola占7％，Samsung占2％	8％市场占有率，比亚迪占9％，北汽新能源占8％，宝马占8％，雪佛兰、日产、丰田占4％	周产量2500辆	16％市场占有率，Nokia占33％，Blackberry占16％，Samsung占7％，Motorola占5％
现状及未来	打破了Symbian系统垄断，为新机型铺路	2017年销量破10万辆	预定量超50万辆，Model Y	培育具有足够黏性的用户

2. 智能化成为车企重要布局领域

自动驾驶车辆投放时间如图2-7所示。

图 2-7 自动驾驶车辆投放时间（基于公开信息）

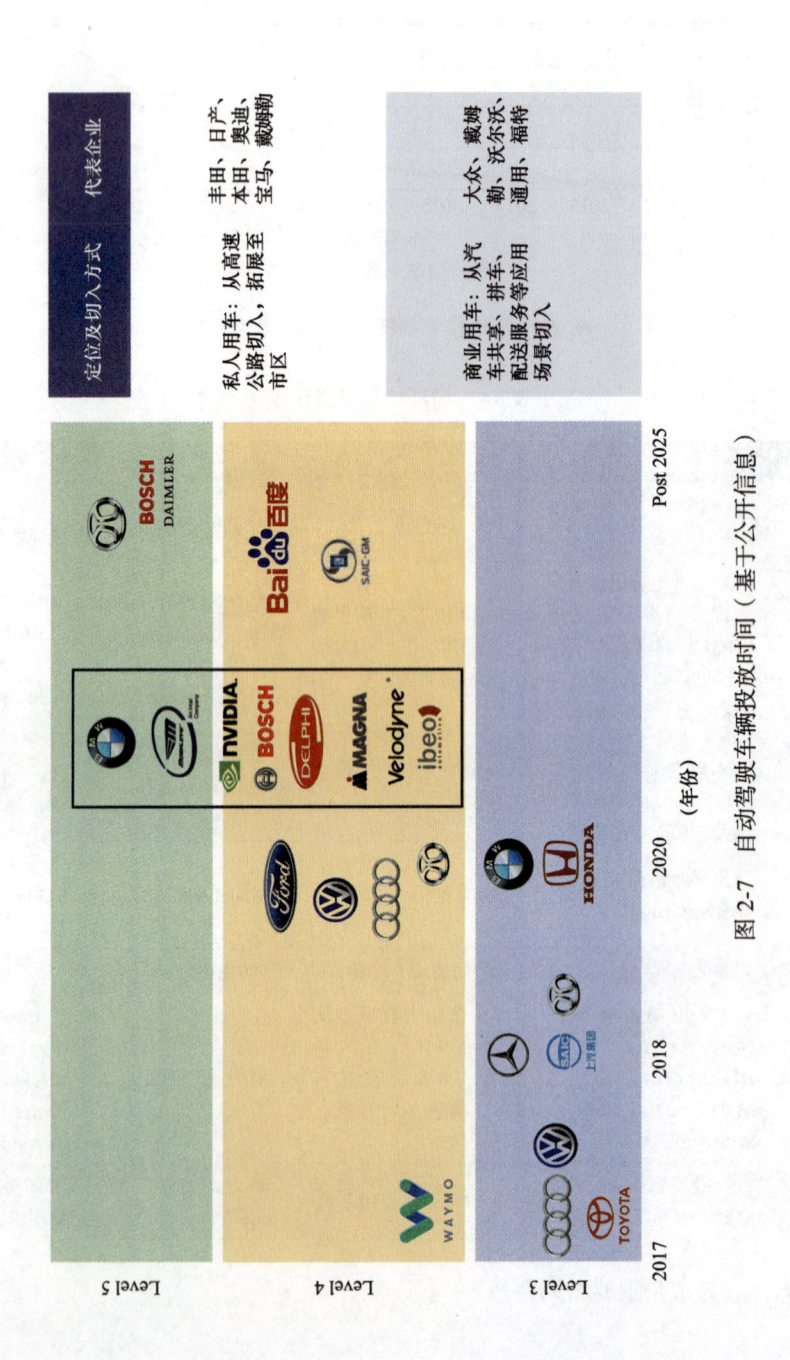

截至2018年4月1日，获得加州DMV（Department of Motor Vehicles）无人驾驶路测许可（必须配置安全员）的公司有52家，见表2-2。

表2-2 获加州DMV无人驾驶路测许可的公司

整车集团	科技巨头	初创公司	零部件巨头	中国力量
大众集团（美国）	Waymo	Zoox	德尔福汽车	法拉第未来公司
奔驰	特斯拉	AutoX技术公司	博世	百度美国
日产	泰为	优达学城	法雷奥北美公司	蔚来
通用	苹果	纳维亚	大陆汽车系统公司	智加科技
宝马	三星电子	雷诺	Apex.ai	Nuro
本田	高通	CarOne		小马智行
福特	安巴雷拉公司	Almotive		图森蔚来
斯巴鲁	英伟达	极光创新		景驰科技
鲍尔智能交通		努尔马克斯		上汽创新中心
丰田研究院		航程		长安汽车
威戈电动车		CYNGN		Roadstar.ai
		Lyft		Drive.ai
		幻影AI		
		aiPod		
		SF Motors		
		Gatik AI		

2018年4月，加州车管局正式开放纯无人车路测。截至2018年4月26日，一共有两家公司提出申请。第一家公司并不知名，但因为达不到加州政府要求，其申请已被驳回。第二家是Waymo，目前已经进入审核阶段，若无意外，Waymo将成为第一家在加州测试纯无人车的公司。

3. 智能网联和电动化的发展使原有汽车行业产业链被重塑

未来，整车企业期望由它们来控制整个汽车制造、汽车金融、车辆运营管理和汽车共享市场，从而应对行业周期风险，以及由终端产品售价下降所带来的利润率的摊薄，而不是仅仅通过提高自动化的程度来减少生产成本，进而应对利润率的下滑。而科技公司希望通过它们的软硬件技术和产品来赋能和控制未来的汽车市场，从而使传统的整车企业沦为纯粹的"代工厂"（图2-8和图2-9）。

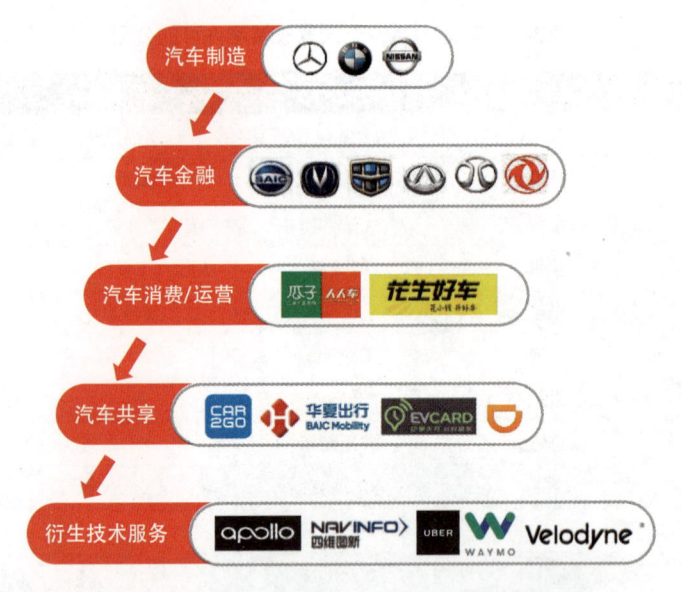

图 2-8　整车企业理想的汽车产业价值链金字塔

图 2-9　科技公司试图重塑的汽车产业价值链网络

4.智能网联与新能源汽车合力带来汽车半导体领域的巨大市场需求（图2-10和图2-11）

智能化对半导体的需求来自单车智能化和车用通信等应用领域，核心是单车智能化对IC的需求。

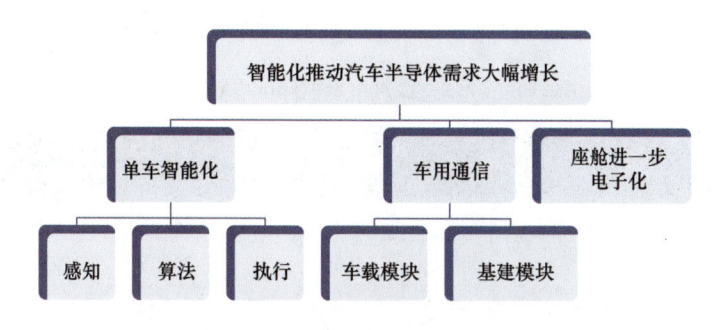

图 2-10　智能化带来的汽车半导体需求

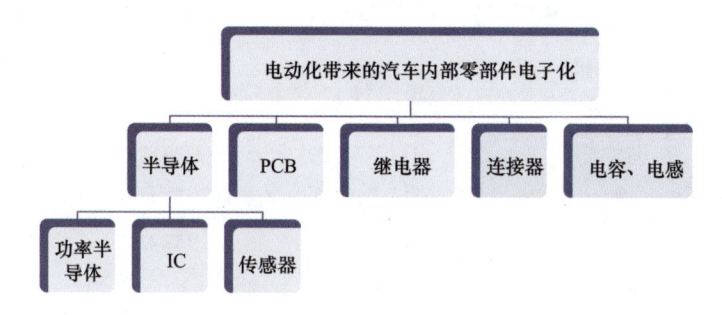

图 2-11　电动化带来的汽车电子需求

其一，单车智能化，在感知、算法、执行层面都需要用到芯片乃至高度集成的控制平台。

其二，车用通信（网联化），无论是日本和欧洲推行的DSRC，还是中国推行的4G/5G-V2X，都将加大对车用级别通信芯片的需求，以及对基建芯片的需求。

另外，电压提升，将推动内部零部件电子化。

（1）更多的DC-DC变换电路要求更多的功率半导体：空调、雨刮器等汽车传统负载采用12V电压，当电池输出电压更高时，需要电压转换模块进行电压转换。

（2）更高的性能要求：汽车内部电压、电流大幅提高，需要耐大电压、大电流的继电器、连接器、线缆和被动器件，防漏电和短路等性能也需要大幅提升。

2.2 全球汽车零部件供应商发展、创新与投资布局

2017年全球汽车零部件供应商TOP20的营收情况见表2-3，在20强企业中营收同比上升的有14家，同比下降的有5家。在20强企业中，德国企业有6家，日本企业有6家，美国企业有3家，法国企业有2家，加拿大企业有1家，中国企业有1家，韩国企业有1家。

表2-3 2016年和2017年全球汽车零部件供应商排名及变化情况

2016年排名	2017年排名	公　司	国　别	2017年配套营收（亿美元）	2016年配套营收（亿美元）	同比变化	名次变化
1	1	博世	德国	465.00	448.25	3.74%	0
5	2	采埃孚	德国	384.65	295.18	30.31%	3
3	3	麦格纳国际	加拿大	364.45	321.34	13.42%	0
2	4	电装	日本	361.84	360.30	0.43%	-2
4	5	大陆	德国	326.80	314.80	3.81%	-1
7	6	爱信精机	日本	313.89	259.04	21.17%	1
6	7	现代摩比斯	韩国	272.07	262.62	3.60%	-1
8	8	佛吉亚	法国	207.00	229.67	-9.87%	0
10	9	李尔	美国	185.58	182.11	1.91%	1
11	10	法雷奥	法国	173.84	158.42	9.73%	1
—	11	安道拓	美国	168.37	—	—	—
12	12	德尔福汽车	美国	166.61	151.65	9.86%	0
13	13	矢崎	日本	156.00	141.04	10.61%	0
18	14	延锋汽车内饰系统	中国	129.91	112.42	15.56%	4
14	15	住友电工	日本	128.35	136.85	-6.21%	-1
17	16	马勒	德国	121.73	113.39	7.36%	1
23	17	松下汽车系统	日本	119.88	99.87	20.04%	6
16	18	蒂森克虏伯	德国	109.86	113.95	-3.59%	-2
22	19	舍弗勒	德国	108.83	109.14	-0.28%	3
15	20	捷太格特	日本	107.78	116.70	-7.64%	-5

目前，整个汽车行业及主要的汽车市场都在推进ADAS、自动驾驶和电动化的发展，整车厂和零部件配套厂增加了与电机、电子厂商的合作，以及与移动出行、软件相关企业的

十一, 亲, 送

中国汽车产业转型发展的思考

国工信息经济研究所
国光信息经济专家组 编著

电子工业出版社
Publishing House of Electronics Industry
北京·BEIJING

内容简介

本书是一本专业、全面地对2018年关系汽车及新能源汽车产业投资价值深度分析的图书，主要研究汽车产业现状与趋势、全球汽车产业竞争格局、各家汽车企业、细分领域及汽车零部件产业投资价值。各章的重点在汽车产业投资价值研究、分领域汽车的产业、链条与产业链汽车电子、材料结构与工艺、新能源汽车、智能网联汽车、汽车后市场等研究，力图为读者展示一幅汽车产业现状、创新与投资的整体全景图。

未经许可，不得以任何方式复制或抄袭本书之部分或全部内容。
版权所有，侵权必究。

图书在版编目（CIP）数据

下一站，繁荣：中国大市场产业投资价值深度研究/（国）广发证券编著. —北京：电子工业出版社，2019.5
ISBN 978-7-121-36314-6

Ⅰ.①下… Ⅱ.①广… Ⅲ.①汽车工业—产业投资—投资研究—中国 Ⅳ.①F426.471

中国版本图书馆CIP数据核字（2019）第068270号

策划编辑：米俊伟
责任编辑：米俊伟　　　特约编辑：王 纲

印　刷：天津画中画印刷有限公司
装　订：天津画中画印刷有限公司
出版发行：电子工业出版社
　　　　　北京市海淀区万寿路173信箱　邮编：100036
开　本：787×980　1/16　印张：15.5　字数：273千字
版　次：2019年5月第1版
印　次：2019年5月第1次印刷
定　价：148.00元

凡所购买电子工业出版社图书有破损问题，请向购买书店调换，若书店售缺，请与本社发行部联系，联系及邮购电话：（010）88254888，88258888。
质量投诉请发邮件至zlts@phei.com.cn，盗版侵权举报请发邮件至dbqq@phei.com.cn。
本书咨询联系方式：（010）88254750。

合作，半导体、化学等不同行业也在扩大对汽车行业的参与。大型配套厂为应对业务环境的变化，计划修改经营战略，扩大投资，开发新产品和新服务。

1. 博世

博世汽车业务布局如图2-12所示。目前，博世正在将汽油和柴油部门进行整合，继续强化底盘、传动和电控系统的优势，并继续布局电动化和无人驾驶业务。

汽油系统	燃油喷射系统	电子节气门控制	点火装置	涡轮增压器	模块和发动机零件
柴油系统	燃油喷射控制	启停系统	预热系统	空气管理系统	尾气净化装置
底盘系统	制动系统	主动安全系统	驾驶辅助系统	被动安全系统	
电动系统	车窗/天窗执行器	座椅舒适执行器	热管理系统	雨刮系统	
起动机和发电机	起动机	启停系统用电机	集成型电动系统		
汽车多媒体	汽车音响系统	信息和导航系统	显示屏		
汽车电子设备	电子设备	传感器	半导体	ECU	
转向系统	转向齿轮	转向泵	电动助力转向系统	主动转向系统	万向节

图 2-12 博世汽车业务布局

2017年，博世开发的48V混合动力电池能够快速集成到新车型中，帮助现有汽车制造商和类似的初创企业缩短开发周期，节约成本。此外，博世加大了燃料电池的研发投入。销售额同比增长6.7%，达780亿欧元（调整汇率影响后，总销售额增长8.3%）；息税前利润增长23.2%，达53亿欧元（息税前利润率为6.8%）；汽车业务销售增长7.8%，达474亿欧元；研发费用为75亿欧元，约占销售额的10%。

博世预测其2018年销售收入增长仅为0～2%，因为整个经济背景及起动机和发电机部门的出售，其收入会减少约1.7个百分点，但是博世希望2018年能提高所有部门的利润率。

25

截至2017年12月31日，博世在全球范围内共有约400500名员工，其中包括几千名软件和IT人才。新员工主要集中在亚太地区、中欧和东欧。在德国，员工总数增加了3800名。

1）新组织：成立工业4.0业务单元

博世预见在互联工业领域蕴藏着巨大的商机。一个全新的业务单元"博世互联工业"就此成立，于2018年1月1日开始正式运营，首批员工达500名。在该业务单元中，博世集中开展工业4.0相关的业务活动，集合了该领域所需的所有专业技术，尤其是软件和服务能力。随着业务的不断开展，博世也将为第三方提供工业4.0的产品和服务。

2）城市交通：实现零排放、零担忧、零事故愿景

2018年夏天，两轮电动车共享平台Coup于马德里正式推出。自动化有助于减轻城市交通压力。2020年，博世将携手戴姆勒在城市道路上将完全自动驾驶和无人驾驶变为现实，首批路测最早将于2018年开始。2017年，博世与戴姆勒在自动驾驶领域迈出了重要一步，在位于斯图加特的梅赛德斯奔驰博物馆停车场内，双方共同推出了全球首个完全自动代客泊车的服务解决方案。

3）未来动力总成：共同推动燃料电池发展

2017年，博世在电气化领域取得了重大进展。博世开发的48V混合动力电池能够快速集成到新车型中，帮助现有汽车制造商和类似的初创企业缩短开发周期，节约成本。到2019年，博世新型电桥（eAxle）将进一步提升电动车的续航里程，并且将推出电动轴驱动——电子轴。它将电机、电力电子和变速箱集成在一个驱动单元中。

博世与美国初创公司尼古拉汽车正在开发用于重型卡车的氢燃料电池电桥系统。而针对中国这一全球最大的电动车市场，博世与卡车发动机制造商潍柴动力正在合作开展试点项目，共同开发卡车燃料电池。

4）智能家居和智慧城市：数以亿计人的生活空间

为应对智能交通和物联网应用对半导体日益增长的需求，博世将于2021年前投资超10亿欧元在德国德累斯顿建造一座新的晶圆厂。新工厂未来生产的芯片应用领域之一就是智能家居。博世不仅为智能厨房提供互联家电产品，还提供越来越多的数字化服务。

5）互联化成为应对人类生存主要挑战的利器

博世目前开展的170多个物联网项目均旨在应对人类所面临的重要挑战，诸如人口增长、城市化、空气污染及环境变化等。2017年，博世推出了全新的智慧农业或互联农业解决方案，期望到2025年这些创新解决方案可以帮助全球80亿人口解决吃饭问题。如今，这些基于传感器监测数据生成的解决方案和人工智能技术已经应用在芦笋、草莓、土豆和葡萄种植领域。博世的创新科技也进一步提高了牡蛎和畜牧养殖的效率和可持续性。预计到2020年，数字农业的市场规模可增长70%。

6）一项技术可行的愿景：内燃机实现碳中和

博世的工程师们正致力于研发一款新型内燃机，该内燃机吸入的气体和排放的气体几乎相同。这就意味着，除二氧化碳以外，其排放的气体将与大气环境无异。当使用合成燃料时，该内燃机甚至可以实现碳中和。

博世发展动态见表2-4。

表2-4 博世发展动态

2017年6月	获得来自日系整车厂的48V轻度混合动力系统及实现固件无线升级（FOTA）的系统订单，2019年起供货，2017年年初在日本成立了燃料电池车（FCV）开发团队
2017年6月	计划收购意大利铝铸造厂商Albertini Cesare的全部股份。该公司生产电动助力转向（EPS）系统壳体等产品，将整合至博世的转向器业务部
2017年5月	与索尼半导体解决方案（Sony Semiconductor Solutions）开展自动驾驶车摄像头方面的技术合作
2017年4月	与百度、高德（AutoNavi）及四维图新（Navinfo）开展合作。博世的车载雷达及视频传感器收集的信息与这3家公司的地图信息具有互换性
2017年4月	新建于常州市武进经济开发区的武进工厂投产，将向中国市场提供自动驾驶、网联汽车相关的电子件与服务
2017年4月	加强与阿姆斯特丹大学在人工智能（AI）领域的合作关系——Delta Lab（Deep Learning Technologies Amsterdam）
2017年4月	与戴姆勒就完全自动驾驶（SAE Level 4）及无人驾驶（SAE Level 5）车辆的开发开展合作，计划到2020年实现无人车市区行驶
2017年3月	与英伟达共同开发自动驾驶车用AI平台，将为博世的自动驾驶系统搭载英伟达的DRIVE PX平台。英伟达到2107年年底将提供Level 3、到2018年年底将提供Level 4的自动驾驶技术

（续表）

2017年3月	开始供应面向移动服务的新平台Automotive Cloud Suite。这是网联汽车实现所有服务的技术基础，标准服务有5项，分别是逆向行驶警示、预测诊断、社区停车、个性化辅助及无线通信软件更新
2017年2月	与IBM在使用IBM Bluemix及Watson IoT Platform的Bosch IoT Suite服务方面展开新的合作
2017年2月	Robert Bosch Venture Capital（RBVC）完成对TetraVue的投资，TetraVue是高级3D激光雷达系统的大型供应商
2017年2月	新设专门的eMobility部门。eMobility部门隶属于现有的汽油系统业务部和柴油系统业务部整合后新成立的动力总成解决方案业务部，将于2018年年初开始运营
2017年1月	在德国、印度、美国的3个基地设置AI研究中心。到2021年投资约3亿欧元，包括汽车在内的所有部门的系统和产品都将充分利用AI技术
2017年1月	2017年下半年至2018年，可无线升级车载软件的Connected Gateway将实现实际应用
2016年10月	与德国模型库系统和软件开发公司ITK Engineering就收购达成一致，将纳入专门开发定制系统和软件的全资子公司Bosch Engineering旗下
2016年9月	扩建宾夕法尼亚Pittsburgh工厂，并新成立技术中心，将致力于IoT网络及安全技术的开发，博世子公司Akustica也将入驻该中心

博世计划到2020年，成为具有世界最高水平的IoT企业。博世也将为第三方提供工业4.0的产品和服务。收购地图供应商Herf部分股权之后，博世有望在工业4.0领域释放更多潜力。在智能家居和智慧城市方面，博世与ToMToM成立合资公司，提供地图和交通信息，博世已经开发了基于雷达信号的自动驾驶定位服务。博世与GEO++、三菱电机和U-BLUX在柏林成立了合资企业SAPCORDA服务有限公司，它将通过互联网和卫星传输提供全球可用的定位服务。博世自2017年以来一直与Autoavi、百度和导航信息公司合作开发高精度的自动驾驶地图。博世也在与阿波罗项目合作，这是一个无人驾驶汽车发展的开放平台。此外，博世正在与索尼合作开发低光条件下的半导体解决方案，致力于开发一种新的摄像头技术，改善环绕感应的视频传感器。博世新业务布局情况如图2-13所示。

2. 采埃孚

为了迎接巨大的市场变化的挑战，采埃孚（ZF）继续建立其外部伙伴关系、合作和合资企业网络。其将这一网络称为"零视觉生态系统"，并将视觉零点与事故和无排放世界联系在一起。第一个成功的网络是ZF proAI人工智能控制盒，由该公司与美国芯片制造商英伟达合作开发。2017年年底，德国邮政局向该技术下了订单，将其部署到其自动交付车辆的测试车队中。此外，ZF还与Hella签订了战略合作伙伴协议，该公司专门从事传感器技术研发，目前正在与Schaeffler合作，为风力涡轮机变速箱开发一个联合云平台。在2017年法兰克福国际汽车展上，ZF宣布了有希望的新合作，并展示了上述网络的初步成果。例如，ZF和中国互联网公司百度正在为中国的自动驾驶开发综合技术解决方案。

收购机构名称	发布日期
SPLT (Splitting Fares)	21-Feb-2018
ITK Engineering	13-Oct-2016
Seeo	28-Aug-2015
ProSyst Software	24-Apr-15
Climatec	14-Jan-15
Health Hero Network	22-Dec-08
Telex Communications, Inc	28-Jun-06
Akustica	19-Aug-05

来源：cruch base

图 2-13 博世新业务布局情况

作为乘客安全联盟的系统合作伙伴，ZF参与了欧盟项目BEHICLE，旨在满足欧洲NCAP（新型汽车评价系统）五星评级。

针对汽车云移动服务，ZF与IBM和UBS两个顶级伙伴展开合作。ZF现在也欢迎两种新服务的加入：APCOA（欧洲最大的停车场管理业务）和充电站供应商收费点。

Faurecia和ZF公司推出了它们第一个联合开发的座位概念，这是"2025年驾驶舱"合作的一部分。

ZF的研发活动集中在传统、电动和混合动力驱动的高效智能系统上。其研发成果是模块化的后桥系统mSTARS（模块化半挂臂后悬架）。ZF还通过扩大和优化传动和制动功能来完善其现有传动系统技术产品。

从2015年收购美国天合汽车集团打响头炮之后，采埃孚就在布局自动驾驶的道路上越走越远。通过一系列的收购与合作，采埃孚的自动驾驶阵营逐步壮大，实力也越来越雄厚，对激光雷达、摄像头、影像分析、车联网、人工智能、传感器、智能座舱、移动出行、移动支付、电子钱包和充电服务均有涉及。

采埃孚和百度在美国拉斯维加斯举办的CES 2018之前公布了可在无人状态下进行自动泊车的新系统。该新系统是两家公司战略合作的首项成果，运用了与英伟达共同开发的车载AI——ProAI。据称，该系统将配套于汽车共享企业Pand Auto的纯电动车，并进行演示。

采埃孚为了在中国实现3级自动驾驶，与中国企业奇瑞汽车展开合作。采埃孚有意与以奇瑞汽车为首的中国整车厂积极展开合作，供应车载AI——ProAI。通过采埃孚与英伟达、百度在自动驾驶领域的合作，量产车将首次搭载运用了实现3级及以下自动驾驶的ProAI的深度学习算法。

ZF研发投入如图2-14所示，ZF目前的业务组合见表2-5。

图 2-14 ZF 研发投入

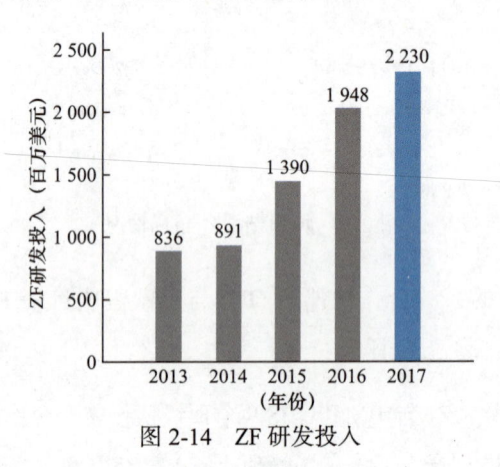

表2-5 ZF目前的业务组合

汽车动力传动技术	汽车底盘技术	商用车技术	工业技术	汽车电子	ZF后市场	主动与被动安全技术
自动变速箱（AT）	底盘系统	载重汽车传动技术	越野车系统	电子系统	独立售后市场	制动系统
手动变速箱/双离合器变速箱	底盘部件	客车和车箱的轮轴及传动系统	工业传动	电力牵引传动	原始设备维修/专用原始设备	转向系统
车轴驱动	悬浮技术	底盘技术	海洋及特殊传动系统	车轴驱动	生产管理	乘员安全系统
动力传动模块		动力总成模块	测试系统	电子接口	服务部	电子产品
		转向系统	航空技术	房屋系统	摩擦材料组	车身控制系统
			风力能源技术			

第 2 章／全球汽车发展、创新与投资

ZF在汽车领域的主要布局如图2-15所示。

Double Slash
通过持有该公司40%的股权切入车联网领域

Faurecia
通过Faurecia的内饰行业专家进入内饰领域，打造全新的内饰安全件

Astyx
ZF通过持有Astyx公司45%的股权来提升雷达技术对公司研发的支持

e.GO Mobile AG
该合作伙伴致力于全电动自主驾驶人和货物搬运

Ibeo
凭借其在Ibeo中的股份，ZF已经获得了决定性的传感器技术：用于三维识别车辆环境的移动激光雷达传感器

英伟达
配备人工智能的ZF ProAI控制单元基于超级计算机平台，它是自主驾驶的核心

Car eWallet
ZF正在与瑞银和IBM合作开发一个可以独立支付的交易平台

Hella
合作的重点是传感器技术，如前相机系统、图像识别和雷达系统

百度
ZF和百度正在为中国市场开发自主驾驶和远程信息处理的综合解决方案

图 2-15　ZF 在汽车领域的主要布局

ZF发展动态见表2-6。

表2-6　ZF发展动态

2017年6月	与Hella在传感器技术领域开展合作，结合了Hella的360°环景影像雷达系统与采埃孚的中远程雷达系统的摄像头技术计划在2020年投放市场
2017年6月	发布概念车Vision Zero Vehicle。采用后桥系统mSTARS（modular Semi-T/railing Arm Rear Suspension），简化量产平台的电动化
2017年5月	与佛吉亚建立战略合作伙伴关系，将合作开发自动驾驶车配套的综合安全系统、用于未来驾驶舱的先进安全技术等
2017年4月	在印度海德拉巴开设印度技术中心（ITC），针对电子件、嵌入式软件、机械工程学，致力于开发电动化、自动驾驶、车联网技术等尖端技术
2017年3月	取得德国Astyx Communication & Sensors约45%的股份，Astyx是一家从事超高频率雷达传感器等的开发、生产的公司。采埃孚和Astyx今后将共同推进下一代短程、远程雷达传感器的开发
2017年2月	与美国硅谷的Plug and Play 建立战略合作关系，该企业擅长与初创企业合作，采埃孚计划加强与2016年10月成立的风投公司Zukunft Ventures GmbH的合作关系
2017年1月	在底特律车展上发布IRC（Intelligent Rolling Chassis），配备车轴一体化的电动助力系统及使底盘功能联动的电子控制单元
2017年1月	和UBS及innogy Innovation Hub合作开发Car eWallet。Car eWallet是采用能保障安全的区块链技术的支付系统

（续表）

时间	内容
2017年1月	与英伟达合作开发人工智能系统。使用英伟达的DRIVE PX 2平台开发出高速公路自动驾驶系统ZF ProAI，计划于2018年或之后量产
2016年11月	采埃孚旗下的售后车联网产品专业供应商Openmatics发布了面向汽车租赁、汽车共享服务公司等车队经营者的App——Dashboard。Dashboard能够在数字地图上实时显示车队车辆并进行分析，还能提供车辆使用情况、服务需求预测、车辆位置等各种评价指标（KPI）
2016年11月	发布基于云平台的X2Safe智能算法。该算法将作为车辆间通信和车路间通信系统的基础进行利用，通过与车辆、智能手机、智能手表的通信，建立汽车与道路利用者之间的云网络
2016年10月	在转移至美国密歇根州Farmington Hills的技术中心周边进行了自动驾驶系统的行驶试验。进行自适应巡航控制、车道维持辅助、紧急制动等系统用摄像头、传感器、雷达、软件的开发。采埃孚天合的目标是2018年在美国实现高速公路自动驾驶系统的实用化
2016年9月	取得德国软件公司Double Slash Net-Business 40%的股份
2016年7月	向法国布雷斯特的雷达工厂投资约290万欧元。在该基地实施了高速公路行驶辅助功能的试运行。演示车辆配置采埃孚天合的AC 1000雷达、下一代摄像头、皮带传动式电动助力转向系统、电子稳定控制系统等

3. 麦格纳

2017年年底，麦格纳宣布将重组旗下的业务部门，打造四个面向全球市场的产品部门，分别是：车外饰及车身架构，包括车身及底盘、外饰、车顶系统、密封系统和燃油系统；动力总成及镜像系统，包括动力总成、电子、镜像、照明及闭锁系统；座椅系统，包括整椅系统及相关机构件；整车生产，包括代工生产和整车工程中心。麦格纳目前的业务组合如图2-16所示，麦格纳的优势产品如图2-17所示。

麦格纳在产品研发和新材料的使用方面注重提高效率，以满足可持续发展的要求。麦格纳用持续改进和注重质量的理念支持世界级生产计划，并使员工在研发和交付产品的过程中拥有更多的所有权。

1）麦格纳在电动化和轻量化领域的布局

出行对环境的影响及世界各国法规的变化，在很大程度上推动了混合动力车和电池电动汽车的发展。在未来的几年内，可能会有多达48种可行的动力系统架构。麦格纳的多样化产品套件——包括电动马达、混合动力汽车、逆变器、软件、电子泵、齿轮和轴——意味着其可以为这些体系提供系统。从48V和扩展范围的驱动器到插电式混合动力车和电池电动汽车，麦格纳是汽车制造商的首要合作伙伴，主机厂都希望在具备混合功能的同时满足排放标准。其强大的生产能力和先进的工程及开发服务意味着其可以快速创新并将推进系统推向市场。

外饰系统	前/后端腰线	外饰	模块系统	树脂结构部件	发动机罩、下构成件
座椅系统	全套座椅方案	座椅骨架	座椅结构解决方案	泡沫和装饰产品	
闭锁系统	车门模块	车窗系统	电动闭锁系统	障碍检测系统	密封系统
镜像系统	车内镜	外饰镜	执行器	电子视镜系统	门把手控制台技术
燃油系统	燃油箱	加油单元/气门	替代燃油系统	机油/冷却水系统	
车身及底盘系统	外板和车门系统	车身架构	能量吸收结构	车架和底盘副车架	完整的底盘总成
动力总成系统	动力传动系统	液压/控制	金属成形	远程服务系统集成	
电子系统	驾驶辅助/安全系统	智能动力系统	车身电子和HMI		

图 2-16　麦格纳目前的业务组合

➤ **驾驶员监控系统**
公司正在开发一种多传感器生物监测工具,研究驾驶员心率、眨眼速度、注视方向等,并将数据反馈给域控制器

➤ **CLEARVIEW 视图**
结合相机和镜像专长,为消费者提供更大的视野和直观的动态覆盖

➤ **混合双离合器变速箱**
公司的智能驾驶组合(包括HDTS)可以进一步提高电气化水平,产品结合了内燃机和电动马达,提高了效率。创新设计允许这些电气化变速箱被包装在当前的车辆结构中,而不需要额外的空间

➤ **48V电机**
为了帮助汽车制造商满足严格的二氧化碳排放标准及增强混合动力功能,结合电子产品和动力传动系统专业知识,开发了各种48V轻型混合动力传动系统的产品。这方面的产品将使二氧化碳的排放减少18%

➤ **D光学头灯**
是最先进入市场的全新头灯,采用多个大功率LED。它提供了卓越的可见性和可扩展性,性能得到提高,并能设计成更多样式

➤ **LITEFLEX模块**
通过生产更绿色、更轻的门,可以减重43%。这项创新可以降低排量,并降低车辆的生产成本

➤ **主动前轮转向**
利用公司的驱动技术和外部研发团队,开发了自适应空气动力学技术,重定向进入的空气,大大提高了燃料效率

图 2-17　麦格纳的优势产品

麦格纳可以提供轻量化的设计和制造解决方案，以帮助主机厂降低车辆重量。麦格纳在轻量化材料方面拥有丰富的知识储备，足以应对未来的挑战。

（1）始终在优化。

麦格纳有电气化所需的积累。早在2009年，该公司就与福特合作开发了一种零排放电池电动汽车的EDRIVE系统，并且在2011年完成了装车。

（2）提前推进电气化。

对于麦格纳来说，汽车电子产品超越了传统的动力系统应用，该公司在车辆的各个方面推进电气化。例如，该公司的StastLabCH是业界第一个纯电子门锁，可提供无与伦比的安全性、功能性和造型自由。

（3）轻量化领域的行业龙头。

汽车制造商必须满足二氧化碳排放指标和燃油经济性标准。为了帮助它们做到这一点，麦格纳提了供创新的材料和工艺轻量化解决方案。例如，该公司的压铸工艺可以减少20%的部件，碳纤维复合子框架可降低34%的重量。

2）麦格纳在自动驾驶领域的布局

麦格纳是基于视觉的ADAS解决方案的第一供应商，在这方面的技术积累为该公司建立了竞争优势。

（1）为每个汽车制造商提供解决方案。

MAX4是麦格纳完全集成的Level 4自主驱动平台。它具有模块化、可扩展的特点，适用于市场上的任何车辆。

（2）雷达业的革命。

麦格纳先进的4D雷达可能是未来自主驾驶系统的基础元件。该雷达系统达到军用级标准，具备抗干扰性，具有较好的目标检测和分类能力。

（3）创造历史。

2017年，麦格纳第一次参加国际无人驾驶测试，Level 3+车辆行驶了482.8km，完成了

92%的免提自主驾驶，对技术工作进行了验证。

（4）强大的合作伙伴。

麦格纳正在进行投资并建立战略伙伴关系，以进一步巩固其在新的流动生态系统中作为全球供应商的地位。麦格纳通过与Lyft等公司的各种合作，与新兴势力建立伙伴关系，并继续为主机厂提供服务。麦格纳还与宝马、英特尔和Mobileye合作，将在2021年交付一个灵活的自驾车车辆平台。

3）麦格纳在新出行领域的布局

未来，人们和货物将有无数种出行和运输方式，包括自驾车、电动自行车、智能交通、骑乘、无人机等。此外，还有一些趋势将影响新出行，如宏观经济向共享经济、人工智能和特大城市扩散的转变。对麦格纳来说，所有这些趋势都代表着潜在的机会。

这些场景是复杂的和相互关联的，甚至看似简单的趋势也会直接或间接影响其他部分。例如，自动驾驶的改变和移动性服务的传播很可能导致车辆利用率的提高。随着车辆变得更加复杂，对耐久性、连通性和软件的新要求也将出现。

麦格纳在自主驾驶技术、灵活的车身结构、灵活的座椅和货物系统及模块化动力系统设计方面都有优势，可以为客户提供更多解决方案。

（1）构建新的功能。

未来的自主交通工具可能是汽车、会议室、送货卡车和娱乐中心功能的结合。几年前，麦格纳开发出了可装载的小型货车座椅，创造了巨大的消费需求。现在，麦格纳的可逆座椅产品抢先解决了自驾车乘客的需求。

（2）新出行场景中的机遇。

麦格纳的技术路线可以在新出行场景中广泛应用，从私人车辆到出行服务。麦格纳在整个车辆上装有深度学习系统，可以为车身结构和传动系统架构、ADAS特性和功能，以及各种座椅和货物翻转提供完整的移动性解决方案。该公司结合专业知识，在一系列推进系统中设计和制造完整的车辆，并提供各个场景下的解决方案。

麦格纳新业务布局情况如图2-18所示。

发布日期	领投机构名称	融资轮	金额
7-Sep-17	Innoviz Technologies	B	$65M
25-Jan-17	NextAI	angel	$5.2M
7-Oct-16	THINCI	angel	—
10-Sep-15	Argus Cyber Security	B	$21.1M
22-Apr-15	Peloton Technology	A	$16M
11-Aug-14	Zubie	B	$8M

来源：crunch base

图2-18 麦格纳新业务布局情况

4. 电装

电装在其提出的2025战略中，明确了年收入7万亿日元（约630亿美元）、营业利润达10%的目标。在业务方面，电装将不断开拓汽车领域电动、自动驾驶和车联网的业务，并不断提升非汽车业务如工业自动化及农业科技在集团销售总额中的比例，以降低对传统燃油汽车零部件业务的依赖（图2-19）。

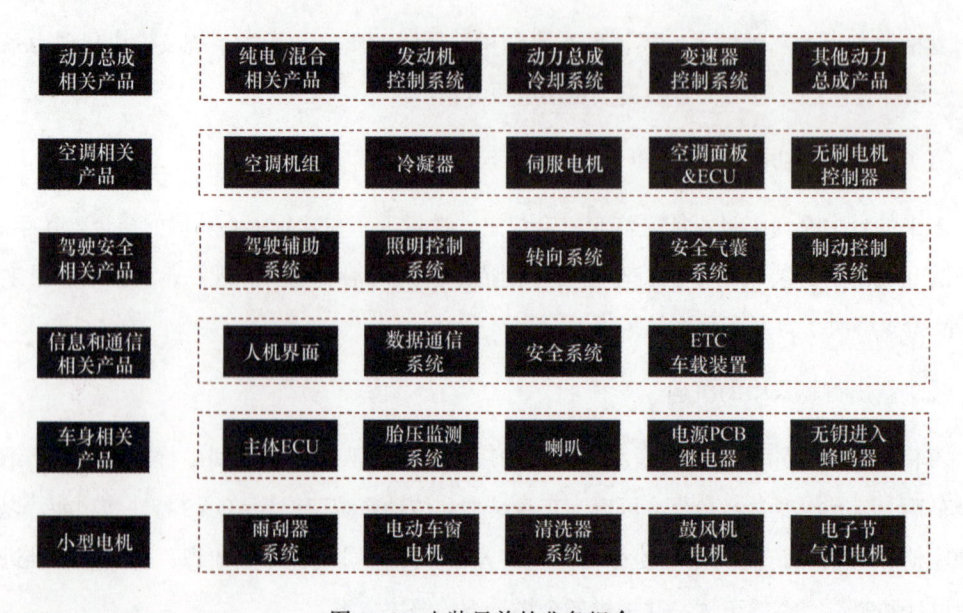

动力总成相关产品	纯电/混合相关产品	发动机控制系统	动力总成冷却系统	变速器控制系统	其他动力总成产品
空调相关产品	空调机组	冷凝器	伺服电机	空调面板&ECU	无刷电机控制器
驾驶安全相关产品	驾驶辅助系统	照明控制系统	转向系统	安全气囊系统	制动控制系统
信息和通信相关产品	人机界面	数据通信系统	安全系统	ETC车载装置	
车身相关产品	主体ECU	胎压监测系统	喇叭	电源PCB继电器	无钥进入蜂鸣器
小型电机	雨刮器系统	电动车窗电机	清洗器系统	鼓风机电机	电子节气门电机

图2-19 电装目前的业务组合

1）驾驶安全相关产品（图2-20）

电装公司开发了各种驾驶辅助系统，尤其重视开发能够监测驾驶状况的感应技术。无论是开发照明控制系统、转向系统、安全气囊 ECU，还是开发制动控制系统，电装公司一直在努力探寻防止事故和伤害发生的方法。

图 2-20　驾驶安全相关产品

2）信息和通信相关产品（图2-21）

人机界面（HMI）技术以安全和全面的方式向驾驶员提供有关驾驶状况的反馈。电装公司利用信息和通信技术为创造更加安全、更加便利的社会做出了贡献。

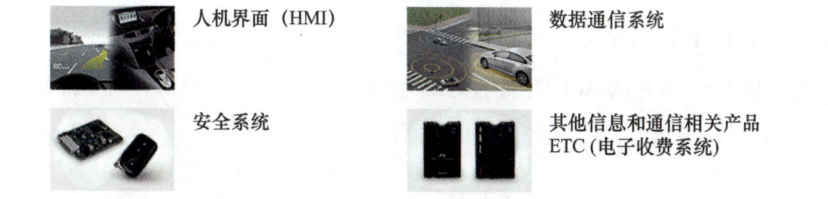

图 2-21　信息和通信相关产品

3）动力总成相关产品（图2-22）

为实现可持续发展，电装公司致力于开发先进的动力传动系统技术，着力解决降低二氧化碳排放和能源多样化等问题，从而帮助保护地球环境。

4）空调相关产品（图2-23）

自 1990 年以来，电装公司在车用空调领域一直占有全球最大的市场份额。现在，其在制造高能效空调系统的工作中仍投入大量精力，确保获得更高的舒适性，同时使产品更加环保。

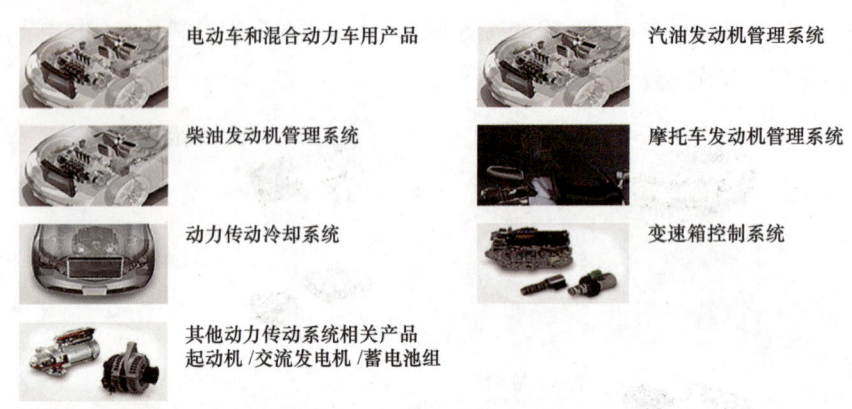

电动车和混合动力车用产品	汽油发动机管理系统
柴油发动机管理系统	摩托车发动机管理系统
动力传动冷却系统	变速箱控制系统
其他动力传动系统相关产品 起动机/交流发电机/蓄电池组	

图2-22 动力总成相关产品

| 乘用车用空调 | 公交车和工程车辆用空调 |

图2-23 空调相关产品

5）车身相关产品（图2-24）

采用了电装技术的车身电子产品可提高舒适性、便利性和安全性。内置传感器，如能够检测环境亮度并自动开启和关闭照明灯的光线传感器，可实时确定车辆状况，以实现最佳控制。

| 多路复用车身电控单元 | 胎压监测系统电控单元 |
| 阳光和微光传感器 | 喇叭 |

图2-24 车身相关产品

雨水传感器		挡风玻璃清洗器系统	
挡风玻璃雨刮器系统		电动车窗调节器电机	
遥控免钥匙进入蜂鸣器		印制电路板功率继电器	
低剖面微型 ISO 继电器		小型 ISO 功率继电器	
IC 闪光器			

图 2-24　车身相关产品（续）

6）小型电机（图2-25）

电装公司在制造用于雨刮器和电动车窗等重要汽车部件的小型电机领域占有世界领先的市场份额，并且将不断通过提供卓越的稳定性和耐用性为驾驶员提供支持。

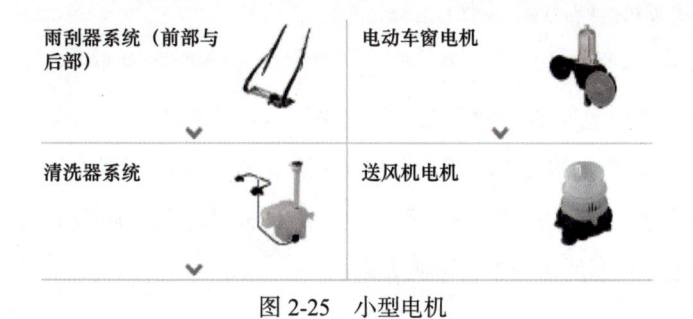

雨刮器系统（前部与后部）		电动车窗电机	
清洗器系统		送风机电机	

图 2-25　小型电机

电装发展动态见表2-7。

表2-7 电装发展动态

2017年6月	由电装、日立造船、日本政策投资银行、日本无线、日立汽车系统这5家公司共同出资，成立新公司"全球测位服务"，将开展精密卫星定位服务
2017年5月	与Ricoh Industrial Solutions共同开发用于ADAS的全球最小立体摄像头
2017年5月	与东芝在Factory IoT、ADAS、自动驾驶等领域加强合作
2107年4月	电装、软银、住友商事等公司向风险企业Global Mobility Service（GMS）出资。GMS在日本和东盟提供采用其远程启动控制车辆的IoT技术的平台服务
2017年4月	铃木、东芝、电装就在印度共同成立汽车锂离子电池包的新公司达成一致
2016年12月	开发出全球最小的立体影像传感器车载产品，为大发Tanto的预防碰撞辅助系统Smart Assist 3配套
2016年12月	2017年1月1日，成立负责EV等电动化产品开发和业务的新部门"电动化系统业务集团"
2016年12月	开始与NEC在ADAS、自动驾驶及生产领域开展合作，将结合电装的先进安全相关技术及NEC开发的预测危险的人工智能（AI）技术，共同开发产品
2016年11月	开始与英国Imagination Technologies 公司共同研究能够在处理器（CPU）内同时进行多项处理的硬件多线程（Hardware Multi-thread）功能
2016年10月	通过在车载图像传感器上搭载索尼半导体解决方案（Sony Semiconductor Soutions）的图像传感器，实现了夜间行人的识别
2016年10月	与东芝基本达成一致，将共同开发车载图像识别系统用AI技术
2016年10月	投资美国新兴企业THINCI，THINCI开发汽车可进行深度学习和视觉处理的机械学习技术
2016年9月	电装、丰田、富士通变更了车载导航仪供应商富士通天的资本结构，目前三方已达成一致，未来电装将出资51%，成为最大股东，将加快ADAS/自动驾驶的关键零部件——人机界面（HMI）的开发
2016年8月	和卡耐基·梅隆大学惠特克学院教授金出武雄签订了技术顾问合同，将加速在汽车方面的图像识别、机器学习领域的技术开发
2016年7月	向开发车载平台软件的NTT Data MSE出资
2016年4月	在德国成立开发图像识别技术的新公司DENSO ADAS Engineering Service

在电动化领域，电装将着重发展电池管理系统、热管理系统，以及高品质的半导体电子器件，如SiC（碳化硅）MOSFET等，目的是不断降低汽车电子器件的能量损耗，提升耐高温能力、抗击穿能力及开关反应速度等。电装的目标是能全面提供从内燃机到微混、插混、纯电及燃料电池汽车所需的整套解决方案。

在自动驾驶领域，电装将把精力投放在以下三方面：研发先进驾驶辅助系统ADAS与智能驾舱系统，开发高性能传感器与半导体，深入研究车用人工智能技术。为了加快追赶德国博世与德国大陆，电装还计划在海量数据处理方面下功夫，即开发数据流处理系统（DFP），以对传感器和摄像头等环境感知器件发来的海量数据进行高效的判断和处理。该系统的显著特点是将任务进行归类叠加，在同一时刻并行处理复杂、单纯、大量及需要快速反应的任务。

在车联网领域，电装将建立综合电动平台，研发利用大数据技术，提供下一代汽车通信设备和车队运营管理系统，并将对服务提供商进行投资，建立汽车效率利用机制。

5. 大陆集团

大陆集团汽车业务布局如图2-26所示，其轮胎、康迪泰克（非轮胎橡胶及塑料）及底盘部门2017年的表现都十分强劲。

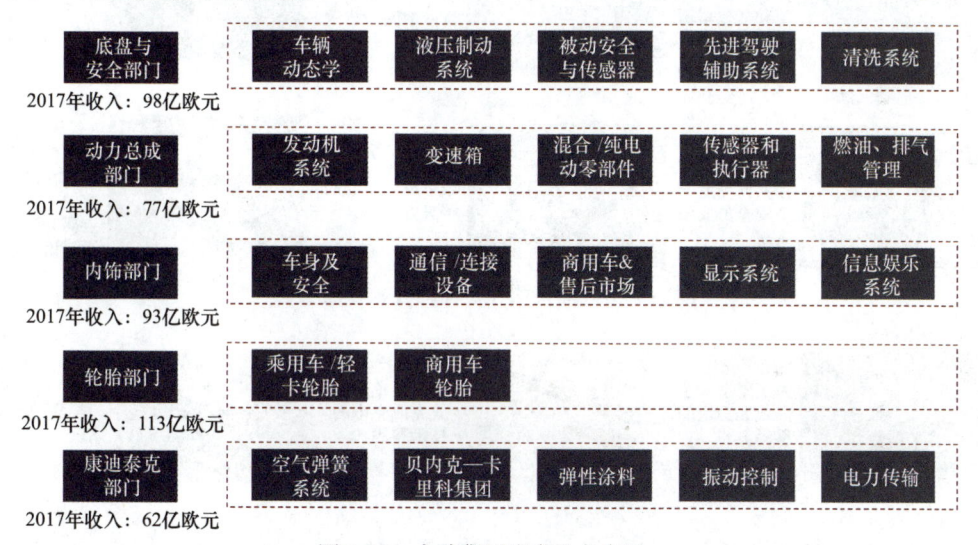

底盘与安全部门 2017年收入：98亿欧元	车辆动态学	液压制动系统	被动安全与传感器	先进驾驶辅助系统	清洗系统
动力总成部门 2017年收入：77亿欧元	发动机系统	变速箱	混合/纯电动零部件	传感器和执行器	燃油、排气管理
内饰部门 2017年收入：93亿欧元	车身及安全	通信/连接设备	商用车&售后市场	显示系统	信息娱乐系统
轮胎部门 2017年收入：113亿欧元	乘用车/轻卡轮胎	商用车轮胎			
康迪泰克部门 2017年收入：62亿欧元	空气弹簧系统	贝内克—卡里科集团	弹性涂料	振动控制	电力传输

图2-26 大陆集团汽车业务布局

全球3/4的汽车采用大陆集团的解决方案、产品及系统。传感器是大陆集团又一个业务优势，自1999年起至今，大陆集团总共生产了约6000万个ADAS传感器。

1）自动驾驶

大陆集团在自动驾驶领域的动态如图2-27所示。

2）电动化

大陆集团认为，电动出行在未来会以很多不同的形式实现，因此，世界各地的专家正在致力于开发进一步清洁环保的纯电和混动等出行方式。为了塑造安全、高效和舒适的出行方式，大陆集团正在汇集来自所有部门的专业知识，涉及能源优化、传动系统管理、车辆安全、信息管理和轮胎领域。大陆集团在电动化领域的动态如图2-28所示。

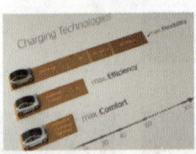

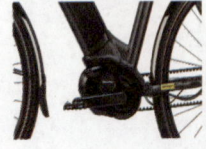

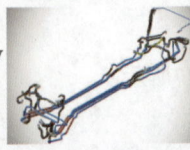

图 2-27　大陆集团在自动驾驶领域的动态

图 2-28　大陆集团在电动化领域的动态

大陆集团新业务布局情况如图2-29所示。大陆集团的电子制动系统和制动助力器全球销量第二，旗下电子产品具有集成化设计领先、稳定性行业第一、可拓展性最强、智能化水平最高四大突出优势。在CES 2018展会上，Continental AG电子发布了世界上第一个具有3D表面的触摸屏。

收购机构名称	发布日期	金额
OTA keys	21-Sep-17	—
Parkpocket	13-Sep-17	—
Quantum Inventions	7-Jul-17	—
Zonar	4-Oct-16	€280M
Advanced Scientific Concepts	16-Mar-16	—
Elektrobit	19-May-15	€600M
Veyance Technologies	10-Feb-14	€1.4B
Siemens VDO Automotive S.p.A.	25-Jul-07	—

来源：crunch base

图 2-29　大陆集团新业务布局情况

2017年9月，大陆集团先后收购了Parkpocket和OTA keys。Parkpocket是一家向司机提供停车场信息的智能数据公司。OTA keys提供了一个完全集成到智能手机中的汽车共享解决方案，即手机汽车开锁功能。

2018年2月，英飞凌宣布，将与大陆集团旗下的Elektrobit Automotive展开合作。两家公司将以英飞凌的第2代多核微控制器系列AURIX（TC3xx）和Elektrobit的zentur HSM（硬件安全模块）为基础，提供硬件和软件完全融合的解决方案。

2018年3月3日，大陆集团宣布开发出第3代ABS。第3代ABS强化了制动器的控制能力，可以及时、准确地做出反应。它通过适应性更强的制动控制器实现制动性能的最优化。

2018年3月5日，大陆集团与一汽解放签署车联网平台及运营升级项目协议，正式启动中国大陆地区商用车领域面向公众的车联网生态圈运营平台。

2018年3月7日，大陆集团与四川成飞集成科技股份有限公司宣布，将通过各自旗下子公司成立合资公司，开发生产48V汽车电池系统。

第3章

宏观经济形势

1. 全球宽松货币政策周期接近尾声

全球长期利率经历近20年持续下跌,特别是2008年之后各国央行执行QE政策,通过直接印钞买国债的方式压低收益率成为利率下跌的主要因素;在实施多年的量化宽松政策之后,许多国家都存在流动性过剩问题。然而,随着全球经济进入稳步复苏的轨道,对于低增长和低通胀等问题的恐惧正在消退,欧洲央行、日本央行和英国央行等全球主要央行均无意继续放宽货币政策,金融危机后的大规模宽松货币政策正逐步退潮。从2016年第三季度开始,全球利率已经触底并开始回升(图3-1和图3-2)。

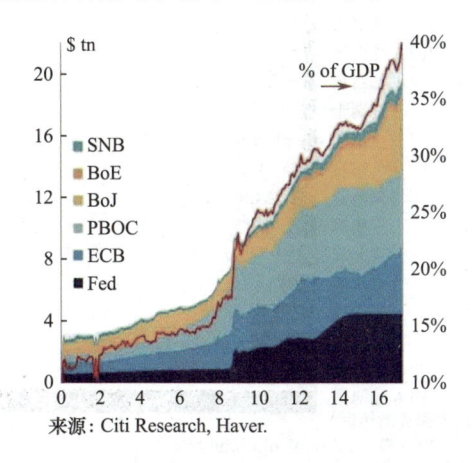

来源:Citi Research, Haver.

图 3-1　CBs 购买了政府大部分的债务扩张

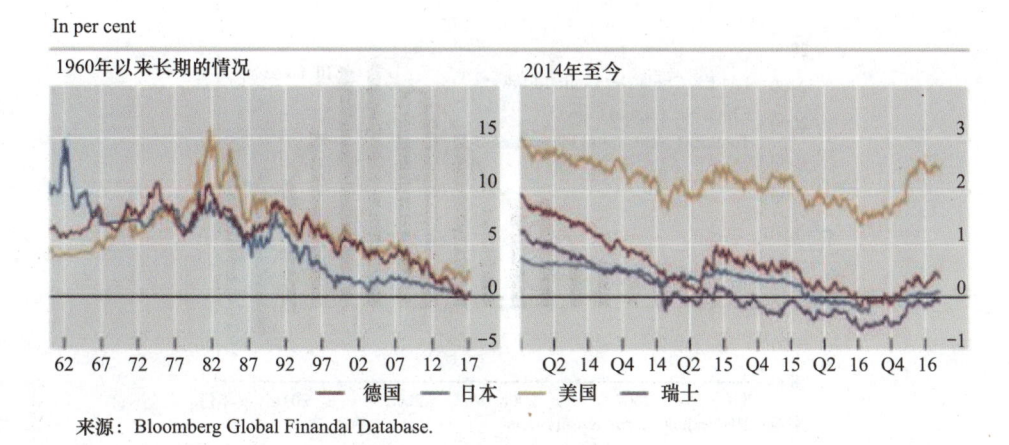

来源:Bloomberg Global Finandal Database.

图 3-2　十年期政府债券收益率

2. 全球经济再平衡进程常态化,金融风险可能性上升

未来5年,经济平稳发展的内外部环境将遭受进一步挑战,其中最突出的挑战来自中美两国间的博弈。美国经济进入复苏周期和中国经济L形探底同时进行,使两国间货币、税收政策产生重大分歧,必将引发全球资本跨地区流动的再平衡。与此同时,美国"税改、加息、缩表"的组合拳也意味着大规模资本可能从以中国为首的新兴经济体回流美国。全球局部金融风险的可能性上升(图3-3~图3-5)。

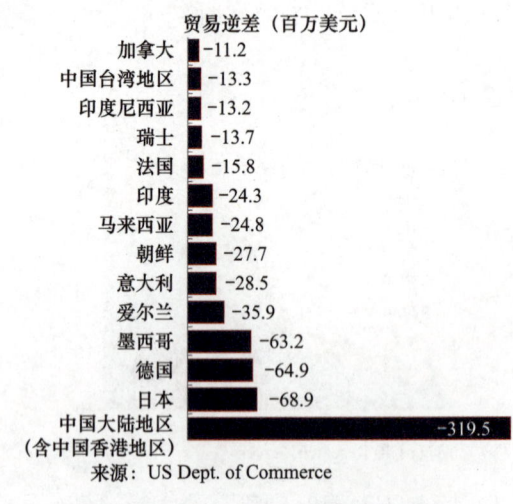

国家/地区	贸易逆差(百万美元)
加拿大	-11.2
中国台湾地区	-13.3
印度尼西亚	-13.2
瑞士	-13.7
法国	-15.8
印度	-24.3
马来西亚	-24.8
朝鲜	-27.7
意大利	-28.5
爱尔兰	-35.9
墨西哥	-63.2
德国	-64.9
日本	-68.9
中国大陆地区(含中国香港地区)	-319.5

来源:US Dept. of Commerce

图 3-3 美国与主要贸易伙伴的逆差

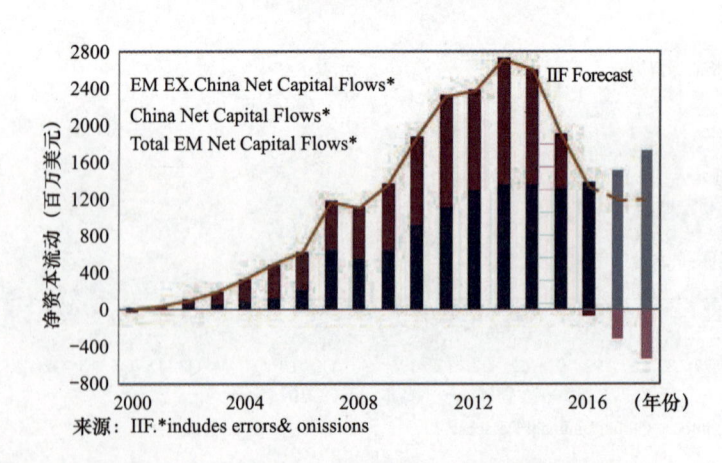

图 3-4 从 2000 年以来累计新兴市场净资本流动

来源:IIF.*indudes errors& onissions

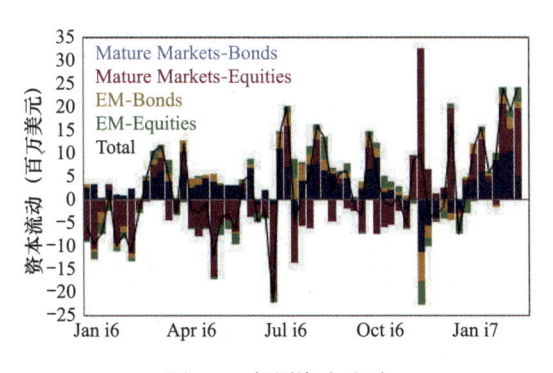

图 3-5　每周资本流动

美国经济持续复苏，2017年末失业率已经下降到4.1%，2018年第一季度很可能降至3.8%左右。而特朗普主导的税改计划，将进一步刺激美国经济的复苏和资本的持续流入。同时，为缓解经济复苏带来的经济过热和通胀压力，美联储2017年已经进行了三次加息，2017年第四季度资产负债表缩小，预计2018年将加息三次。欧日央行在2018年也大概率开始结束量化宽松，其他非美货币多数都将步入收缩。

中国是出口大国，美国经济的持续复苏对中国出口会有某种程度的拉动作用。但特朗普奉行的保守主义政策使其极有可能绕开世贸组织规则，持续对中国出口实行单方面报复。近期美国总统特朗普挑起的中美贸易争端，引发了世界各国人民的关注。虽然贸易战不是直接针对汽车行业，但汽车行业是贸易战的重要领域。

还没在中国建厂生产的特斯拉，其CEO马斯克和特朗普在推特上互动吐苦水，认为特斯拉在中国按照进口商品销售要缴纳的关税太高，因此希望在中国国产问题上能赢得更多话语权，可以采用独资方式而不是必须找个合资伙伴。

特朗普上台之后，已经多次引用汽车行业的例子来谈中美贸易的"不公平"，"美国向中国出口的汽车要缴纳25%关税"和"中国汽车在美国只缴纳2.5%关税"这两个数字也无数次被提出来。除了关税，特朗普还强调美国企业的技术会被中国企业"窃取"，因为美国汽车制造商们都开始在中国生产电动汽车，并且必须和中国合资企业分享这些技术。

根据美国人口普查局的数据，美国对中国的汽车领域顺差为89亿美元，但是一旦算上零部件行业，美国对中国的汽车贸易逆差就达到了15亿美元。这也是特朗普抓住汽车行业不放的原因。

> 【案例】早在1995年的日美汽车贸易战中，日美第三轮汽车贸易谈判破裂，双方未就汽车零部件贸易问题达成一致。克林顿对日本实行贸易报复，宣布将对丰田、日产、马自达、三菱等13种日本豪华轿车征收100%关税，并扬言对日本实行航空制裁。最终双方在日内瓦达成和解协议，美国虽然敲开了日本汽车国门，但美国汽车在日本的道路仍旧荆棘丛生。

3. 我国主要社会矛盾转化

当前，全球汽车产业正处于新一轮技术革命浪潮和产业风口之上，汽车产业与新能源、人工智能、互联网、大数据等新兴产业的融合发展，让衣食住行的"行"正在发生翻天覆地的改变。新能源汽车的快速发展，使人们绿色出行成为现实。智能网联汽车、共享出行，将让人们告别拥堵，尽享交通的快捷与便利。

党的十九大报告指出，中国特色社会主义进入新时代，我国主要社会矛盾已经转化为人民日益增长的美好生活需要和不平衡不充分的发展之间的矛盾（图3-6）。随着科技的不断进步，汽车在满足人们美好生活需要方面的作用越来越明显。

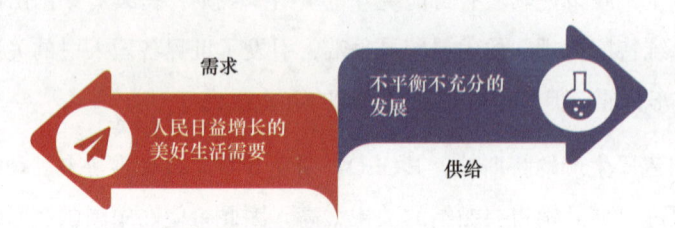

图3-6 我国主要社会矛盾

1）着力振兴实体经济的新型工业化，是未来中国经济发展的关键抓手

（1）区域发展不平衡。
（2）产业结构不平衡，创新能力和高端产业发展不充分。
（3）实体经济与虚拟经济发展不平衡，高质量实体经济供给不充分。
（4）工业化速度与资源环境承载力不平衡，绿色经济发展不充分。

> 加快突破若干重要战略性行业的重大关键共性技术、核心零部件生产，减少对外部的依赖，增强系统集成能力、基础配套能力和标准制定能力。

2）"稳"字当先

1个定位

金融是国家重要的核心竞争力，金融安全是国家安全的重要组成部分，金融制度是经济社会发展中重要的基础性制度。

4个原则

（1）回归本源，服从服务于经济社会发展。

（2）优化结构，完善金融市场、金融机构、金融产品体系。

（3）强化监管，提高防范和化解金融风险的能力。

（4）市场导向，发挥市场在金融资源配置中的决定性作用。

3项任务

根本目的：服务实体经济

核心目标：防控金融风险

根本动力：深化金融改革

3）设立国务院金融稳定发展委员会

强化人民银行宏观审慎管理和系统性风险防范职责，落实金融监管部门监管职责，并强化监管问责。

> **分析解读**
>
> （1）增强直接融资、服务实体经济的要求对于依托产业资本的股权投资机构是利好——应充分围绕实体产业做好实业文章。
>
> （2）去杠杆、防风险成为重中之重——投资注重稳健性、成长性结合，注重标的企业风险防控，重点关注良好现金流企业。
>
> （3）全监管、严监管成为常态，监管套利、短期投机成为过去式——价值投资将成为主流。
>
> （4）丰富金融产品供给作为脱虚向实的重点提出，做大分母去杠杆——汽车金融大有可为。

第4章
汽车全产业链投资价值研究

我们今天讲汽车的四化，是指电动化、智能化、网联化和共享化。虽然是分别提出来的，但并不意味着四化是独立演进的。从人类交通出行大系统来看，这四化是相互影响、互为因果反馈的复杂动力学关系。

智能化和网联化带来的感知、计算、通信、控制、执行、交互，无一不需要大量的电气元件，而基于传统的燃油汽车架构是难以实现的。未来，我们不仅要实现驱动系统的电气化，还需要实现底盘、车身的电气化，当然，驱动电气化是前提。2017年，我国新能源乘用车总销量达到55.6万辆，即将突破2%的市场门槛。一般认为，新技术市场占有率突破2%是结束导入期、步入成长期的标志。2017年，欧洲共有7个国家电动汽车占有率突破2%。可以认为，全球汽车电力驱动的过程是不可逆的。

由汽车驱动系统电气化向底盘、车身系统电气化渗透，进而由"技术可能"与"市场需求"共同推动汽车向更高阶的智能化和网联化发展，是汽车技术发展与演进的必然趋势。在这一过程中，汽车将由机电工业产品演变成涵盖机械、电子电气、微电子、光学、传感、通信工程、计算机软硬件甚至遥感测绘等众多新兴技术的交叉复合型科技产品，汽车产业链将与信息产业链、互联网产业链发生深度链合，形成史无前例的巨大产业生态，这中间蕴含着广阔的创新空间。科技的发散又将推动出行创新要素极大丰富，催生出全新的商业模式。

在百年来汽车进化和发展的历史进程中，技术跃阶式变革一般出现在动力、安全、材料等相互非强关联的独立领域，极少像今天这样，重大变革在电动化、智能化、网联化、共享化四大强相关领域同时出现，且相互赋能。由于汽车四化在动力学系统中呈现互为正向反馈的叠加甚至乘数效应影响关系，由电动化发展到智能网联汽车，再发展到共享出行，赋能链条的增加将带来明显的"长鞭效应"。这种长鞭效应将使得创新幅度呈现指数级增长，技术端的哪怕小幅度进阶都有可能导致人们出行观念、出行模式发生密集的、颠覆式的转变，在商业模式端带来巨大的变化。

长远来看，这一宏伟历史进程最终将收敛于交通出行场景的绿色化、集约化、高效化和生活化。

4.1 汽车动力系统

4.1.1 发动机

内燃机已有长达上百年的历史，近年来，随着欧美国家排放标准不断升级，内燃机新技术得以普及。涡轮增压、可变气门、缸内直喷、阿特金森（米勒）循环及EGR技术是当前主流汽车企业广泛采用的发动机节能减排的新技术。

尤其需要关注的是，日本几大汽车企业虽然在新能源汽车领域加快布局，但在内燃机技术领域，仍然保持了不被目标市场国政策左右的独立技术判断。20世纪80年代至今，以日本企业为代表的发动机热效率逐年提升，本田、丰田、马自达先后推出热效率接近甚至超过40%的内燃机，将燃油汽车动力系统节能减排做到了极致，特别是高效率内燃机与日本企业先进的混合动力技术结合，使日本企业混合动力汽车代差优势得到进一步巩固和扩大（图4-1）。

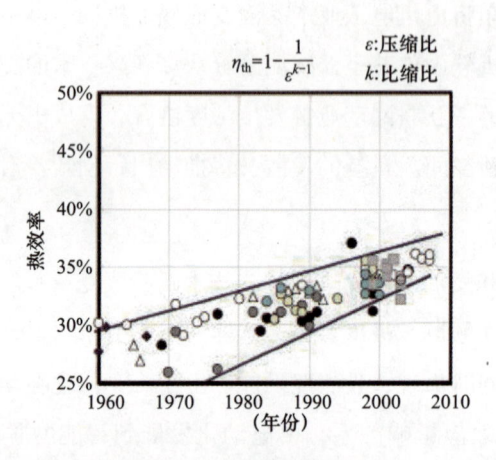

图 4-1 内燃机热效率变化

随着未来发动机热效率的进一步提升，从全生命周期能源经济性和其对环境的危害来看，燃油汽车完全退出历史舞台为时尚早，各种能源动力系统的竞争才刚刚开始。

1. 阿特金森（米勒）循环发动机技术

阿特金森发动机一般指活塞压缩行程小于活塞膨胀行程的发动机。近年来，VVT（可变气门正时）技术的发展，推动了阿特金森发动机的普及。特别是在油电混合动力汽车上，采用阿特金森发动机能够较大幅度地降低油耗（图4-2）。

普通发动机的热效率约为30%，而配备了VVT的发动机的热效率约为32%；在此基础上，利用"缸内直喷+分层燃烧"技术，能把发动机热效率提高至34%；丰田的普锐斯油电混合动力汽车利用阿特金森循环的热效率最高可达38%。

本田雅阁混动版也将搭载2.0T的阿特金森发动机。大众即将推出的1.5T EA211发动机也通过可变气门正时功能中的进气阀早关（Early Intake Valve Closure，EIVC）实现米勒循环，使得系统具有更大的膨胀比，从而降低工作温度，减少氮氧化物排放，其等效压缩比可达12.5∶1，百公里油耗比目前的1.4T EA211还要低1L。

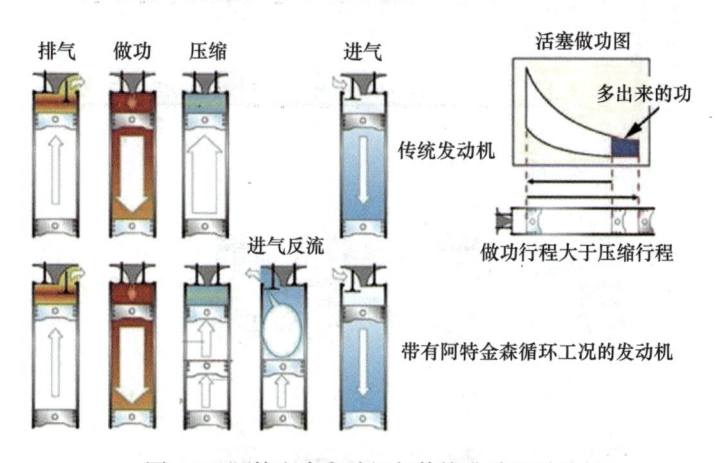

图 4-2　阿特金森发动机与传统发动机对比

我国长安汽车2009年即已宣称研发成功阿特金森发动机，计划用于油电混合动力汽车，但至今尚未推出产品，未来是否会用于长安与吉利-科力远共同打造的CHS混合动力平台，值得期待。

2. 马自达创驰蓝天技术

创驰蓝天是马自达脱离福特后独自研发的涵盖发动机、变速箱、底盘、车身的系列技术创新的总称，其燃油经济性能提升15%～20%，并吸引丰田用混合动力和燃料电池技术与之交换。

创驰蓝天技术的核心在于SKYACTIV发动机，其压缩比达13∶1，为避免爆震，采用了

4-2-1排气，提高了残留高温气体排出效率，降低了废气回流的影响（图4-3）。

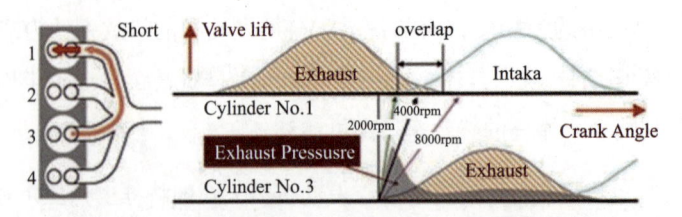

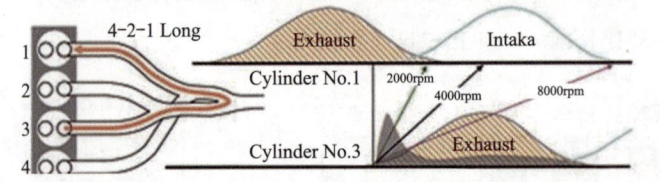

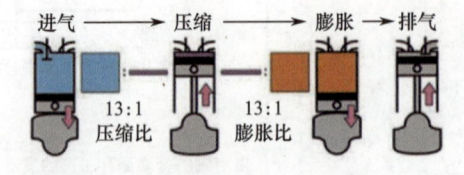

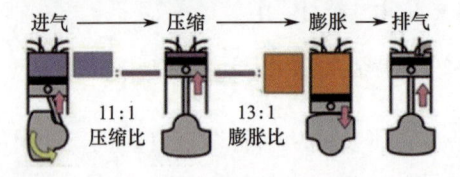

图 4-3　SKYACTIV 发动机工作原理

第二代创驰蓝天更是计划采用均质压燃（HCCI）技术，在高转速区间使用压燃点火，压缩比高达18∶1，热效率有望向50%迈进。

SKYACTIV发动机同样采用了米勒循环，通过延迟吸气阀门的关闭时间，使压缩从压缩行程的中途开始，从而提升压缩比。另外，通过减少燃烧室容积来提高膨胀比，从而实现了在抑制压缩比的同时提高膨胀比（压缩比＜膨胀比）。

3. 丰田Dynamic Force发动机

Dynamic Force发动机是丰田发动机技术的集大成者，通过高压缩比（传统燃油版本为13∶1，混动版本为14∶1），加大进排气门夹角（从31°增大到41°）增强气流，更加精准的缸内直喷加歧管喷射混喷技术（D-4S）来实现高速燃烧（同时可有效抑制高压缩比带来的爆震），并且首次采用活塞裙激光工艺涂层技术降低摩擦损耗。

丰田发动机技术演进如图4-4所示，降低摩擦损耗、阿特金森循环爆震削减、低温燃烧和快速燃烧是热效率不断提高的主要推动力。其中，发动机热效率从34％逐渐提升到38.5％，主要依靠冷却废气再循环技术，而最终将发动机热效率推至40％以上的秘密则是快速燃烧技术。

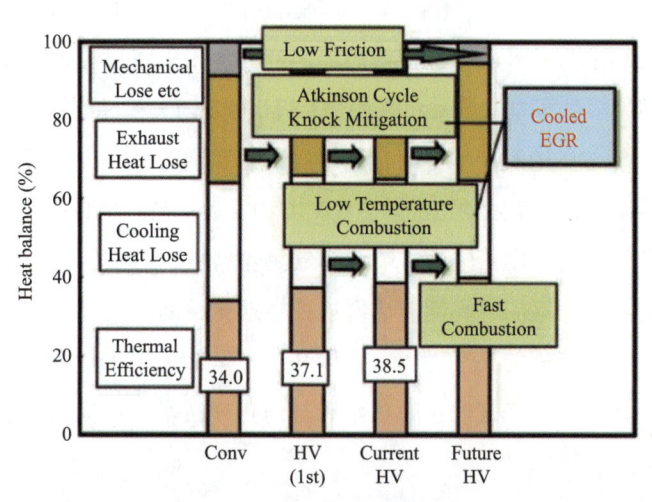

图 4-4 丰田发动机技术演进

如图4-5所示，最新款发动机强化了滚流，滚流在压缩后期会形成湍流，湍流能大大加快火焰燃烧速度，提高燃料效率。

图 4-5 Dynamic Force 发动机构造

4. 发动机领域投资全景导航

1）竞争格局

目前，我国自主品牌汽车企业大部分配备合资企业发动机（如三菱）。近年来，通过技术集成与联合研发，吉利、奇瑞等企业已开展发动机的自主研制，但由于我国发动机技术起步较晚，在关键技术领域仍然缺乏自主知识产权，合资企业配件占比较高。

吉利JLE-4G18TD系列发动机采用了缸内直喷技术，同时搭载DVVT、双平衡轴、双质量飞轮、可变进气歧管、正时链条、中空充钠气门等先进技术。该引擎为吉利自主研发的成果，充分借助了沃尔沃的专家资源，与沃尔沃共用供应商占比50%。近期，吉利与沃尔沃又合作研发了1.5TD发动机（图4-6），该发动机采用三缸布局，基于Drive-E2.0T四缸发动机开发，最大功率为132kW，峰值扭矩为265Nm，未来将供应吉利集团旗下吉利、沃尔沃、领克三大品牌多款车型，预计将采用"1.5TD+7DCTH"打造插电式混动动力系统平台。ACTECO由奇瑞与奥地利AVL公司合作研发，是我国首个完全具有自主知识产权的、规模化运营、国际化的轿车发动机品牌。GW4C20发动机是长城自主研发的一款增压缸内直喷汽油机。这款发动机采用了缸内直喷、废气涡轮增压、进排气双VVT、静音链正时系统、双平衡轴、充钠空心气门、高性能活塞连杆轻量化计划等先进技术。BYD 476ZQA发动机是比亚迪除电控技能外的又一力作，缸体和缸盖全部采用铝合金材质，涡轮增压器则由博格华纳生产，采用了可变气门正时技术和缸内直喷技术，可提供113kW的最大功率和240Nm的最大扭矩。

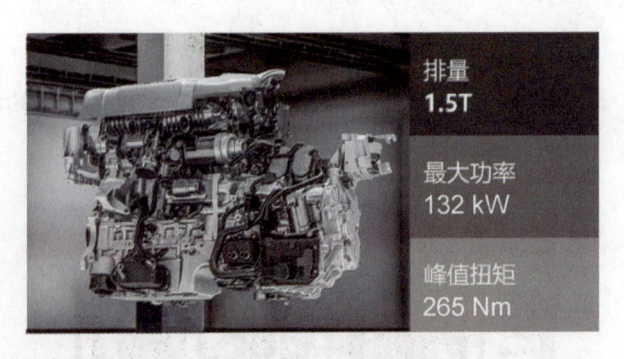

图4-6 1.5TD发动机

国内从事发动机研发和生产的零部件企业有航天三菱、环新集团、朝柴动力、超力集团、贝斯特、亚新科天纬油泵油嘴、南岳电控、成都正恒动力、江滨活塞、华源莱动等。汽车发动机行业上市公司比较见表4-1。

表4-1 汽车发动机行业上市公司比较

证券代码	证券简称	市盈率（PE）	2017年				
			净资产收益率（%）	销售毛利率（%）	销售净利率（%）	资产负债率（%）	经营性现金净流量/营业总收入（%）
000903.SZ	云内动力	21.36	5.35	11.41	4.42	49.53	−9.10
002448.SZ	中原内配	17.39	12.20	40.48	18.81	36.16	15.92
000581.SZ	威孚高科	8.96	18.52	24.41	29.59	24.12	10.62
000338.SZ	潍柴动力	10.44	20.33	21.46	6.08	70.28	10.73
600178.SH	东安动力	63.47	2.31	12.99	2.37	50.80	3.43
600841.SH	上柴股份	76.40	3.42	15.12	3.33	45.52	4.68
300391.SZ	康跃科技	39.20	10.75	29.05	9.18	52.57	5.24
603319.SH	湘油泵	20.69	17.08	31.90	13.76	37.50	5.63
300733.SZ	西菱动力	37.55	17.75	35.35	16.63	43.25	12.57
000760.SZ	斯太尔	−18.78	−8.83	2.07	−114.02	24.58	−230.90
600698.SH	湖南天雁	−66.03	−13.57	12.88	−14.62	56.74	−1.41
600960.SH	渤海汽车	23.69	5.42	19.69	9.47	30.55	−2.29
600218.SH	全柴动力	35.15	3.24	10.89	1.89	47.77	−4.44
002283.SZ	天润曲轴	15.93	8.99	26.05	11.41	36.42	−3.01
002715.SZ	登云股份	178.63	1.90	24.32	2.65	31.80	9.46

2）行业壁垒

发动机行业主要壁垒在于技术，特别是燃烧机理与材料等基础科学领域的技术。

3）投资风险

主要风险包括在严格的油耗限值标准下降后产能加速出清，以及日本先进内燃机技术代差级领先导致国产内燃机技术差距扩大、市场崛起受限。

4）最有价值的投资领域

我国汽车零部件企业如能在涡轮增压、可变气门、缸内直喷等技术领域取得突破，则进口替代的市场空间相当广阔，目前上市公司贝斯特在涡轮增压部件制造领域有所布局。近年来，新能源汽车技术逐渐兴起，发动机作为部分新能源汽车中的一部分，其发展形态和趋势出现了新的变化，如启停系统、阿特金森发动机等新兴技术产品值得长期关注。

4.1.2 变速箱

主要变速箱类型及比较见表4-2。

表4-2 主要变速箱类型及比较

变速箱类型	优点	缺点	主要生产厂商	中国市场占有率（自动挡）
AT变速箱	技术成熟，可靠稳定，平顺性不错	结构复杂，成本较高，能耗较大	主要是ZF（德国采埃孚）和AISIN（日本爱信）两家，其中爱信属于大厂丰田。除此之外，还有日本Jatco、澳大利亚DSI，以及奔驰旗下的变速箱部门和通用集团的变速箱部门	60%
DCT变速箱	换挡速度快，传动效率高，能耗较低	低速会顿挫，干式可靠性不确定	在DCT领域，各个品牌会有不同的叫法，如大众的DSG、三菱的SST，保时捷的PDK，宝马的DKG，福特、沃尔沃的Powershift，奥迪的S-Tronic等	25%
CVT变速箱	结构简单，平顺性好，省油	缺乏运动性，可承受扭矩较小，耐用性一般	日本Jetco、德国博世、比利时邦奇（2016年被宁波银亿收购）、奇瑞	10%
AMT变速箱	传动效率高，制造成本低，结构简单，油耗低	换挡冲击大，舒适性欠佳		5%

中国自动变速箱市场概况见表4-3。

表4-3 中国自动变速箱市场概况

中国市场主要自动变速箱类型	市场概况
9AT	装备：外资品牌纯进口顶级豪华车辆 变速箱品牌：采埃孚、奔驰 普及率：极低
8AT	装备：外资品牌高端车款、盛瑞传动合作伙伴 变速箱品牌：采埃孚、爱信 普及率：8AT日益成为高端市场追逐的目标和标配，预计2020年将大规模普及（以国产SUV车型为目标）

（续表）

中国市场主要自动变速箱类型	市 场 概 况
7AT	装备：合资品牌高配版主流配置 变速箱品牌：采埃孚、爱信、现代 普及率：当前外资品牌普及率较高，但各大变速箱厂商出于品牌策略和维护高端产品形象考虑，国产车普及率低
6AT及以下（绝大部分车型）	装备：合资品牌、国产品牌高端车款 变速箱品牌：采埃孚、爱信、现代、格特拉克 普及率：4AT为主力，6AT日益壮大。华泰、吉利、北汽宝沃等国内整车企业也通过合资合作，获得授权在国内建厂

1. 多挡位变速箱成发展趋势

由于CVT变速箱不能承受过大扭矩，而DCT变速箱可靠性还不够稳定，多挡位AT变速箱成为未来众多汽车企业的不二之选。近年来，自动变速箱领域呈现向着更多挡位发展的趋势。挡位数量关乎车辆的驾驶感受、车辆性能、燃油经济性在内的多方面性能。

2017年，奔驰在其C级车上普及9G-Tronic变速箱；本田研发了世界上第一台应用于横置动力平台的10AT变速箱；丰田雷克萨斯LC500搭载爱信10AT变速箱，燃油经济性提高20％；通用、福特、现代也都有装备10AT变速箱的计划（图4-7）。

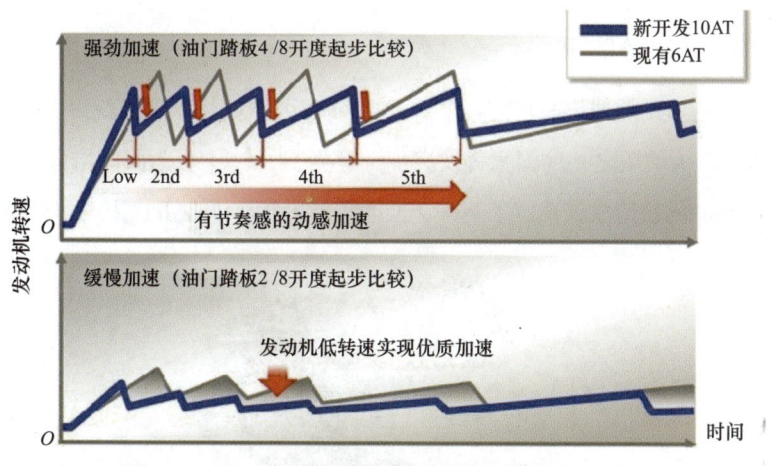

图 4-7　10AT 变速箱使发动机工作在更佳转速区间

2. 电动车变速箱成为新热点

多挡位是电动车发展的必然趋势，在电动车上配装2挡或3挡的自动变速箱，不仅可以更好地发挥电机的特性,减少电机的扭矩需求,有利于减少电机的体积和重量,降低成本,更重要的是,续航里程会提高8%~10%。电动车起步加速性能很好,但当速度在100km/h左右的中高速段再加速时,使用固定齿与变速箱的响应速度相比就很慢,如果匹配2挡或3挡的变速箱,就可以大大改善电动车在中高速段的加速性能。例如,宝马i8使用GKN供应的2速自动变速箱,其0~250km/h加速性能甚至优于特斯拉Model S。目前,DSD等公司已开发出适用于电动汽车的MSYS 3挡变速箱(图4-8)。

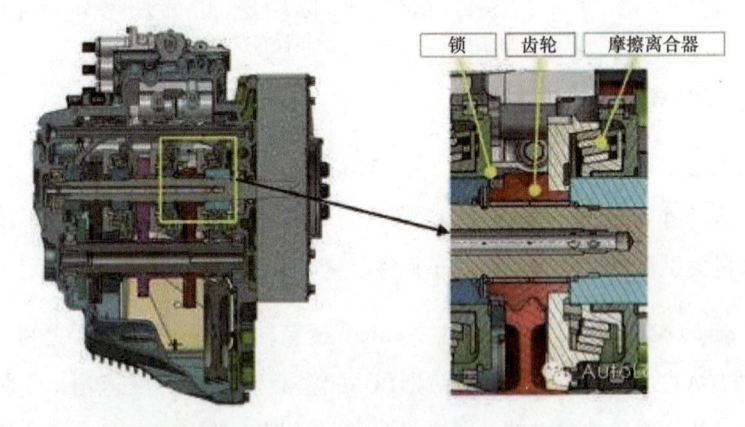

图 4-8　适用于电动汽车的 MSYS 3 挡变速箱

3. 盛瑞传动自主8AT变速箱

盛瑞传动"前置前驱8挡自动变速箱(8AT)研发及产业化"项目获得了2016年国务院设立的科学技术奖五大奖项之一的国家科技进步一等奖(图4-9),为我国培育了一条自主的AT产业链,为AT产业的快速成长奠定了基础,推动了国内汽车工业正式迈进"8速时代"。

图 4-9　盛瑞传动开发的前置前驱 8 挡自动变速箱

8AT及其系列化产品的研发成功，使我国汽车自动变速箱技术由10年前的空白，一举跃居世界前沿；同时，挑战了世界AT格局，迫使国外AT大幅降价，单台降价3000元以上，国内整车成本年降低上百亿元，打破了国外长期以来的技术封锁和产品垄断。

搭载盛瑞传动8AT变速箱的陆风X7 SUV汽车于2015年下半年上市后销售火爆，目前销量已超过10万台（图4-10）。盛瑞传动8AT变速箱已与北汽银翔、奇瑞、江铃、立帆、长安等整车企业的多款车型实现匹配。

图 4-10　搭载盛瑞传动 8AT 变速箱的陆风 X7 SUV

4. 变速箱领域投资全景导航

1）竞争格局

变速箱是汽车传动系统中仅次于发动机的重要部件，变速箱齿轮和变速箱作为乘用车关键零部件，其质量关系到整车的运转，因此，主机厂对供应商有严格的考核，只有经过长期的认证过程，才能最终确定双方的合作关系。由于供应商认证严格、周期长，汽车整车厂或一级零部件供应商为保证生产的稳定和连续，为其配套的零部件供应商一旦通过认证后，双方的合作关系就具有了较强的稳定性。

国内乘用车自动挡化的趋势已经十分明显，市场正处于新旧交替、升级换代的阶段。国内乘用车手动变速箱装配率持续下降，自动挡装配率逐步提升。自主品牌手动挡占比较高，但市场份额快速下滑。2015年MT装配率为45.9%，2016年下降至40.8%，2017年前4个月乘用MT装配率为36.8%。同时，自动变速箱的占比显著提升，2016年AT、CVT、DCT装配率分别为33.2%、13.6%、11.2%，2017年前4个月AT、CVT、DCT装配率分别为32.7%、16.3%、13.1%。自主品牌中，MT仍然占据绝大部分市场份额，2015年累计占比82.5%，2016年累计占比74.2%，2017年前4个月装配率下滑至67.5%。自主品牌中，AT、CVT和DCT渗透率近几年提升较为明显，2017年4月AT市场占有率为18.5%，较上年同期提高4.8个百分点；DCT占比8.6%，同比提升4.3个百分点；CVT占比6.6%，同比提升2.6个百分点。

吉利汽车目前AT以双林为主，DCT以格特拉克为主，CVT以邦奇为主；未来AT以爱信和HPT为主，DCT以自己开发的7DCT和格特拉克为主，CVT下一代正在选型中。长城汽车搭载DCT的主要车型是哈弗H2S、哈弗H6 Coupe、哈弗H7和哈弗H7L。长城汽车中，CVT装配率较低，主要搭载长城系列车型。长城主流供应商格局目前AT以HPT为主，DCT以格特拉克为主，未来基本以自己开发的DCT为主，首款应用车型为VV7。

变速箱领域可关注标的有重庆青山工业、陕西法士特、盛瑞传动、大同齿轮、中德传动、绿控传动、通宇新源动力、双特智能传动、北京理工大学2AMT，汽车传动系统行业上市公司横向对比见表4-4。

表4-4 汽车传动系统行业上市公司横向对比

证券代码	证券简称	市盈率（PE）	2017年				
			净资产收益率（%）	销售毛利率（%）	销售净利率（%）	资产负债率（%）	经营性现金净流量/营业总收入（%）
002434.SZ	万里扬	17.38	11.02	22.24	13.00	32.32	4.72
300100.SZ	双林股份	28.16	6.89	23.53	5.13	56.57	5.69
002765.SZ	蓝黛传动	26.16	10.90	24.60	10.39	49.44	8.49
603809.SH	豪能股份	24.26	13.22	35.45	18.35	29.94	24.07
002406.SZ	远东传动	18.73	8.16	29.20	12.45	13.87	11.95
603767.SH	中马传动	41.92	6.92	22.47	8.95	20.43	19.83
002472.SZ	双环传动	26.04	7.61	22.37	9.15	54.43	7.64
002553.SZ	南方轴承	34.51	11.26	40.79	20.43	10.27	20.30
000678.SZ	襄阳轴承	225.18	0.94	10.04	0.95	52.79	1.83
601177.SH	杭齿前进	289.18	0.66	24.28	1.71	54.18	11.44

2）行业壁垒

变速箱行业主要壁垒在于专利技术，目前主要的变速箱构型已经基本被国外专利保护，且受变速箱体积所限，要绕开专利壁垒开发新的构型难度巨大。同时，我国在材料和加工制造精度方面也与国外相比存在差距。

3）投资风险

国外高端变速箱扩大产能的挤出效应，如ZF先后和几大主机厂合资建厂，对国产变速箱发展构成利空；变速箱新产品上市能否通过市场可靠性检验还未可知。

4）最有价值的投资领域

我国目前变速箱研发主要由汽车整车企业自主投入，整车企业以外也有独立的变速箱企业在开发8AT自动变速箱（盛瑞传动）、6AT/AMT变速箱（蓝黛传动）、CVT无级变速箱（蓝黛传动、江麓容大）等中高端变速箱产品，盛瑞传动实现了13AT变速箱的设计。但目前国产变速箱仍以适配低端车型为主，自主变速箱企业如果在多挡位或CVT领域取得技术突破，并经受住市场可靠性检验，将具有极大的进口替代潜力。汽车动力系统行业投融资事件见表4-5。

表4-5　汽车动力系统行业投融资事件

细分领域	所属细分领域 上市公司	所属细分领域 未上市公司	近期并购事件（2017年1月—2018年3月）	近期融资事件（2017年1月—2018年3月）
发动机	力帆股份、隆鑫通用、潍柴动力、上柴股份、玉柴国际（NY）、东安动力、全柴动力、云内动力、拓普集团、中原内配、湖南天雁、威孚高科、渤海活塞、天润曲轴、贝斯特、新晨动力（H）	华源莱动、朝柴动力、成发汽发、航天三菱、环新集团、超业集团、南岳电控、成都正恒动力、江滨活塞、华源莱动、瑞明科技、捷强动力、亚新科天纬油泵油嘴	2018年3月，渤海活塞拟定增16.8亿元，其中4.78亿元用于收购德国汽车零部件公司TAH 75%股份	2017年5月，拓普集团完成24亿元定增，价格为30.52元 2018年1月，捷强动力完成5000万元融资，浙创投参投
变速箱	采埃孚、爱信、现代、蓝黛传动、万里扬、中马传动、双环传动、杭齿前进、东安动力、潍柴动力	綦江齿轮、重庆青山、盛瑞传动、南京邦奇、广州加特可、杭州依维柯、法士特、山东临工、陕西法士特、大同齿轮、中德传动、绿控传动、通宇新源动力、双特智能传动、北京理工大学2AMT	—	—

4.2 底盘与车体汽车电子

4.2.1 汽车制动系统

汽车制动系统是指对汽车某些部分（主要是车轮）施加一定的力，从而对其进行一定程度的强制制动的一系列专门装置（图4-11）。制动系统的作用包括：使行驶中的汽车按照驾驶员的要求进行强制减速甚至停车；使已停驶的汽车在各种道路条件下（包括在坡道上）稳定驻车；使下坡行驶的汽车速度保持稳定。

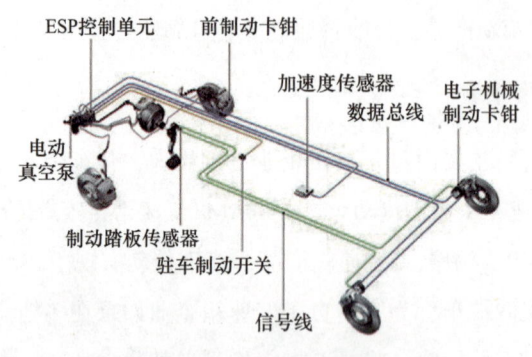

图 4-11 汽车制动系统

在汽车制动系统领域，厂商的主要发展方向有防抱死制动系统（ABS）、制动力分配系统（EBD/CBC等）、刹车辅助系统（EBA/BAS/BA）、车身稳定控制系统（ESC/ESP/DSC等）、自动驻车系统等。其中，ABS和EBD/CBC的装配率最高，已接近90%；车身稳定控制系统发展迅速，装配率接近50%；刹车辅助系统和自动驻车系统在自动驾驶技术发展之下，装配率也在迅速增长。

目前，中国本土制动系统生产商正积极布局电子控制领域，主要集中在ABS、车身稳定控制系统（ESC/ESP/DSC）、电子驻车制动系统（EPB）等领域。亚太股份在CBS、ABS、ESC、EPB领域相继取得了突破并实现了产业化发展。万安科技完成了气压/液压ABS、EBS、商用车电子稳定系统等核心汽车电子产品的研发，自主研发并产业化的ABS产品已大批量供货，已完成EBS、EPB的开发及整车匹配测试。

1. 汽车电子稳定控制系统

汽车电子稳定控制系统（ESC）是车辆的主动安全系统，是汽车防抱死制动系统

（ABS）和牵引力控制系统（ACS）功能的进一步扩展，并在此基础上增加了车辆转向行驶横摆率传感器、侧向加速度传感器和方向盘转角传感器，通过传感器和控制器来识别汽车实际运动状态和驾驶员意愿，进行比较判断，然后发出指令调节车轮纵向制动力大小，以匹配汽车的横摆运动，提高汽车行驶安全性。

典型的汽车电子稳定控制系统一般由传感器、控制器和执行器三部分组成（图4-12）。传感器主要包括4个轮速传感器、方向盘转角传感器、侧向加速度传感器、横摆角速度传感器、制动主缸压力传感器等；控制器主要是电子控制单元，一般与发动机管理系统联动；执行部分则包括制动系统（真空助力器及管路和制动器）、液压调节器等。

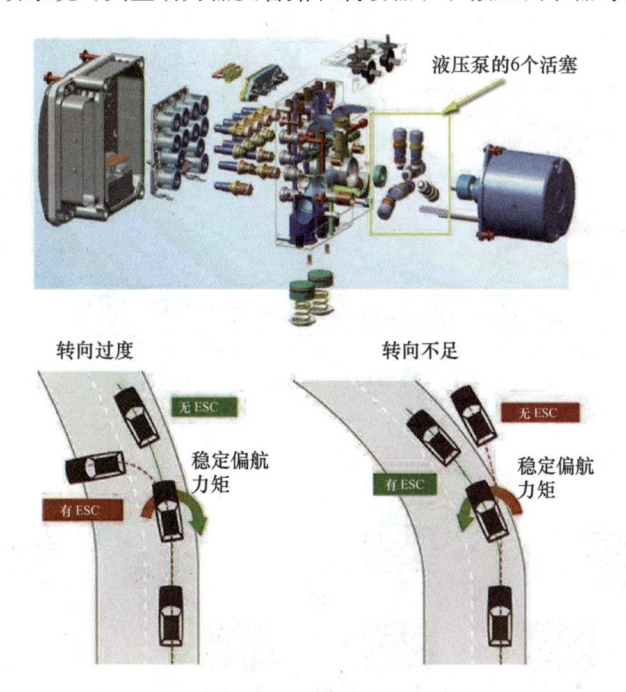

图 4-12 汽车电子稳定控制系统

电子稳定控制系统在防止车辆侧滑、改善避让时转向不足和转向过度方面功能突出，智能化地提高了安全性能和驾驶稳定性能，可以有效降低事故发生率和死亡率。美国道路安全权威机构之一IIHS指出，ESC可降低致命的单一车辆事故的风险约50%和致命的侧翻风险约80%。同时，ESC可以减少轿车和SUV单车事故中49%的死亡风险，以及多车事故中20%的死亡风险。

北美和欧洲是ESC装配率最高的地区。美国和欧盟的立法部门已先后做出决定，要求强制装配ESC。从2011年9月起，美国所有4.5吨以下车辆必须装配ESC。而欧洲所有乘用车和轻、中、重型车辆自2014年11月起一律强制性要求装配ESP。日本、韩国的装配率也高于世界平均水平。中国目前尚无强制装配ESC的法规，但ESC的安装已引起国内企业的重视，在2017 Stop the Crash（"零事故零伤亡"）中国年暨全球汽车安全大会上，北汽、长安等9家中国汽车企业共同签署了"2018年新上市车型全系配备ESC承诺书"。随着人们对汽车安全的重视，未来ESC的装配率会不断提高（图4-13、图4-14和表4-6）。

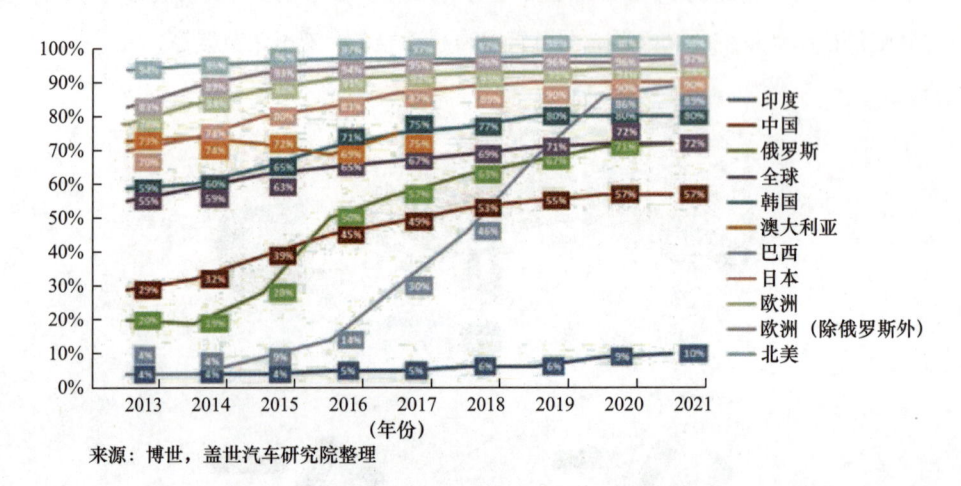

来源：博世，盖世汽车研究院整理

图 4-13　2013—2021 年全球 ESC 装配率分析预测

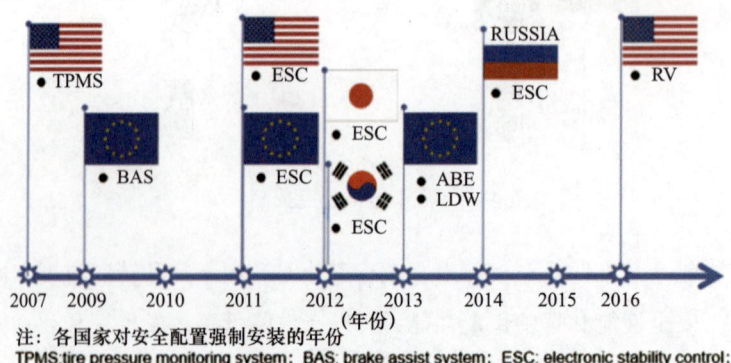

注：各国家对安全配置强制安装的年份
TPMS: tire pressure monitoring system； BAS: brake assist system； ESC: electronic stability control；
ABE: advanced emergency braking system； LAW: lane departure warning； RV: rear visibility

图 4-14　各国强制安装安全配置的立法进程

表4-6　关于ESC功能模块的具体规定

国家/地区	有关部门/机构	具 体 规 定
美国	NHTSA	2012年要求10 000磅以下所有乘用车配备
欧盟	欧盟	2011年11月后新型车、2014年11月后新登记车辆要求安装
澳大利亚	政府	2013年11月后，所有新车强制安装
加拿大	政府	2011年新增乘用车强制安装
中国	C-NCAP	2015年后，首次在碰撞新规加分中加入ESC

德国博世是ESP的发明者，但随着机电一体化技术的发展，很多厂商也开始生产与博世ESP有相同功能的汽车零部件。目前，德国博世、美国天合、德国大陆特维斯、日本电装、日本爱信、美国德尔福是全球六大电子车身稳定系统供应商（图4-15）。当然还有一些地区性厂商，如韩国万都株式会社。

图 4-15　全球六大电子车身稳定系统供应商

ESC核心功能模块如图4-16所示。

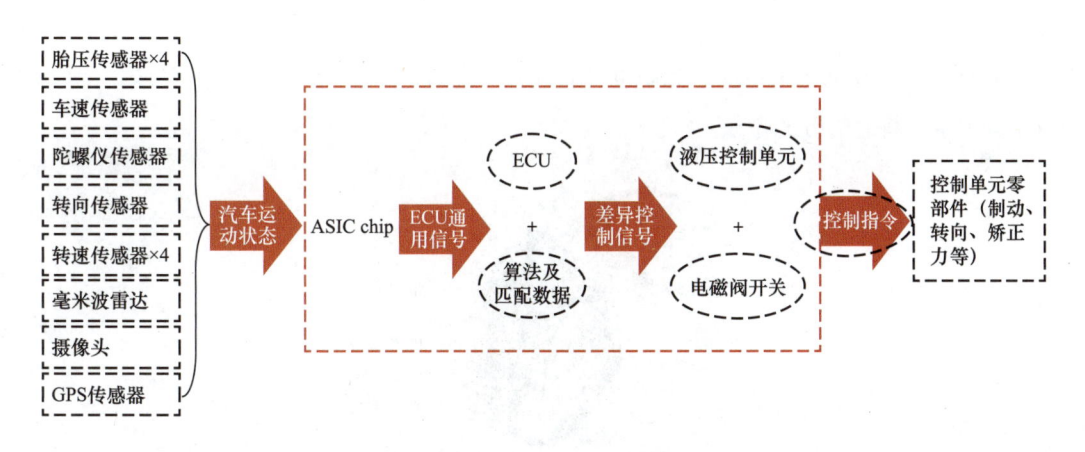

图 4-16　ESC 核心功能模块

ESC技术壁垒包括：

（1）ESC内部控制算法逻辑复杂，开发周期长。

（2）ESC作为整车主动安全核心，控制整车运动，开发ESC须具备整车动力学理论、整车状态估算能力、液压控制理论、多物理场分析与控制能力及精密液压部件加工能力。技术难度大，要求高。

（3）ESC系统需要针对每款车型进行适应性开发/匹配工作，一般需要1～2年时间，国外供应商针对一款车实际开发/匹配费用在1500万元左右，实际操作中会根据车型销量有不同的收费模式。

（4）控制ECU算法壁垒高，公司自主进行ECU芯片设计工作，进一步增强了未来的盈利能力。

2. 电子制动卡钳线控技术——奥迪A1 e-tron

奥迪A1 e-tron的两个后轮制动卡钳采用了线控技术，控制信号来自制动踏板传感器和ESP控制单元（图4-17）。也就是说，当踩下制动踏板时，制动总泵直接作用于前轮，而后制动分泵依靠齿轮的运动来推动活塞进行制动。在制动效果上，液压制动更直接，力量也更大。由于不需要刹车油传递来自制动踏板的制动力，后轮的电子制动卡钳可以迅速作出反应，这对车身动态稳定系统的控制也更有优势。随着电子制动卡钳时代的到来，传统的真空助力泵终将退出历史舞台。

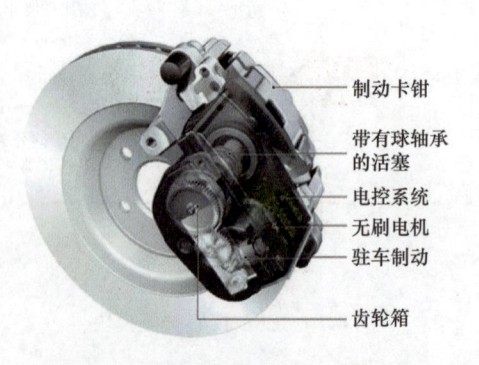

图 4-17 奥迪 A1 e-tron 后制动

3. 机电制动助力器——博世iBooster

同样作为不依赖真空源的机电制动助力器,博世iBooster适用于所有动力总成解决方案(图4-18)。当与ESP HEV协调工作时,iBooster可以通过制动踏板行程/踏板力与制动管路压力的解耦,优先使用电机拖转进行制动,如果不够,再使用液压制动进行补偿,从而实现几乎100%的制动能量回收,可以使电动车辆的续航里程增加20%。

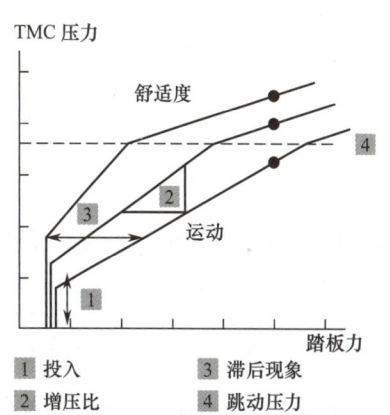

图4-18 机电制动助力器

目前,各个跨国供应商如博世、天合、大陆集团等都在推动iBooster和ESC/ESP结合的总成单元,如果不能打破垄断,整车企业在该领域的话语权将被削弱。

4. ESC领域投资全景导航

1)竞争格局

目前汽车电子稳定系统的主要市场由传统主动安全类的Tier 1 供应商占据,国产化进程较为缓慢。ESC在欧美整车体系当中渗透率快速上升至95%以上后,我国也面临ESC强制前装的压力。借鉴ABS的历史经验,ESC作为主动安全升级的版本,我们看好接下来政策强制前装的趋势,以及本土ESC市场快速渗透的机会。

2)行业壁垒

ESC主要的壁垒是进入前装车型的配套壁垒,以及技术壁垒。在车型的配套壁垒方面,ESC的业务模式为"车型匹配+单体销售",畅销车型对供应商往往具有一定的供应黏性;

在技术壁垒方面，ESC技术涉及集成电路、电气工程、机械工程及车辆动力控制的多技术领域交叉，综合性强，并且整车量产对一致性的要求高于其他电子科技领域，技术开发及生产经验要求高。

3）投资风险

我国ESC技术升级不及预期的风险，我国ESC量产前装政策推进不及预期的风险。

最有价值的投资领域：ESC匹配算法的集成电路技术，ESC本体设计及制造的重资产业务模式。

4.2.2 主动悬架系统

随着汽车制造和研发水平的不断提高，人们对于汽车的操控性和舒适性有了更高的要求。其中，车辆减振系统起着至关重要的作用，而采用普通螺旋弹簧很难做到两全其美。于是，适应能力更强的可变悬挂系统就诞生了。

可根据汽车的运动状态、路面状况及载荷等参数的变化，对悬架的刚度和阻尼进行动态自适应调节，使悬架系统始终处于最佳减振状态的系统称为主动悬架系统。

目前，市面上主流的主动悬架有空气悬架、液压悬架、电磁悬架（表4-7）。

表4-7　三种主动悬架的比较

	舒适性	耐用性	响应速度	调节范围	损坏后危险程度	易于布置程度
空气悬架	★★★★☆	★★★	★★★★	★★★★☆	★★	★★
液压悬架	★★★★☆	★★★★☆	★★★★☆	★★★★☆	★★★★☆	★★★★☆
电磁悬架	★★★	★★★	★★★	★★★	★★★	★★★

1. 空气悬架

主动悬架系统中应用最广泛的是空气式可调悬架，它主要由控制电脑、空气泵、储压罐、气动前后减振器和空气分配器等部件组成。主要用途是控制车身的水平运动，调节车身的水平高度，以及调节减振器的软硬程度。装备空气式可调悬架的车型前轮和后轮的附近都设有离地距离传感器，根据离地距离传感器的输出信号，行车电脑会判断车身高度变化，再控制空气压缩机和排气阀门，使弹簧自动压缩或伸长，从而调节底盘离地间隙，以增强高速车身稳定性或复杂路况的通过性（图4-19）。

2. 液压悬架

液压悬架最早出现在雪铁龙车型上，就是它的Hydractive系统，至今已发展四代。液压悬架和空气悬架一样是全主动悬架，同样能做到车身高度和阻尼的调节（图4-20）。每个车轮都有一个液压分泵，根据分泵向油缸内加注油液的多少来控制车身的高低，阻尼则是通过控制阀门大小来调节的。

图 4-19　空气悬架结构　　　　　　　　图 4-20　液压悬架

相比于最高工作压力一致的空气悬架，液压悬架的体积更小，易于布置，就算油封老化，油液也是慢慢泄漏的，更加安全，但是液压悬架的响应速度差一些，变化范围也没有空气悬架大，到一定里程需要更换的问题仍然存在。

3. 电磁悬架

与空气悬架、液压悬架不同的是，电磁悬架不能改变车身高度，只能调节阻尼，属于半主动悬架（图4-21）。有别于以上悬架靠改变阀门大小来实现阻尼控制，电磁悬架在减振器油液之中加入了一种被称为电磁液的特殊液体，主要成分是碳氢化合物和微小的铁粒。在正常状态下，金属粒子杂乱分布，与普通的减振器没有区别。如果通电产生磁场，这些粒子就会按队形排列，使油液变得黏稠起来，致使阻尼增大。通过控制电流的大小，还能对阻尼进行精确的控制。

电磁悬架的响应速度是最快的，凯迪拉克应用的磁流变减振器反应速度可达每秒1 000次。电磁悬架不但有着更快的调节速度，而且可靠性也更高。

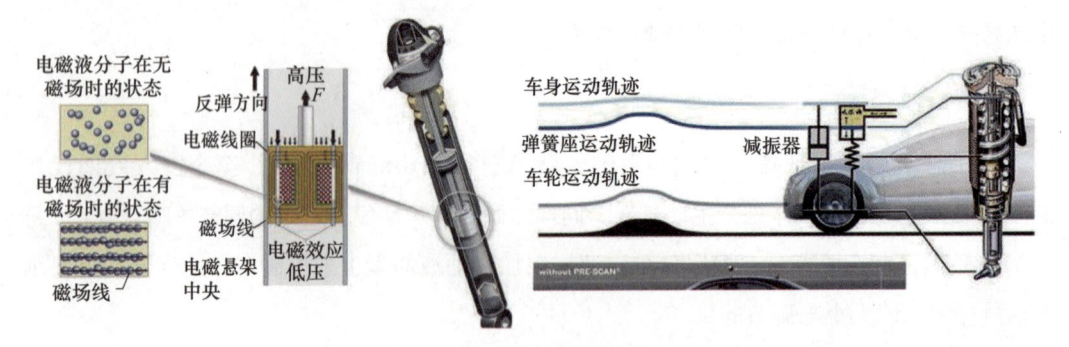

图 4-21　电磁悬架

底盘与车体汽车电子领域投融资事件见表4-8。

表4-8　底盘与车体汽车电子领域投融资事件

细分领域	所属细分领域上市公司	所属细分领域未上市公司	近期并购事件（2017年1月—2018年3月）	近期融资事件（2017年1月—2018年3月）
制动	亚太股份、万安科技、东方电子、万向钱潮、金麒麟	东光奥威、恒力集团、武汉元丰、浙江精科、力邦合信、江苏汤臣、信义集团、浙江金峰、浙江吉尚、芜湖万通	—	—
转向	中汽系统（NA）、耐世特（H）、浙江世宝	德孚转向、湖北恒隆、豫北转向、易力达机电、湖北三环、浙江万达、安徽精科、江苏罡阳、兴江转向、全兴精工、佛山恒威、先河悦新	威伯科1.45亿美元收购驰派达	2017年8月，浙江世宝拟定增7.7亿元用于扩建汽车转向项目
悬架	正裕工业、万向钱潮、拓普集团	宁波南方、海纳川、广西万安	—	—
离合	长春一东、福达股份、铁流股份	珠海华粤、湖北三环、宁波宏协	2017年10月，法雷奥以8.19亿欧元收购德国FTE集团	—
电子稳定控制系统（ESC）	德尔福（O）、伟世通（O）、电装（O）、日立（O）、亚太股份、瑞立集团（NA）、万安科技、万向钱潮、爱信、德尔福	联合电子、大陆集团、马瑞利、京滨、英创汇智、重庆聚能、瑞立科密、武汉元丰、英创汇智、博世、开特股份	—	—

4.3 轻量化——材料、结构与工艺

实验证明，若汽车整车重量降低，将对能源使用效率带来比较明显的提升。对于燃油车，减重10%~15%将带来能源效率3%~6%的提升。而对于电能驱动车辆，减重10%和15%分别可以减少6.3%和9.5%的电能消耗（表4-9和表4-10）。随着电动汽车动力电池能量密度的提升达到物理瓶颈，预计未来产业将转向关注百公里电耗，未来行业对于轻量化的重视程度还将提高。

表4-9　减重10%的能效提升效果

	乘用车		卡车	
	对标动力系统	小型化动力系统	对标动力系统	小型化动力系统
汽油	3.3%	6.5%	3.5%	4.7%
柴油	3.9%	6.3%	3.6%	4.7%
EV	6.3%	—	5.7%	—
PHEV	6.3%		5.7%	

表4-10　减重15%的能效提升效果

	乘用车		卡车	
	对标动力系统	小型化动力系统	对标动力系统	小型化动力系统
汽油	5%	10%	5.3%	7.1%
柴油	5.9%	9.5%	5.4%	7%
EV	9.5%	—	8.6%	—
PHEV	9.5%		8.6%	

实现轻量化的主要途径有：采用轻量化材料、优化结构设计、优化制造工艺。上述3条途径并不是孤立的，需要通过材料、结构、工艺的匹配，才能达到最优化的减重和安全目标。因此，汽车轻量化是一个综合材料、结构、工艺的系统工程（图4-22）。

当前，一辆新型普通乘用汽车主要材料重量构成比例大致如下：钢铁占67%、有色金属占13%、非金属材料占20%。在汽车轻量化趋势下，铝合金、镁合金和碳纤维等轻量化材料将越来越多地应用在新型汽车上，挤压非轻量化材料在汽车上的占比，将导致非轻量化材料被大量替换，轻量化材料之间也将展开激烈的市场竞争，势必促进汽车产业转型升级（表4-11和表4-12）。

材料替代：
高强度
轻合金
复合材料

结构优化设计：
等强度设计
拓扑优化
集成化设计
可持续设计

汽车轻量化

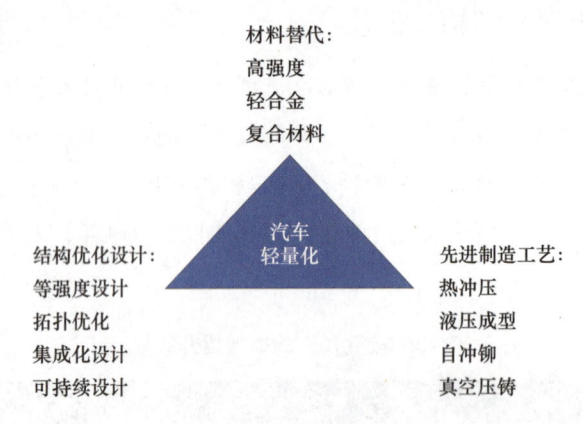

先进制造工艺：
热冲压
液压成型
自冲铆
真空压铸

图 4-22　汽车轻量化

表4-11　电动汽车全新的架构设计对轻量化提出了新的要求

	2020年	2025年	2030年
车辆整备质量	较2015年减重10%	较2015年减重20%	较2015年减重35%
高强度钢	600MPa以上的AHSS钢应用达到50%	第三代汽车钢应用比例达到30%	2000MPa以上的钢材有一定比例的应用
铝合金	单车用铝量达到190kg	单车用铝量达到250kg	单车用铝量达到350kg
镁合金	单车用镁量达到15kg	单车用镁量达到25kg	单车用镁量达到45kg
碳纤维增强复合材料	碳纤维有一定使用量，成本比2015年降低50%	碳纤维使用量占车重2%，成本比上阶段降低50%	碳纤维使用量占车重5%，成本比上阶段降低50%

表4-12　不同轻量化材料性能比较

材料种类		密度/（g/cm³）	拉伸强度/MPa	弹性模量/MPa	比强度/m	比模量/km
高强度钢		7.8	1 000	214 000	1.3	0.27
铝合金		2.8	420	71 000	1.5	0.25
镁合金		1.79	280	45 000	1.6	0.25
钛合金		4.5	942	112 000	2.1	0.25
玻璃纤维复合材料		2.0	1 100	40 000	5.5	0.2
碳纤维复合材料	高强度型	1.5	1 400	130 000	9.3	0.87
	高模量型	1.6	1 100	190 000	6.2	1.2

4.3.1 高强度钢

高强度钢主要用于中通道、地板、AB柱、车门防撞杆等关键部位（图4-23）。通过高强钢的应用，车身可以减重10%～15%。在高强度钢的应用中，除热成形需要特殊的生产设备以外，其他类型的高强度钢应用基本不改变车身原有的冲压、焊接制造工艺，是车身轻量化材料的几种发展路径中最容易实现的。例如，指南者的整车车身使用了64%的高强度钢来打造。

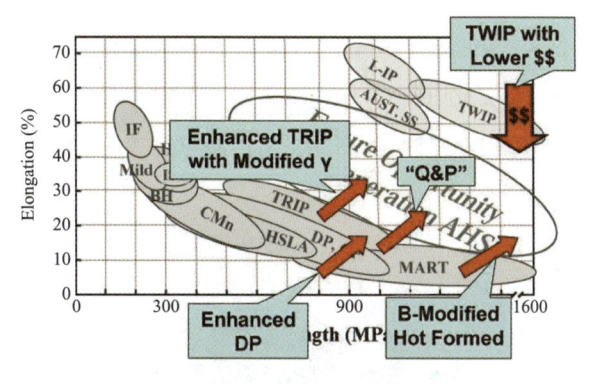

图 4-23 高强度钢的特性

据某车企测算，使用第三代高强度汽车钢，车身覆盖件只要使用0.6mm厚的钢板，而用第一代汽车钢，钢材厚度要达到0.7mm。车身更轻的代价是增加2 100余元成本，但汽车油耗可下降5%左右，行驶5 000km即可达到成本平衡点。面对巨大的市场需求，国内以宝钢为首的主要钢厂纷纷加快高强度汽车钢产线发展、产品延伸及市场布局等，部分企业已获得成效。从总体供应量来看，宝武、鞍钢、首钢、马钢、本钢基本占据前五，占总量的75%左右，其中宝武集团的占比更是高达48%左右。

汽车板是宝钢的核心战略产品。2010—2017年，宝钢连续实现高强度汽车钢中QP980CR、QP980GI、Mn-TRIP980CR、QP1180CR、QP1180GI、TWIP950GI、Mn-TRIP1180CR、QP980GA、QP1180GA、Mn-TRIP1180GI、D-TRIP780CR等多系列的全球首发。其中，普冷产品可供最高抗拉强度为1700MPa；热镀锌产品可供最高抗拉强度为1200MPa；电镀锌产品可供最高抗拉强度为780MPa。2017年11月，首钢最高强度冷成形汽车板HC820/DP1180在京唐公司成功下线，标志着首钢超高强度汽车板产品全面进入千兆级阵营,首钢成为目前世界上为数不多的超高强度汽车板供应商之一。DP1180属于双相钢中强度级别最高的钢种,还具备高塑性和轻量化特点,被广泛应用于汽车板制造中,技术含量和产品附加值高。DP1180轧制过程难度极大,其钢质硬、焊接难、表面质量控制难。

4.3.2 轻合金

铝合金的材料密度较低,比强度及比刚度较高,弹性和抗冲击性能好,并且具有耐腐蚀、耐磨、高导电、易加工成形、高回收再生性等特点,是非常理想的汽车轻量化材料。

近年来,随着制造工艺短板的改进,全铝车身替代的进程大大加快,Audi A8和A2、Tesla Model S、Ford F150、Cadillac CT6 等均采用了全铝车身,全铝车身主要采用铝板冲压、挤压型材和高压真空压铸件3种零件产品,可以减重30%~40%,在轻量化方面有很明显的优势(图4-24和图4-25)。

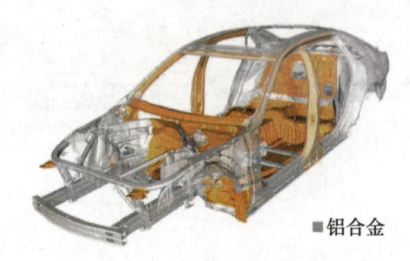

图 4-24 Cadillac CT6 轻量化

图 4-25 全铝车身车型

铝合金白车身制造工艺可以通过适当的调整在原有生产线方案中实现,但高强度铝板、挤压型材和高压真空压铸件均具有一定的技术难度,制约了我国铝合金车身的发展。近年来,我国车企开展了积极探索,如奇瑞的S51车型采用共享的技术平台,该平台采用首款全铝车身,改变了整体布置,利用了技术创新,如断面设计、3D弯曲、激光焊接等,和传统的车身制造、设计工艺有很大不同,新车比传统车减重30%~40%。

目前，处于传统车改装和全新构架设计并行阶段，全新构架设计的理念受到企业的高度关注，很多企业开始了相关的探索（图4-26）。

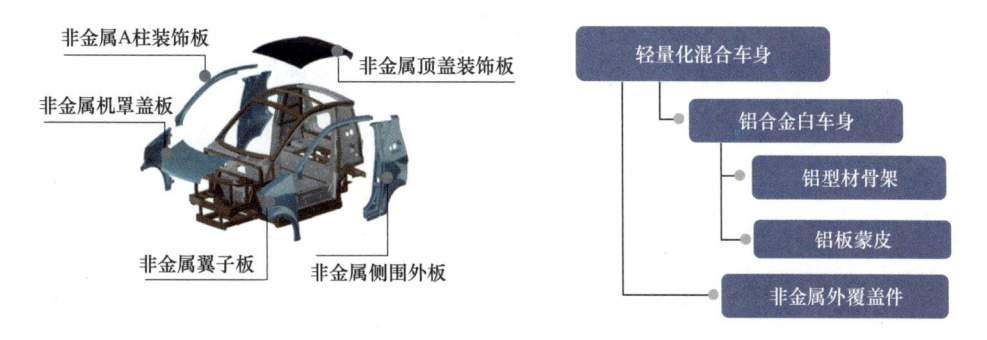

图 4-26　汽车轻量化构架

以"十二五"科技支撑计划项目成果为基础，国内已有多个企业推出了基于结构–性能设计理念的电动汽车，以铝合金为主车身是其主要特点，如已上市的东风E30和E30L（表4-13）、奇瑞eQ1、蔚来ES8。

表4-13　东风E30和E30L性能指标

性能指标	E30	E30L
最高车速（km/h）	80	100
纯电续航里程（km）	120	150
0~80km/h加速时间（s）	18	16
最大爬坡度（%）	20	20
综合电耗（kWh/100km）	13.5	14.6
安全性	GB 11551	
	GB 20071	

4.3.3　复合材料

复合材料具有重量轻、强度高、弹性优良、耐化学腐蚀等特点，已逐步取代金属合金，广泛应用于航空航天、汽车、电子与电气等领域。汽车复合材料的发展结合了化工、机械制造和汽车复合材料设计等多学科的技术，集中应用在汽车底盘、车身覆盖件和次结构部件3个领域。其中，碳纤维复合材料车身是最具颠覆性的轻量化路径。

碳纤维是由有机纤维经过一系列热处理转化而成的，含碳量高于90%的无机高性能纤维，是一种力学性能优异的新材料，它既具有碳材料的固有特征，又兼备纺织纤维的柔软可加工性，是新一代增强纤维。近几年，碳纤维复合材料在汽车领域中也大展拳脚，应用十分广泛。目前，汽车车身重量的3/4是钢材，轻量化空间很大。研究表明，碳纤维复合材料车身仅重172kg，而钢制车身重367.9kg，碳纤维复合材料轻量化效果达53%以上。

碳纤维复合材料具有以下特点。

（1）具有较高的强度。碳纤维复合材料具有目前常用材料中最高的比模量和比强度，用其制成与高强度钢具有同等强度和刚度的构件时，重量可减轻70%左右。

（2）具有良好的抗疲劳性能。碳纤维复合材料的抗疲劳性能极佳。在疲劳载荷作用下的断裂是材料内部裂纹扩展的结果，碳纤维复合材料中碳纤维与基体间的界面能有效阻止疲劳裂纹扩展，而外加载荷由增强纤维承担，因而疲劳强度极限比金属材料和其他非金属材料高很多。

（3）碰撞吸能性好。碳纤维复合材料是汽车金属材料最理想的替代材料，在碰撞中对能量的吸收率是铝和钢的4～5倍，减轻车身重量的同时还能保证不损失强度或刚度，保持防撞性能，能极大地降低轻量化带来的汽车安全系数降低的风险。

（4）制造工艺性好。碳纤维复合材料的工艺性和可设计性好，通过调整CFRP材料的形状、排布、含量，可满足构件的强度、刚度等性能要求，制造时可一次成形，减少紧固件和接头数目，可大大提高材料的利用率。

1. 碳纤维复合材料的应用

碳纤维复合材料的应用如图4-27所示。

2. 碳纤维复合材料主要生产企业

碳纤维复合材料主要生产企业见表4-14和表4-15。

图 4-27 碳纤维复合材料的应用

表4-14 碳纤维复合材料主要生产企业（国外）

标的名称	概　况
日本东丽 （TORAY）	东丽株式会社成立于1926年，总部位于日本东京，是世界上著名的以有机合成、高分子化学、生物化学为核心技术的高科技跨国企业，在全球19个国家和地区拥有200家附属和相关企业，当前市值为142亿美元
日本东邦 （TOHO）	日本东邦成立于1934年6月，该公司由东邦特耐克丝和6家子公司组成，主要涉及碳纤维行业、纺织纤维行业。东邦株式会社是帝人集团旗下的碳纤维及其复合材料业务核心公司，是全球第二大小丝束PAN基碳纤维供应商，因开发出碳纤维TenaxR而受到世界各国的高度关注
美国赫氏 （HEXCEL）	该公司有40年的碳纤维制造经验，拥有从PAN原丝、碳纤维、织物、预浸料、树脂体系、黏合剂、复合材料到航空航天、国防和工业领域如风电叶片等复合材料制品的全产业链，生产上述应用领域所需的碳纤维、对位芳酰胺纤维、玻纤及其混杂织物和非织造布等。赫氏公司的产品主要应用于商用飞机、航天及国防和工业三大领域，其产品广泛应用于各种飞机上
德国西格里 （SGL）	西格里集团是全球领先的碳石墨材料及相关产品的制造商之一，拥有从碳石墨产品到碳纤维及复合材料在内的完整业务链，总部位于德国威斯巴登。近年来，其曾经引以为傲的主营业务——性能材料（以石墨电极为主）因全球钢铁市场低迷而持续大幅下滑，严重拖累了整体业绩，已出现大幅亏损。近三年，该公司净利润为负值，有好转迹象，但仍处于赤字状态

表4-15 碳纤维复合材料主要生产企业（国内）

标的名称	概况
中复神鹰碳纤维有限责任公司	中复神鹰碳纤维有限责任公司由中国复合材料集团有限公司、连云港鹰游纺机有限责任公司和江苏奥神集团有限公司于2008年共同出资成立，从事碳纤维原丝、碳纤维及其复合材料制品的研究和生产，原为神鹰新材料有限责任公司。公司在常州有复合材料生产企业和研究院，从事下游复合材料及制品的研发、设计与生产
江苏恒神股份有限公司	江苏恒神股份有限公司成立于2007年8月，主营业务为国产高性能碳纤维、增强增韧树脂及先进复合材料的研发、生产、销售和售后服务，主要为国家重大装备、轨道交通、海洋工程及其他国民经济领域提供质量可靠的高性能碳纤维及复合材料制品，是国内唯一一家拥有从原丝、碳纤维、上浆剂、织物、树脂、预浸料到复合材料制品的全产业链企业，该公司于2015年在新三板挂牌上市
威海拓展纤维有限公司	威海拓展纤维有限公司成立于2001年，是国内最早从事高性能碳纤维研发和生产的民营高新技术企业，总资产为14亿元，具有完整的碳纤维产业链，拥有自主知识产权的碳纤维原丝制备技术及碳化关键技术。其主要产品逐步形成了以航空、航天重点型号为代表的高端用户群，从而确立了市场先入优势，自2011年以来实现了连续盈利

3. 碳纤维复合材料领域投资全景导航

1）竞争格局

碳纤维复合材料由于重量轻、强度高，成为了下一代轻量化的最佳候选材料。碳纤维复合材料目前的主要应用市场为航空航天领域。在空客领域，碳纤维复合材料在航空飞行器结构材料中的占比已经达到12%~18%。目前，行业内成熟的供应商集中在欧洲及北美地区，如Cotesa、CarboFibreTech、FACC、Crompton等。相比于军工属性较重的航空航天行业，其他消费及应用市场（如体育市场、汽车市场）对成本相对敏感，目前渗透率较低。随着碳纤维复合材料国产化进程的推进，其价格持续下降（目前为110元/kg，大规模应用的价格在50~80元/kg），市场空间很大。

2）行业壁垒

该行业的主要壁垒为技术壁垒。目前，主要应用的空客行业对成本不太敏感，但对材料性能及一致性要求极高。此外，高品质原丝制备、高强度碳纤维成形技术工艺也有一定的技术壁垒。

3）投资风险

主要是碳纤维成本降低不及预期的风险，以及空客市场发展不及预期的风险。

4）最有价值的投资领域

建议关注碳纤维成形技术工艺。

4.3.4　3D打印技术

汽车从诞生以来，它的内涵在不断改变，边界也在不断扩大，但从来没有一个时代像今天这样，汽车迭代创新的速度如此迅猛。现在全球汽车行业已经由过去的8年一换代，变成1年一换代，每隔数月就有新产品推出。在汽车行业，也存在摩尔定律，而且其速度不亚于IT行业。在这种快速的更新换代下，3D打印技术未来有望在汽车设计试制中取得快速发展。

2014年，美国洛克汽车公司（Local Motors）利用其打印设备，以丙烯腈–丁二烯–苯乙烯塑料（ABS）及碳纤维混合物（配比为80/20）为材料，打造了全球首辆3D打印汽车——Strati。2016年，本田发布新版微通勤（Micro-Commuter）电动车，该车型的制造也应用了3D打印技术。随后，其他车企纷纷跟进，利用3D打印技术来制造关键零部件，旨在保障始终如一的产品品质、可靠的产品性能，并积极致力于持续缩短投产准备阶段的耗时。随着汽车模型和更多具有精密结构的汽车零部件的增加，改型速度逐渐加快，目前已经有部分整车集团将3D打印技术用于整车开发过程（图4-28～图4-31）。

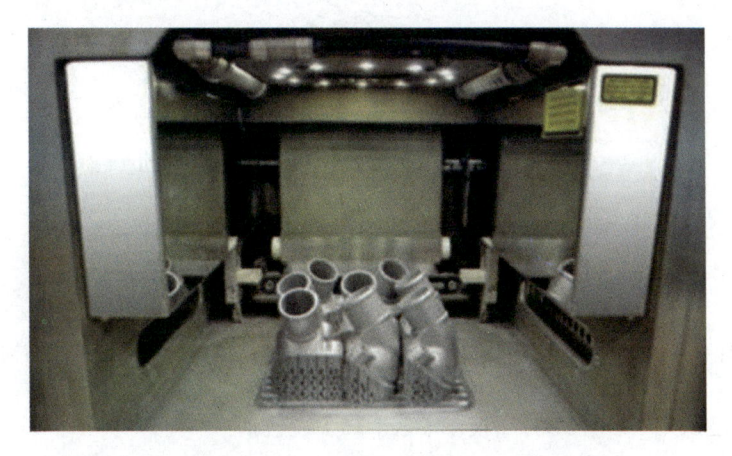

图 4-28　奔驰首次用 3D 打印技术生产汽车金属替换件

图 4-29　整车研发的 3D 打印件

图 4-30　传动系统公司利用 3D 打印工具替代精密结构生产工具以缩短产品交付时间

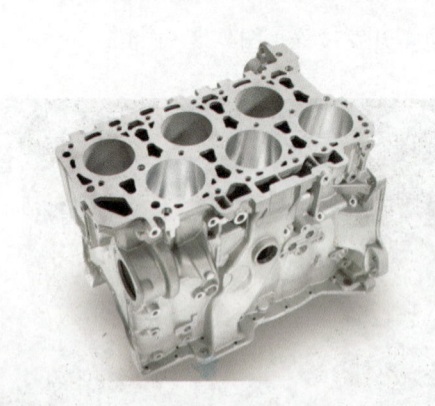

图 4-31　大众汽车用 3D 打印技术生产部分发动机缸体中的精密金属结构

汽车行业已采用了多种3D打印技术（表4-16），包括：

- 电子束熔融（Electron Beam Melting，EBM）；

- 熔融沉积造型（Fused Disposition Modeling，FDM）；

- 分层实体制造（Laminated Object Manufacturing，LOM）。

表4-16　汽车行业采用的主要3D打印技术

打印技术方法	电子束熔融（EBM）	熔融沉积造型（FDM）	分层实体制造（LOM）
简介	这是一项新兴的先进金属快速成形添加式制造技术，采用电子束替代激光打印头或热敏打印头，电子束熔融工艺常用于制造致密金属件	这是一项添加式制造技术，其常用于造型、原型制作及生产应用中。这项3D打印技术由美国学者Scott Crump于1988年研制成功。FDM通俗地讲就是利用高温将材料变成液态，通过打印头挤出后固化，最后在立体空间上排列形成立体实物	又称层叠法成形，由美国Helisys公司的Michael Feygin于1986年研制成功
优点	（1）电子束穿透能力强，焊缝深宽比大，可达到50∶1 （2）焊接速度快，热影响区小，焊接变形小 （3）真空环境利于提高焊缝质量 （4）焊接可达性好 （5）电子束易受控	成形精度更高，成形实物强度更高，可以彩色成形	（1）成形速度较快。只需要使用激光束沿物体的轮廓进行切割，无须扫描整个断面，因此成形速度很快，该技术常被用于加工内部结构简单的大型零件 （2）原型精度高，翘曲变形小 （3）原型能承受高达200℃的温度，硬度较高，力学性能较好
缺点	（1）设备比较复杂，费用比较昂贵 （2）焊接前对接头加工、装配要求严格，以保证接头位置准确，间隙小且均匀 （3）真空电子束焊接时，被焊工件尺寸和形状常常受到真空室的限制	成形后表面粗糙	（1）不能直接制作塑料原型 （2）原型的抗拉强度和弹性不太好 （3）原型易吸湿膨胀，因此，成形后应尽快进行表面防潮处理 （4）原型表面有台阶纹理，难以构建形状精细、多曲面的零件。因此，成形后须进行表面打磨

4.4 新能源汽车

中国新能源汽车技术发展路线图如图4-32所示。

节能与新能源汽车技术演进路径如图4-33所示。

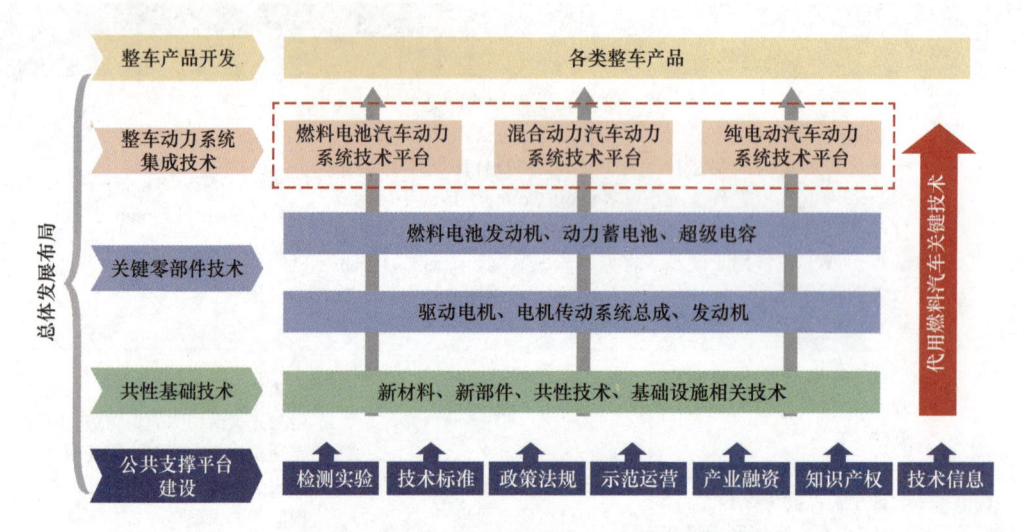

图4-32 中国新能源汽车技术发展路线图

在2017年的纯电动乘用车市场上，以北汽新能源、比亚迪为代表的早入局新能源领域的自主车企依旧强势领跑整体市场。以长安汽车、吉利汽车为代表的传统优势企业在加速布局新能源战略之后，呈现出迎头赶上的态势。众泰和江淮也借助外资力量逐步增强自身技术实力，加快产品高端化布局。不过，随着新能源汽车股比放开，跨国车企加速布局新能源汽车市场，必将给自主品牌带来更大的竞争压力。此外，随着政府对新能源汽车补贴的退坡，新能源汽车也会从政策主导转向市场导向。届时，所有车企在同一起跑线上，势必展开一场从战略、产品、渠道到市场等诸多领域的全方位角逐。

在混合动力方面，近年来，由于出色的成本控制，丰田已经将其混合动力系统成功应用到其普通家用车卡罗拉、雷凌上，实现了实际油耗低至4L/100km。但是，由于中国在产业安全与能源安全的权衡上选择了两者兼顾的独立自主的电力能源路线，与纯电动汽车相比，许多混合动力车企不得不委曲求全改走插电式路线以获取补贴。但是，随着日本企业纷纷将高效率内燃机与混合动力技术相结合，从效率和排放（全生命周期）来看，混合动力路线相对于纯电动路线，甚至会具有更大的优势与潜力。如果不考虑特定地区能源结构带来的政策导向，从全球范围来看，石油作为道路交通能源完全退出历史舞台为时尚早，而我国纯电动的跃进式发展恐怕也将面临回头补课的尴尬。

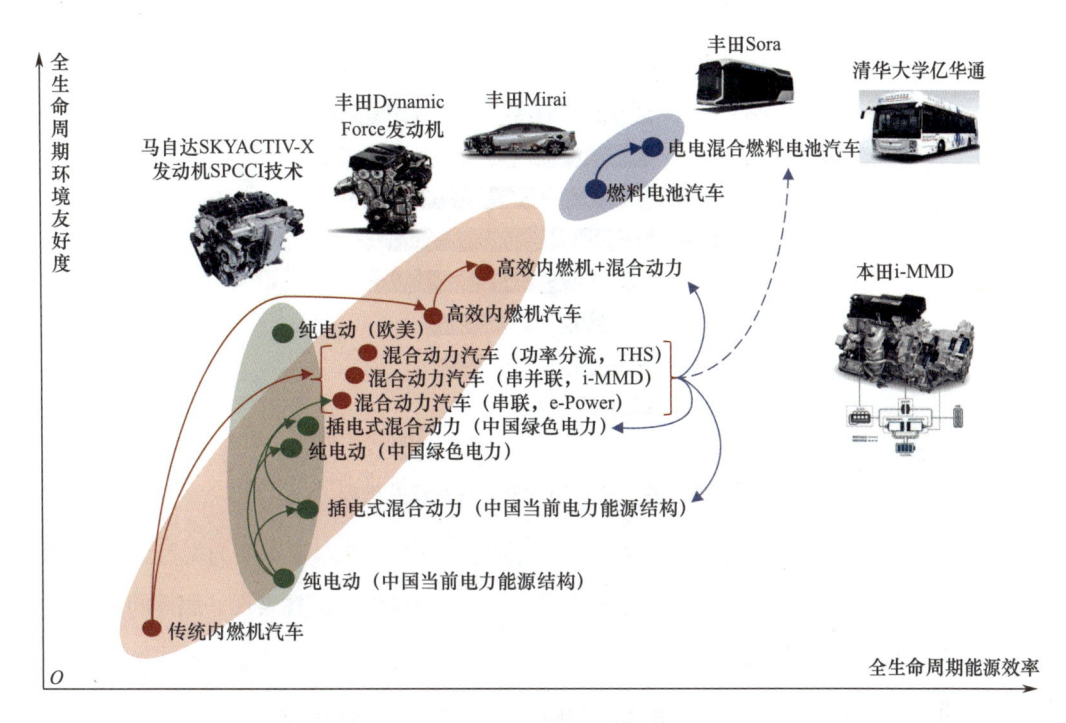

图 4-33　节能与新能源汽车技术演进路径

从国际上看，随着串并联、增程式、P系列等混合动力构型的成熟，本田、日产、通用纷纷向丰田发起挑战，如本田的i-MMD、日产的e-Power、通用的Volt及别克的VELITE，都实现了较高水平的能耗削减。我国的上汽、比亚迪、长安、广汽也纷纷在混合动力汽车领域发力。此外，也涌现出了如科力远、馨联、芯能等一批开展混合动力构型研究的零部件企业。

值得关注的是，燃料电池汽车随着技术的不断进步，国产电堆已在寿命、功率密度上取得突破，在商用车、物流车领域有一定的优势，未来有望复制纯电动汽车"商用车应用—基础设施完善—乘用车应用"的产品导入路线，短中期可重点关注电堆、发动机总成等零部件的国产化应用，长期可跟踪关注膜电极、双极板技术的突破。

4.4.1 新能源汽车整车

1. 纯电动汽车

纯电动汽车正处于走出导入期、步入高速增长期的阶段。目前,各大厂商纯电动汽车产品分别从高端和低端车型向主流家用领域靠拢(图4-34)。

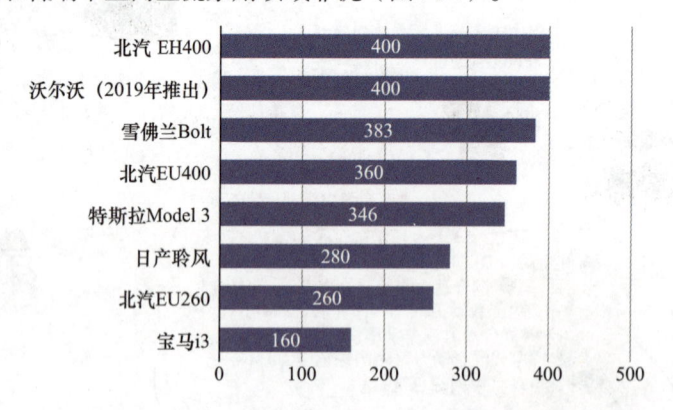

图 4-34 各厂商主流家用纯电动汽车续航里程(km)

2017年,纯电动乘用车累计销量排名前十位的车型中,有六款车型为微型纯电动车型(表4-17)。微型纯电动车型因为续航里程短、车型空间局促、配置表现一般等问题,不会成为一、二线城市的主力产品。

表4-17 2017年纯电动乘用车累计销量排名前十车型

排名	车　型	2017年累计(辆)	同比增长(%)
1	北汽EC系列	78 079	1 791.00
2	知豆D2	42 342	336.00
3	奇瑞eQ系列	25 784	61.00
4	江淮iEV6系列	14 210	832.00
5	比亚迪e5	23 601	51.00
6	吉利帝豪EV	23 324	36.00
7	众泰E200	16 751	27.00
8	江铃E200	15 980	167.00
9	长安奔奔EV	14 549	15 714.00
10	北汽EU系列	13 158	-30.00

2. 混合动力汽车

丰田是混合动力领域的开创者，自1997年丰田推出普锐斯混合动力汽车以来，其全球累计销量已突破1000万辆（截至2017年1月），占据了美国混动车市场73%的份额。丰田THS的核心ECVT变速箱，通过行星齿轮机构控制发动机和电机的组合，结合了并联和串联两种模式，使车辆实现低速靠电机驱动、中高速共同驱动的最优工况，成为其他厂商开发混合动力汽车难以绕过的专利门槛。丰田已经将其混合动力系统成功应用到普通家用车卡罗拉、雷凌上，实现了实际油耗低至4L/100km。从效率和排放（全生命周期）来看，混合动力路线相对于纯电动路线，甚至有更大的优势与潜力。近年来，随着丰田专利技术的陆续到期，以及串并联、增程式、P系列等其他混合动力构型的成熟，本田、日产、通用纷纷向丰田发起挑战，如本田推出了i-MMD混合动力系统，日产推出了Hybrid车型，均使用了混联混合动力系统；通用则推出了Volt增程式混合动力汽车，使用同类技术的别克VELITE 5也于2017年5月上市。

中国混合动力汽车竞争较为激烈，比亚迪、上汽、长安、吉利等企业都有自己的混合动力平台。比亚迪和上汽是目前国内领先的混合动力汽车企业。在竞争格局上，受制于国内插电混动系统的匮乏，市面上PHEV车型过少，市场基本被比亚迪、上汽占据，垄断势头明显。其中，比亚迪占比约2/3，上汽占比约1/3，广汽、吉利（科力远）均销量较低。销量排名前十的企业占据总体销量的96.9%（表4-18）。比亚迪和上汽的混合动力车型同样存在不同程度的劣势，市场呼唤新的混合动力系统面市。

表4-18 2017年混合动力汽车销量排名

排名	车型	厂商	2017年销量（辆）
1	宋DM	比亚迪	30 911
2	秦100	比亚迪	20 738
3	荣威eRX5	上汽	19 510
4	唐100	比亚迪	14 592
5	荣威ei6	上汽	8 925
6	荣威e950	上汽	2 910
7	荣威e550	上汽	2 455

（续表）

排名	车　型	厂　商	2017年销量（辆）
8	传祺GS4	广汽	1 863
9	VELITE 5	别克	1 499
10	S60L	沃尔沃	871
合计			104 274

1）丰田专利陆续到期为混合动力市场竞争增加变数

丰田在混合动力领域的主要专利集中注册于20世纪90年代，经过20年保护期，未来几年其核心技术将密集地失去专利保护，特别是于1997年在欧美注册的行星齿轮机构主要专利于2017年2月失效（中国为2023年）。

在专利到期之前，丰田也有逐渐开放混合动力技术体系的意愿，其先后用混合动力技术向宝马和马自达换取了底盘技术和创驰蓝天发动机技术（图4-35）。

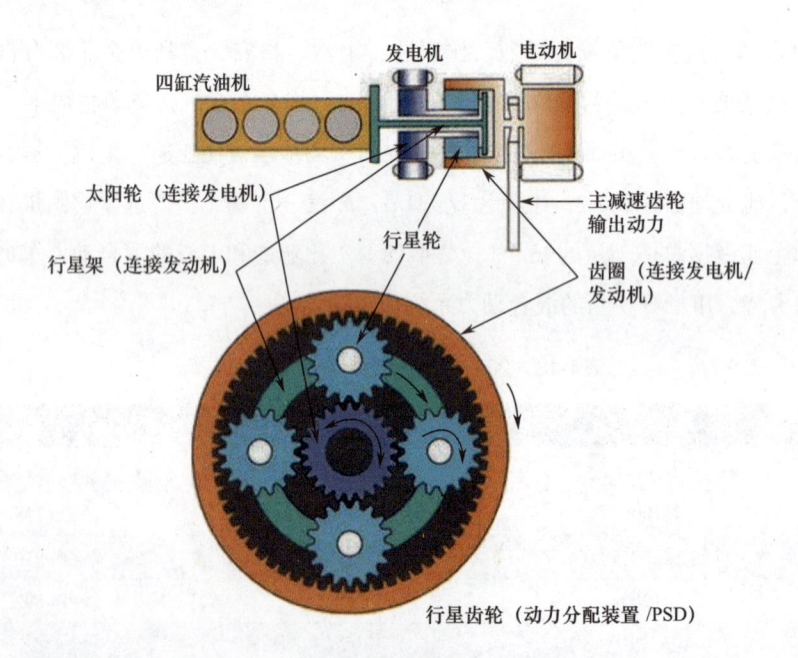

图4-35　丰田混合动力系统的动力分配单元

未来，随着丰田混合动力专利的失效，各大车企混合动力技术路线可能面临调整和优化。

2）中国版THS——科力远CHS（China Hybrid System）

吉利与科力远合资打造了CHS混动技术平台（图4-36）。2016年3月，重庆长安汽车与云内动力联手向CHS增资4.6亿元，使CHS成为国内首个由整车集团合作打造的混合动力平台。未来，长安汽车7款插电式混合动力产品的动力总成与吉利混合动力产品将共用平台。通过投资CHS，长安汽车、吉利及科力远等都实现了研发成本的下降。

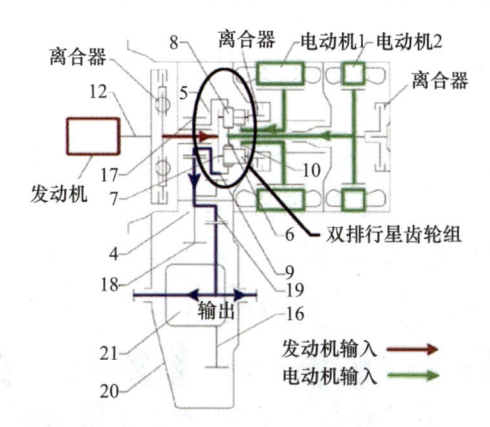

图 4-36　吉利与科力远研发的 CHS 混动技术专利图（部分）

然而，基于该平台打造的吉利帝豪PHEV自2017年11月正式上市以来，由于性价比等因素，市场表现不佳（表4-19）。根据吉利的"蓝色吉利行动"，2020年其新能源汽车的销量目标为180万辆，新能源汽车销量占吉利整体销量90%以上，其中，35%为纯电动汽车，65%为插电式混动与油电混合动力汽车。

表4-19　吉利帝豪PHEV上市以来的销量

时间	月销量（辆）	当月销量排名	占厂商份额
2018-03	15	441	0.01%
2018-02	26	415	0.02%
2018-01	59	412	0.04%
2017-12	220	406	0.14%
2017-11	549	362	0.39%

2018年4月，科力远与吉利又签订了新的协议，双方将整合各自在混合动力汽车及其核心零部件等方面的资源，计划共同开发吉利FE-6混合动力汽车，两年内实现规模化量产。

这表明，吉利仍然没有放弃将科力远作为其混合动力的重要发展平台。尽管如此，由于双排行星齿轮结构异常复杂，所需的技术优化完善尚需时日，我国要开发出能与丰田媲美的功率分流混合动力系统仍然任重而道远。

3）日产e-POWER串联混合动力系统

日产近期推出的e-POWER则是市场上较少见的串联混合动力系统，搭载于其小型车NOTE上。在日本JC08工况下，其燃料消耗量达37.2km/L，仅次于普锐斯的40.8km/L，而e-POWER的结构比丰田的THS更为简单和小型化。

日产e-POWER串联混合动力系统采用智能双离合器控制，系统搭载发动机和电动机各一台，在发动机与电动机之间、变速箱与传动轴之间各装载了一个离合器（图4-37）。其汽油机取自日产小型车Micra，电池组技术则来自日产Leaf，只不过容量减少到1.5kWh。

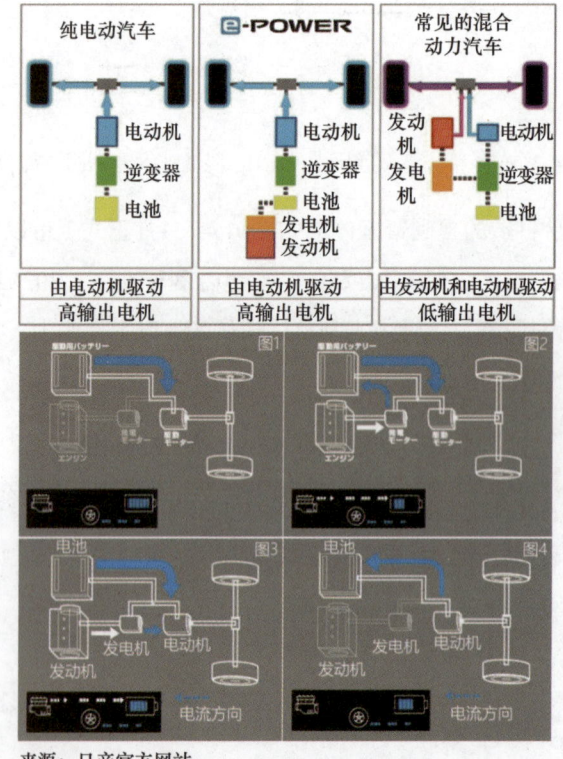

来源：日产官方网站

图4-37　日产e-POWER串联混合动力系统的四种工作模式

e-POWER的发动机仅用于给电池充电,而不直接驱动车轮,这意味着可以将发动机工况设定在最高效率的转速(2500r/min)。在这个转速下,3缸发动机的油耗和噪声水平都达到最优。电子控制系统也无须考虑发动机和电动机协同运作的复杂逻辑,可以更加精简,也规避了可能的专利费用。

4)P系列混合动力汽车

P系列方案为欧洲零部件厂商所推崇,按照电机所在位置可以分为P0~P4,该方案主要仰仗欧洲发达的DCT变速箱,可以认为该方案为DCT变速箱延续和拓展了市场(图4-38)。但由于变速箱,特别是双离合变速箱是中国的短板,因此短期来看,P系列方案并非目前最适合中国车企的方案。

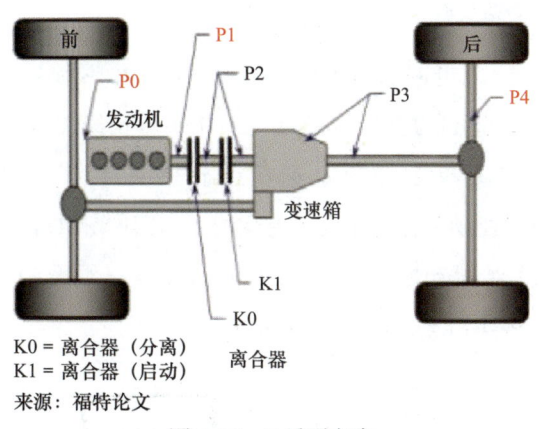

图 4-38　P 系列方案

P2、P3方案是目前采用较多的形式。

- 长安和GKN合作开发了P2方案(逸动系列),但该方案只能挂在偶数挡位,奇数挡位不能常用,换挡时空挡易导致动力中断,而且中断的动力没有得到补偿,从而造成换挡时顿挫感较强(图4-39)。

- 比亚迪秦采用P3方案,并且搭载自主研发的DCT变速箱,但由于DCT变速箱尚待优化,因此有顿挫、挡位丢失、动力中断、刹车自动补油和异响等现象。同时,P3方案难以使发动机保持在高效区间,从而难以达到最优节油效果(图4-40)。

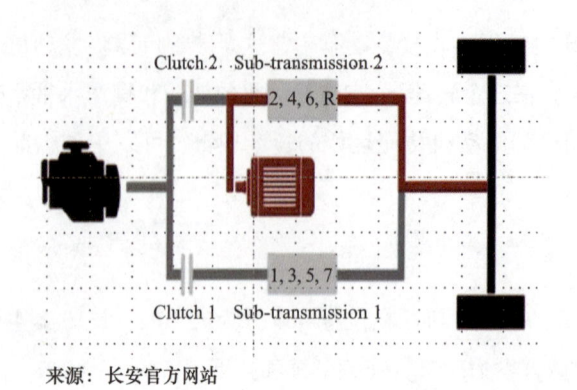

图 4-39　长安与 GKN 合作开发的 P2 方案　　　图 4-40　比亚迪秦 P3 方案

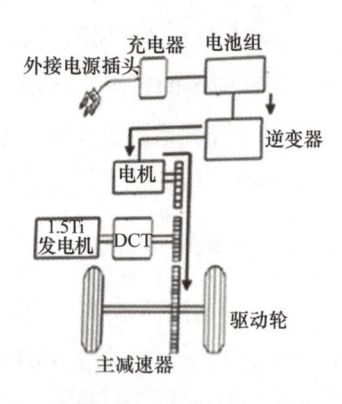

5) 本田 i-MMD 混合动力系统

本田 i-MMD 作为一套油电混动系统，采用了一台 2.0L 阿特金森循环发动机和双电机系统相结合（图 4-41）。这台自然吸气发动机使用了本田第二代缸内直喷，以及 DOHC i-VTEC 等技术，配合阿特金森循环方式，拥有更高的热效率（达到 38.9%）。再配合双电机、电动 CVT 变速箱及智能动力控制单元，便构成了本田 i-MMD 混动系统的主体。i-MMD 分 3 种工作模式，分别为纯电动模式（EV Drive Mode）、混合动力模式（Hybrid Drive Mode）及发动机驱动模式（Engine Drive Mode）。

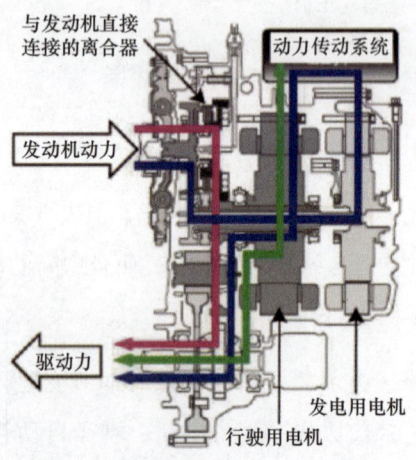

图 4-41　本田 i-MMD 混合动力系统

- 纯电动模式：顾名思义，就是纯电力驱动行驶，使用的工况通常是低速启动，以及中速、高速巡航。i-MMD系统能够凭借纯电力驱动将速度提升至120km/h。

- 混合动力模式：在混合动力模式下，本田i-MMD系统更像一台增程式汽车，使用工况通常出现在电量不足或需要加速的情况下。此时，车辆依然由电动机驱动，发动机由动力装置分离，不参与驱动，只是保持2000r/min左右的经济转速为电池充电，在达到省油目的同时，电动机相比发动机也能够提供充足的动力和响应速度。

- 发动机驱动模式：在发动机驱动模式下，动力分离装置连接，发动机驱动车辆，使用工况通常出现在高速或急加速的情况下。此时，电池组和电动机处于待命状态，在需要强劲动力时，发动机和电动机一起协同工作。不需要电动机和电池组工作时，它们则负责引导能量回收，保证充足的辅佐响应。

3. 燃料电池汽车

对于氢能在汽车领域的应用，不同厂商选择了两种不同的技术路线，如宝马和马自达仰仗自己独特的发动机技术，选择了将氢作为燃料的氢动力内燃机路线，而奔驰、福特、丰田、本田、现代等企业则选择了燃料电池技术路线。

氢作为内燃机燃料虽然解决了碳排放的问题，但由于与空气混燃产生氮氧化物，且爆发力不如汽油和柴油，所以宝马在错过了发展燃料电池的时间窗口后，选择与丰田合作开发燃料电池汽车（图4-42）。

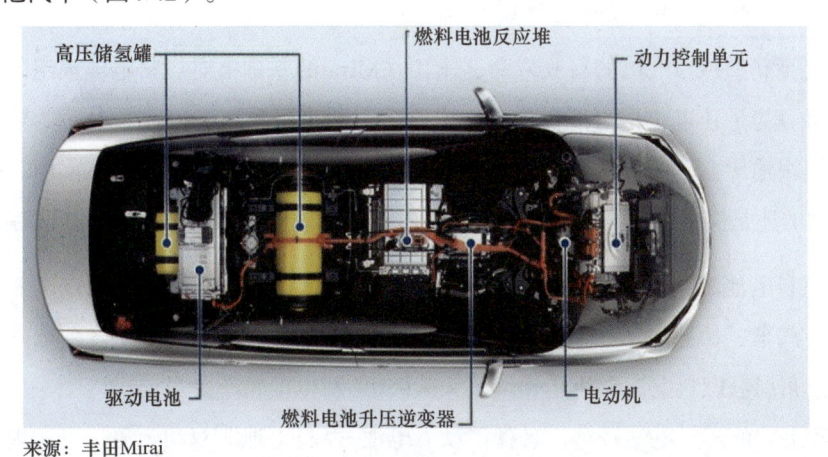

来源：丰田Mirai

图 4-42　燃料电池汽车的结构

丰田一直以来把氢定位为"未来占优势的能源",而把燃料电池车视作"终极环保车"。丰田从1992年开始研发燃料电池车,甚至早于普锐斯。2014年年底,丰田的燃料电池车Mirai(未来)正式发售,这是世界上首款批量生产的轿车型燃料电池车。Mirai采用的燃料电池系统融合了燃料电池技术及混合动力技术,其能源效率高于内燃机,行驶时不排放CO_2,加氢只需3分钟左右,续航里程达650km。

丰田在2018年推出了FCV大巴SORA,实现了1.2×10^6 km的行驶寿命,相当于FCV轿车Mirai的6倍(图4-43)。提高FCV行驶寿命的关键在于防止燃料电池模组的性能劣化。

图 4-43　丰田燃料电池大巴 SORA

对于车辆重、驾驶起来需要大扭矩的大巴而言,燃料电池模组内部的电位容易出现较大的变动。电位变动大,就容易导致在电池模组内促进氢氧活性的催化剂的劣化。而催化剂一旦劣化,就会导致电池模组的输出下降。

为了提高新型FCV大巴的行驶寿命,丰田在Mirai的基础上对燃料电池模组的控制方式进行了改善。为了让电位尽可能保持在一定水平上,丰田采用了以镍氢电池的输出来平衡燃料电池模块输出变动的方法。值得注意的是,该方法由清华大学汽车系首创。虽然目前催化剂使用的还是高成本、高性能的Pt,但丰田正在开发低成本、不使用Pt催化剂的技术。

随着燃料电池汽车技术趋于成熟,我国企业开始加速布局氢燃料电池汽车业务,上汽集团、长安汽车、长城汽车、奇瑞新能源、北汽新能源等多家车企都在该领域进行了技术储备,积极布局氢燃料电池乘用车领域。荣威950燃料电池轿车是目前国内唯一一款实现公告、销售和上牌的燃料电池轿车,具备"动力电池+燃料电池"双动力源,可实现纯电动、混动和制动能量回收等模式,同时具备外接电源慢充功能,实现了真正意义上的能源多元化。荣威950燃料电池轿车最大续航里程达430km，能在零下20℃环境温度下启动。

长城正在推进的XEV项目，通过建立内部研发团队，自主研发电驱动与燃料电池的关键性技术，开发了电动汽车与燃料电池汽车的共用平台，目标是在2022年冬奥会期间推出一款燃料电池汽车。北汽新能源正在与清华大学进行合作，联合研发氢燃料电池乘用车，样车已经面市，目标是在2020年实现量产。

在燃料电池客车性能方面，国内外的差距并不大，甚至在氢燃料消耗方面我国还具有领先优势。在全球环境基金（GEF）和联合国开发计划署（UNDP）的支持下，中国燃料电池汽车商业化发展项目第三期正在进行中，目前项目招标的车辆还未交付，计划从2018年开始运行。项目总体目标是在全国5个示范城市中示范运行112辆氢燃料电池汽车（表4-20）。

表4-20　燃料电池汽车示范运行情况及近期规划

示范项目	时间（年）	运行车辆数量（辆）
北京奥运会	2008	20
北京801公交车	2009	3
上海世博会	2010	70辆轿车、3辆客车、100辆微型车
25个城市新能源汽车万里行	2014	2辆氢燃料电池乘用车
北京	2017	10辆氢燃料电池客车
北京—张家口	2017	2辆氢燃料电池客车
佛山—云浮	2017	5辆氢燃料电池客车
佛山—云浮	2018	300辆氢燃料电池客车
北京	2018	10辆氢燃料电池客车、5辆氢燃料电池物流车
郑州	2018	3辆氢燃料电池客车
盐城	2018	5辆氢燃料电池客车
上海	2018	16辆氢燃料电池客车、41辆氢燃料电池乘用车、30辆氢燃料电池物流车
佛山	2018	2辆氢燃料电池客车

4.燃料电池领域投资全景导航

1）竞争格局

由于续航能力的显著提升（>500km），以及加氢时间（相对于充电）的大幅缩短（<1min），氢燃料电池动力系统近年来受到了越来越多的关注。氢燃料电池产业在日韩发

展较为迅速。在我国，目前也出现了一批燃料电池动力系统的初创公司，已经具有面向整车集团的完整动力系统方案。

2）行业壁垒

技术壁垒：燃料电池动力系统本身具有一定的技术壁垒。除整车动力系统外，燃料电池的电堆、石墨/金属电极板、催化剂、质子膜技术均存在一定的技术壁垒，并且这些细分行业往往呈现国外技术封锁的寡头格局。

基础设施壁垒：氢燃料动力系统业态的形成不仅需要动力系统方面各个细分领域的技术突破，还依赖于加氢基础设施的大规模普及。目前而言，我国还没有成熟的加氢基础设施网络或生态，仍然需要加大投资。

3）投资风险

主要风险包括：关键技术（催化剂、质子膜、金属电极板）国产化不及预期的风险，政策推进不及预期的风险，基础设施建设不及预期的风险。

4）最有价值的投资领域

主要有适合于燃料电池生态的物流、运输、客运商业模式，燃料电池加氢基础设施，动力系统、电堆、质子膜、金属电板等关键技术领域。

新能源汽车整车领域投融资事件见表4-21。

4.4.2　动力电池产业链

1. "高镍正极+硅碳负极"助推电池单体能量密度突破300Wh/kg

2017年1月1日执行的新能源汽车补贴政策对能量密度的要求提高，高能量密度的电池能够享受超额补贴。《促进汽车动力电池产业发展行动方案》再次明确目标：到2020年力争实现单体能量密度350Wh/kg，同比提升75%；系统能量密度达到260Wh/kg，同比提升100%；同时兼顾高低温性能和高达3C的快充能力（图4-44）。在目前已经量产的电池体系里，磷酸铁锂具有能量密度局限性，在近期有望实现产业化的电池技术路径中，"高镍正极材料+硅碳负极"材料的组合有望率先实现突破。

第4章 / 汽车全产业链投资价值研究

表4-21 新能源汽车整车领域投融资事件

垂直领域	细分领域	所属细分领域上市公司	所属细分领域未上市公司	近期并购事件（2017年1月—2018年3月）	近期融资事件（2017年1月—2018年3月）
纯电动汽车	纯电动汽车整车	比亚迪、江淮汽车、众泰汽车、特斯拉（O）、长安汽车、吉利	北汽新能源、菲斯克、小鹏汽车、时空电动汽车、零跑科技、威马汽车、智信、蔚来汽车、领骏汽车、知豆汽车、游侠汽车、电咖汽车、拜腾、法拉第未来、博郡汽车、开云汽车、宏瑞汽车、芬兰蒙郡美德、奇瑞汽车	2017年2月，宁德时代以3000万欧元收购北美维德汽车22%股权；2017年9月，奥立仕以1.13亿美元收购日本电动车GLM	2017年6月，宏瑞汽车完成A轮2000万元融资，朗玛峰创投参投；2017年8月，拜腾完成2亿美元融资，苏宁控股参投；2017年9月，博郡汽车完成数亿元融资；2017年10月，游侠电动汽车完成B轮融资，星沅空间和毛岳谷参投；2017年10月，电咖汽车完成天使轮融资数亿元融资；2017年11月，威马汽车完成A+轮融资，七猫资本参投；2018年1月，小鹏汽车完成B轮22亿元融资，阿里巴巴、IDG资本、经纬中国、晨兴资本、GGV纪源资本、中金公司、富士康参投；2018年1月，零跑科技完成Pre-A轮4亿元融资，红杉资本中国、沈南鹏参投；2018年2月，时空电动汽车完成C轮10亿元融资，IDG参投；2018年3月，北汽新能源完成6.3亿元融资，戴姆勒集团投资
	低速电动车	龙马环卫、猛狮科技	智行者、虬龙科技、Seegrid、时风集团、陆地方舟、胜行智能	—	2017年3月，猛狮科技完成A轮数千万元融资，价格为26.23元；2017年2月，虬龙科技完成A轮数千万元融资，北极光创投参投；2017年10月，胜行智能完成A轮数千万元融资，清控科创参投
混合动力汽车	混合动力汽车	比亚迪、上汽集团、长安汽车、吉利汽车（H）、丰田汽车（O）、通用汽车（O）、日产	凯迪拉克、科力远、馨联、芯能	—	—
燃料电池及汽车	燃料电池汽车	丰田汽车、上汽集团、金龙汽车、宇通客车、长城汽车、东风汽车、宝马、戴姆勒、雷诺、日产	亿华通、蓝吉、氢璞创能、中氢新能	2017年4月，亚马逊收购氢燃料电池厂商PlugPower 23%股权	—

97

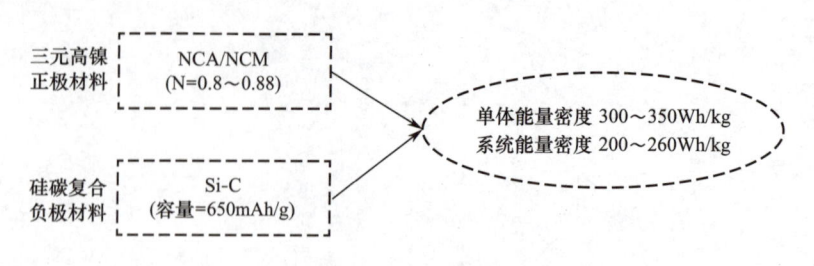

图 4-44 "高镍正极 + 硅碳负极"材料组合

2. 正极材料

镍钴锰酸锂是最主流的三元材料。镍钴锰酸锂三元电池以钴盐、锰盐、镍盐为原料，通过调配钴、锰、镍三者的比例，来获得不同的电极特性。镍元素在三元电池中占有重要地位，其作用在于提高材料的能量密度。也就是说，在生产NCM材料时，三种过渡金属元素Ni（镍）、Co（钴）、Mn（锰）的不同配比可以获得不同性能的NCM材料，如NCM111、NCM523、NCM622和NCM811。

GBII数据显示，2016年全国正极材料产量为16.16万吨，其中，三元材料产量为5.43万吨，同比增长48.8%；三元材料产值为79.8亿元，同比增长超过60%，在四种正极材料中其产值占比最高；2017年第一季度产量为1.47吨，同比增长68%。预计2017年三元锂材料销量将达7.61万吨，同比增加40%；到2020年三元锂材料销量将达到21.8万吨，约为2017年销量的3倍（图4-45）。

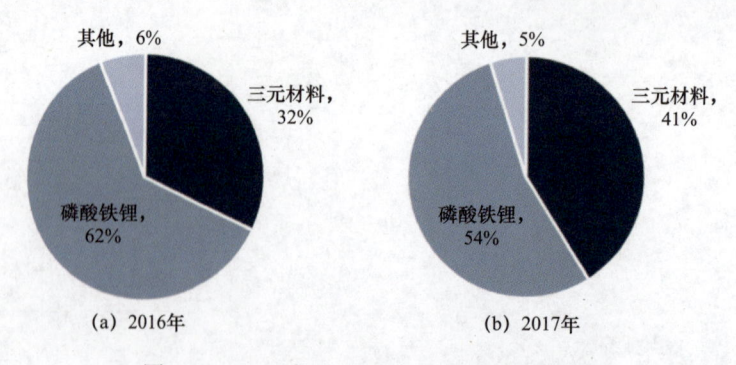

图 4-45 2016 年及 2017 年正极材料产能结构

不同型号三元材料的对比见表4-22。

表4-22 不同型号三元材料的对比

型号	能量密度	优点	缺点	应用领域
NCM111	150mAh/g	兼具能量、倍率、循环性能和安全性能优势	首次充放电效率低，锂层中阳离子的混排影响材料的稳定性	应用于电子消费品、高倍率电池及电动汽车等领域
NCM523	160mAh/g	具有较高的比容量和热稳定性	循环性能、倍率、热稳定性和自放电等之间的平衡差	应用于电动自行车、电动汽车等领域
NCM622	170mAh/g	加工性能好，高容量，内部结构疏松，易于在较低的温度下烧结	循环性能稍差	应用于大容量充电宝、电动摩托车、电动汽车等高能量密度电池上，以及高端圆柱笔记本电池上
NCM811	190mAh/g	具有高容量、价格低等优势	烧结条件比较苛刻，且产品在储存、使用时容易吸潮，易变成果冻状，不易调浆和极片涂布，还需要高电压的电解液的配合	国内还处于中试阶段，量产的规模比较小，目前主要应用在小型的高比容铝壳电池和高容量圆柱锂离子电池上

三元材料的产业格局见表4-23。

表4-23 三元材料的产业格局

电池企业	产品类型	NCM111	NCM523	NCM622	NCM811/NCA
比亚迪	方形铝壳			#	
CATL	方形铝壳	1	1		#
国轩高科	方形铝壳		1		
中航锂电	方形铝壳	1	1	#	
万向A123	铝塑软包	1	1	#	
孚能	铝塑软包	1	1		
天津捷威	铝塑软包	1	1	#	#
比克	18650	1	1		
力神	18650	1	1	#	
天能	18650/21700	1	1		
亿纬锂能	18650/21700	1	1	1	
江苏天鹏	18650	1	1	#	
福斯特	18650/21700	1	1	1	
江苏智航	18650				

注：1量产 #开发

我国NCM622的技术难关已被攻克。当升、杉杉等正极材料企业都形成了规模化供应能力，国轩、CATL等电芯企业也已经实现了NCM622电池的产业化应用。在未来几年内，让NCM811材料走进汽车产业也并非完全不可能。

3. 锂产业

1）锂资源供给情况（表4-24）

表4-24 锂资源供给情况

公司名称	2015年产量	2016年产量	2017年产量
Talison（天齐51%，雅宝49%）	62 571	64286	64 286
Albemarle（本部）	26 000	26 000	26 000
SQM	38 700	49 700	45 000
FMC	20 000	20 000	20 000
Nemaska Lithium	0	0	0
Orooobre	1 746	11 845	12 000
Enirgi	20 000	20 000	20 000
Mt Marion锂矿（赣锋持股43.1%）	0	0	2 000
Pilbara（赣锋锂业包销，持股5%）			
美国锂业	0	0	0
银河资源	0	0	6 250
西藏扎布耶（西藏矿业）	1 800	2 824	3 500
中信国安	1 000	1 000	1 000
蓝科锂业（盐湖股份、科达洁能、比亚迪）	3 000	3 800	7 500
西藏城投	1 000	1 000	1 000
青海锂业	5 000	8 500	9 000
锂资源公司			
赣锋锂业（宁都河源+回收）	2 250	2 250	2 250
江特电机	1 000	1 000	2 000
融达锂业（融捷股份）	0	0	0
瑞福锂业	3 000	3 000	9 000
众和股份	1 282	3 823	

（续表）

公司名称	2015年产量	2016年产量	2017年产量
总计	170 349	201 027	230 786
全球盐湖总产量	74 246	100 669	101 000
全球盐湖总产量占比	43.6%	50.1%	43.8%
国内盐湖总产量	11 800	17 124	22 000
国内盐湖总产量占比	6.9%	8.5%	9.5%

2017年，锂资源供应主要增量来自Mt Marion锂矿和Mt Cattlin锂矿，合计增量2.63万吨碳酸锂。赣锋锂业持股43.1%的Mt Marion锂矿2月已经达产，截至6月底Mt Marion锂矿已经累计发出12万吨锂精矿。根据赣锋锂业前端锂精矿处理能力约18万吨，2017年Mt Marion锂矿实际有效供应约16万吨锂精矿，折合碳酸锂20 000吨。银河资源的Mt Cattlin锂矿目前已经复产供应锂精矿，但Mt Cattlin锂矿由于云母含量较高，冶炼难度较高，2017年实际有效供应的锂精矿约5万吨，折合碳酸锂约6 250吨。

减量来自SQM减产约4 700吨。2016年SQM总计供应锂盐产品4.97万吨，相比2015年的3.87万吨大幅增加了1.1万吨，一方面由于SQM增加产量，另一方面由于去库存化导致销量高于产量。预计2017年SQM产量将减少4 700吨碳酸锂当量。

2）高镍三元趋势将导致氢氧化锂逐渐紧俏

高镍三元正极材料（或高端正极材料）需要以氢氧化锂为原料。在锂电材料"以安全性为前提，不断提升能量密度"的大趋势下，电池级氢氧化锂因其在晶体结构、溶解性等方面的优势，主要适用于NCA、NCM811等高镍三元材料（以及部分工艺的磷酸铁锂）。目前，NCA基本上都采用氢氧化锂为原料；NCM811通常也采用电池级氢氧化锂；NCM523、NCM622都采用氢氧化锂（采用氢氧化锂制成的产品性能更优）（图4-46）；水热法制备磷酸铁锂（LFP）产品，也需要使用氢氧化锂（水热法生产的LFP具有纯度高、晶体择向生长、颗粒细小均匀等特点，因而成为高端产品）。

对更高能量密度和更高质量的追求，将促使整个行业采用更多的氢氧化锂去生产正极材料，由此带动电池级氢氧化锂需求的释放。按照预计，一方面，NCM811、NCA等产品将在2017年、2018年释放产量；另一方面，在NCM62、NCM532、磷酸铁锂等产品的生产中，为了提升产品品质，企业采用氢氧化锂的比例将提升。因此，氢氧化锂的需求将从2015年的3万余吨，增长到2020年的近9万吨。

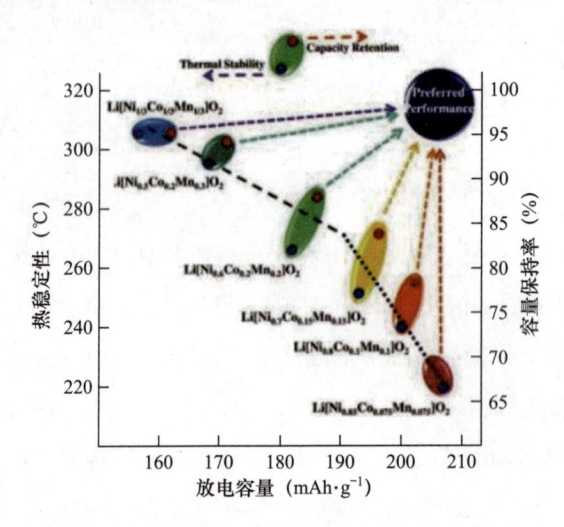

图 4-46 不同 NCM 材料配比的性能具有差异

4. 锂产业投资全景导航

1）竞争格局

上游锂矿呈现"四湖三矿"的格局，主要分布在南美（尤其是智利与阿根廷）、澳大利亚和中国，占比分别约62%、11%和26%。如果天齐锂业收购SQM约24%带有表决权股权宣布成功，那么中国将成为全球在锂产业中具有话语权的国家。锂产业对于我国发展动力汽车行业至关重要。

2）行业壁垒

行业最大的壁垒是上游的矿产资源，以及矿产储量及品质。整个锂资源从勘察、试产、投产到达产，每个阶段平均要花2~3年，周期很长，且企业的开采及提炼技术也是一个重要的壁垒。

此外，锂矿的成本控制能力也十分重要。目前，产业内希望通过盐湖提锂显著降低锂产品成本，但由于盐湖成分差异巨大，目前该技术路线还无法大规模实施。

3）投资风险

- 有色金属的价格波动。

- 生产周期过长，前期投入过大。

- 下游需求放缓、新技术的改变带来材料需求的改变。

4）最有价值的投资领域

- 拥有稳定产量和优质矿产资源的企业。

- 锂电池等有潜力的锂化物应用的企业。

- 具有显著降低锂产品成本的核心技术的企业。

5. 钴产业

钴产业供应链如图4-47所示。原料端来自矿山的钴矿石或再生资源，被加工成中间产品氯化钴或氢氧化钴，再由中间产品加工成碳酸钴、草酸钴、硫酸钴等钴盐产品或四氧化三钴、电解钴、钴粉。在销售端，钴一般以钴盐、四氧化三钴、钴粉、电解钴的形式销售。

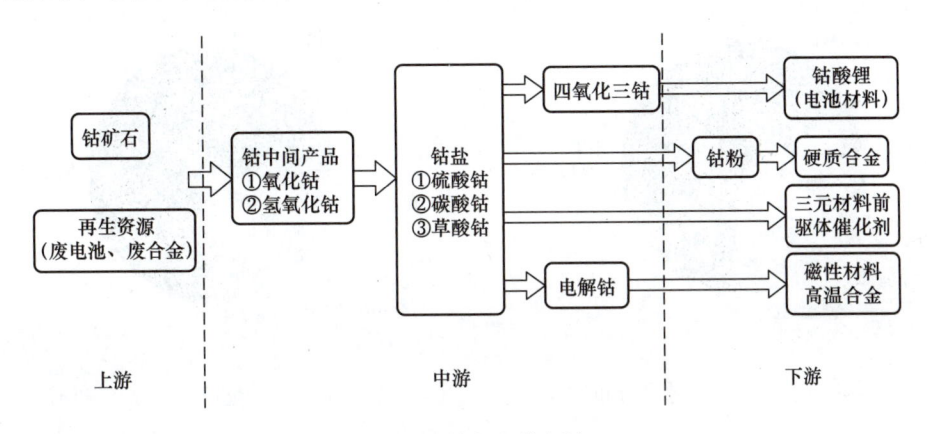

图 4-47　钴产业供应链

1）消费端：短期内钴的消耗量难以显著下降

迫于钴盐价格上涨的压力，整车厂（如Tesla）和电池厂（如国内的CATL、宁波金和新材料）纷纷加快低钴含量正极材料的开发和应用。但一定时期内，钴的消耗和需求还会持续上升：一方面，单车电池用钴量下降1/2～2/3，如特斯拉宣称可将钴的成本在单车电池总成本中削减至可忽略不计的地步；另一方面，新能源汽车每年有30%以上的复合增长率。总体来看，钴在新能源动力电池方面的消耗很难显著减小。

2）供给端：2018年钴供给量面临一定变数

2018年供给端也出现了明显的变化，最重要的应该是刚果（金）政府关于征收矿企暴利税的问题，相关法规通过的概率很大。如果该法规实施的话，很多中小企业将难以承担高税负。

钴供给主要来自铜钴伴生和镍钴伴生。根据安泰科的数据，2016年全球钴矿山供给中56%来自铜矿伴生，34%来自镍矿伴生，原生钴矿占比低于10%。伴生属性决定了钴的扩产更多取决于铜矿和镍矿的资本开支，而由于2011—2016年铜价和镍价持续低迷，全球铜矿和镍矿的资本开支持续下滑，由于新矿山建设周期一般在3年以上，因此未来3年内钴的总体供应增量将十分有限。

3）全球钴资源及回收分布格局（图4-48、图4-49、表4-25和表4-26）

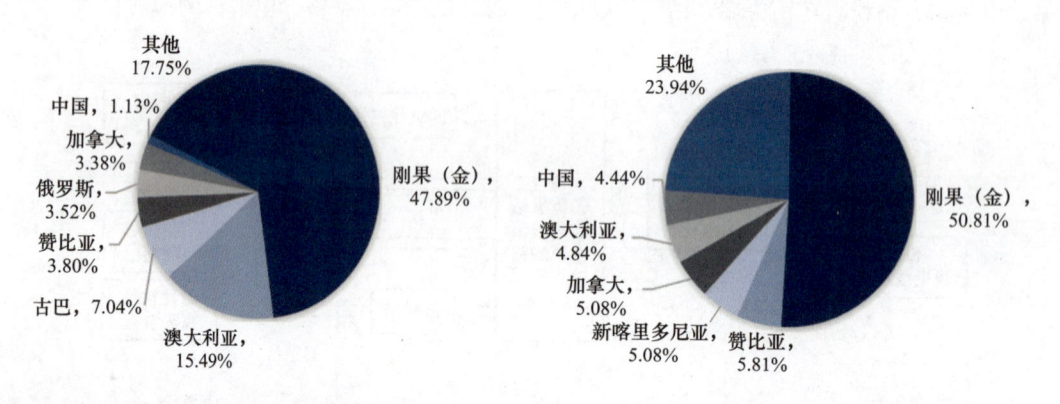

图 4-48　全球钴资源储量分布

图 4-49　全球钴资源产量分布

表4-25　全球计划新增钴矿供给

公司	项目	2017E（吨）
Glenoore（嘉能可）	Katanga Mining	0
Sirius Resources NI	Nova Nickel	850

（续表）

公司	项目	2017E（吨）
中国有特色矿业股份有限公司 云南铜业集团	谦比希铜冶炼厂钴再回收项目	600
Shalina Resource Ltd.	chemaf	1500
万宝矿业	KOMICA	1500
Caldag Nikel Madencilik	Caldag	450
Formation Metals lno.	ldaho Cobalt	630
PolyMet Mining Corp.	NorthMet，phase 1 PE527（Luiswishi、Lukuni）	180 0
中国中铁	Project Minier，stage 2	0
Gladstone Pacific Nickel. General.	Gladstone Nickel，stage 1	0
ENRC（欧亚资源）	RTR（Roan Tailings Reclamation）	0
Fortune Minerals Limited	NICO	0
钴矿新增总计（折合钴金属量）		5139

表4-26　钴回收量统计

公司	钴回收量（吨）	公司	钴回收量（吨）
格林美	3 500	赣州豪鹏	400
优美科	6 000	其他	900
邦普集团	1 200	总计	12 000

2015年中国钴回收总量约6 000吨，约占全球一半，2015年全球钴回收总量约12 000吨。随着钴价格不断走高，以及全球钴需求的不断提高，未来钴回收量预计将持续提升。

钴矿方面由于大赦国际针对刚果（金）钴矿童工问题的报告产生了较大的社会影响，钴矿产量增长受到一定抑制。目前，刚果（金）当地的钴矿已经开始半机械化生产，产量预计每年仍有小幅增长。

6. 钴产业投资全景导航

1）竞争格局

全球钴产量有一半以上来自刚果（金），中国是全球第二大钴生产国。全球的钴矿上游资源主要被嘉能可、洛阳钼业、欧亚资源等跨国矿企控制。

钴矿是一种典型的伴生矿物，单独的钴矿床较少，其中，与铜矿伴生的占41％、红土镍矿占36％、铜镍硫矿占15％。钴矿产品主要来自铜镍冶炼副产物，其中，铜冶炼副产物占50％、镍冶炼副产物占44％、原生钴占6％。

2）行业壁垒

主要有上游的矿产资源、中游的冶炼技术，以及长周期及大资金的投入。

3）投资风险

- 有色金属的价格波动。
- 生产周期过长，前期投入过大。
- 下游需求放缓、新技术的改变带来材料需求的改变。

4）最有价值的投资领域

- 有钴矿稳定供应的企业。
- 有资源回收利用技术、专注于钴回收的企业。
- 切入下游电池材料生产的企业。

7. 负极材料

1）石墨负极材料

人造石墨制备工艺流程图如图4-50所示。

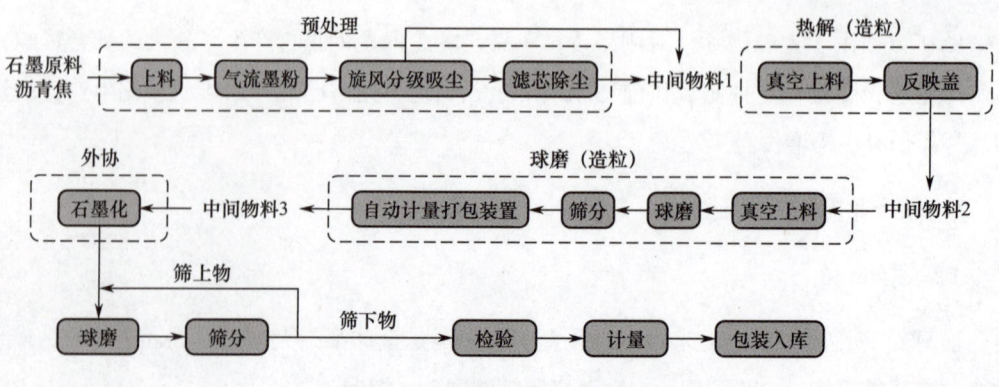

图4-50 人造石墨制备工艺流程图

虽然负极材料行业的竞争一直很激烈，产品价格逐年下滑，但盈利能力一直很稳定，主要企业的毛利率水平一直维持在30%左右（图4-51和图4-52）。

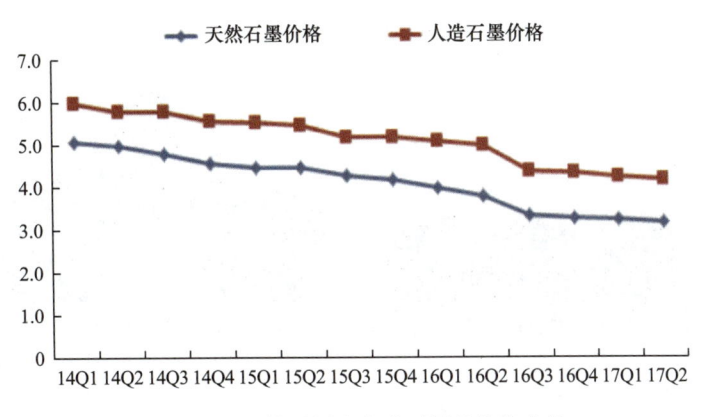

图 4-51　天然石墨和人造石墨的价格走势

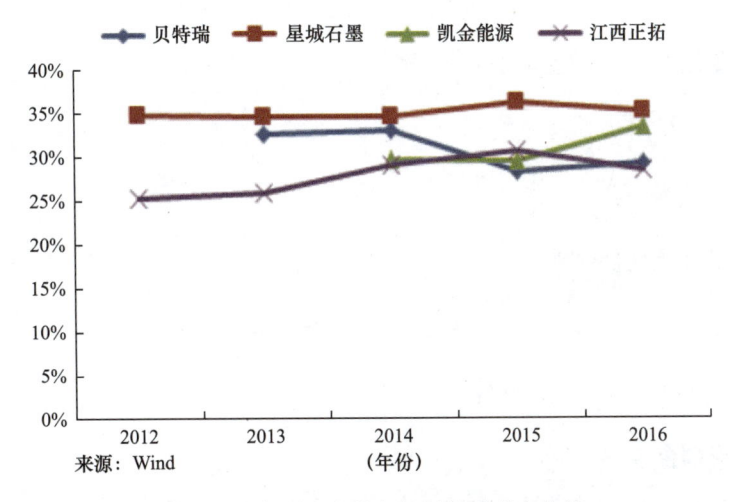

图 4-52　主要企业的负极材料毛利率曲线

2）硅碳负极材料

由于硅是半导体结构材料，为了提高锂离子在硅电极材料中的扩散速度，就需要提高硅材料的导电性能。目前，利用不同形态的碳材料对硅进行改性处理，使其构成均匀的导电网络结构，形成导电性好、附着性好、化学稳定性高的硅碳负极材料。

主要技术壁垒：

（1）在充放电过程中会引起硅体积膨胀100%～300%，而石墨材料只有10%左右，所以硅碳负极膨胀会导致负极材料粉末化，从而严重影响电池使用寿命（图4-53）。

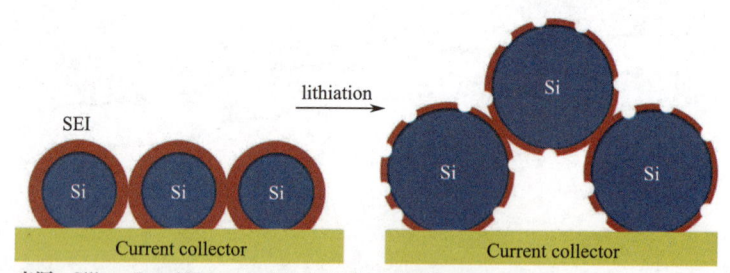

来源：Silicon-Based Nanomaterials for Lithium-Ion Batteries: A Review

图4-53　硅碳负极膨胀导致电池材料粉末化

（2）硅为半导体，导电性比石墨差很多，导致锂离子脱嵌过程中不可逆程度大，从而降低其首次库伦效率，使电池使用寿命变短。

针对工程问题的解决方案有：

（1）碳包覆纳米硅。

（2）氧化亚硅碳复合材料。

（3）硅纳米线。

（4）变氧型氧化亚硅碳复合材料。

（5）无定形硅合金。

目前，硅碳负极材料的应用与开发尚处于初级阶段，全球只有少数企业能够实现商业化。目前，硅碳负极材料在整个锂电池材料市场中占比较低，并且市场集中度比较高。

硅碳负极材料企业见表4-27。此外，江西紫宸等标的硅碳负极的产业化研发和生产已经处于国内领先地位；在电池方面，CATL/ATL、微宏动力等也对硅碳负极研发了数年。2015—2016年全球锂电池负极消费结构如图4-54所示。

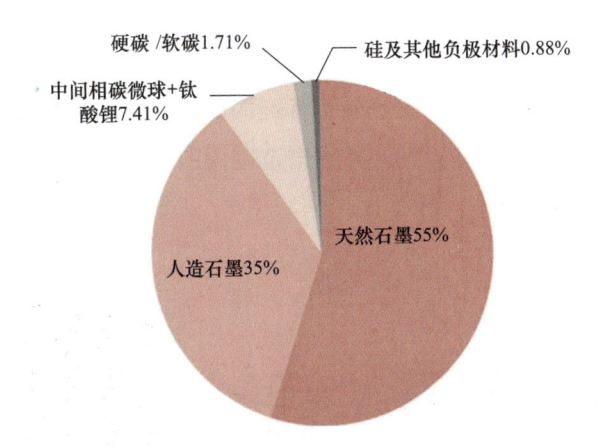

图 4-54　2015—2016年全球锂电池负极消费结构

表4-27　硅碳负极材料企业

公司名称	硅碳负极量产情况
日本松下	2012年发布的NCR18650C型电池，容量高达4000mAh，并于2013年实现量产
杉杉股份	控股子公司上海杉杉已实现硅碳负极月出货量吨级水平，2017年底有望达到4000吨/年的硅碳负极生产规模
中科电气	国内领先的负极材料生产企业，对硅碳负极已进行数年研发
高轩高科	处于研发阶段，公司募投了5000吨/年的硅碳负极材料项目，预计2018年投产
长信科技	子公司比克电池已进行数年硅碳负极材料探索
湖州创亚	湖州创亚硅负极能量密度可以达到1300~1400mAh/g，硅碳负极材料可达600mAh/g。2017年上半年进入中试量产

8. 石墨烯材料

石墨烯是形成其他维数碳材料的基本结构单元，它可以折叠形成零维的富勒烯，或者卷曲形成一维的碳纳米管，也可以堆叠形成三维的石墨，因此被誉为"碳材料之母"（图4-55和图4-56）。石墨烯具有独特的电学、力学、热学和光学性能。近年来，石墨烯被广泛应用于电化学传感器、电池和超级电容器等领域，并取得了不错的效果。

- 石墨烯的碳—碳键结构使它具有极高的力学性能，它是目前已知的硬度和强度最高的物质。

- 石墨稀具有极高的热稳定性。石墨烯凭借超强的导热性能，在电子器件领域具有较

- 石墨烯的费米能级位于狄拉克点处，特殊的能带结构使得石墨烯具有特殊的光学性质。单层石墨烯在可见光到红外光谱范围内的吸收率远远高于其他单层原子的物质。

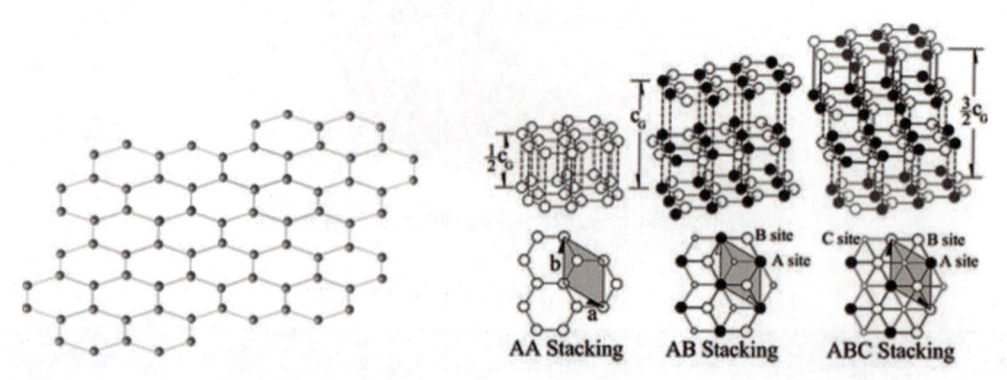

来源：Critical Reviews in Solid State and Materials Sciences

图 4-55　石墨烯的晶格结构

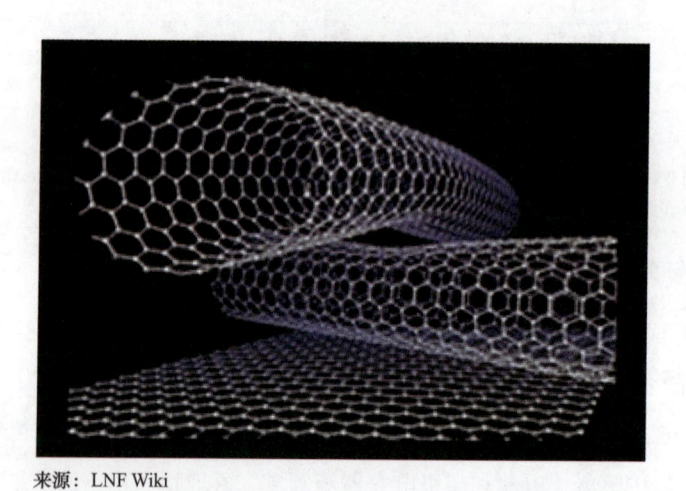

来源：LNF Wiki

图 4-56　石墨烯是构建其他碳材料的基本结构单元

- 除以上性质外，石墨烯还表现出完美量子隧穿效应、半整数量子霍尔效应、室温磁铁性能、吸附性能，以及极大的比表面积和迁移速率极高的双极性电流等。

石墨烯在电池领域的应用主要有四大产业化方向（表4-28）。

表4-28 石墨烯在电池中的应用方向、作用和产业化进展

石墨烯在电池中的应用方向	石墨烯在其中的作用	目前情况或存在问题
作为导电剂添加到电极中	增强电极导电性，降低内阻，一致性更好，降低工作温度，大规模充放电性能更好	产业化进展较顺利，爆发式增长快速取代碳纳米管导电浆料，比亚迪、国轩等领先动力电池企业订单不断
直接作为锂离子电池负极材料	理论比容量比目前的石墨负极高两倍	石墨烯的振实和压实密度都非常低，暂不适合取代石墨类材料作为锂离子电池负极
包裹在硅负极表面	硅负极理论比容量高达4200mAh/g，然而充电过程中会发生体积变大现象，用石墨烯包裹其表面可以缓解这个问题	目前尚处于实验室研究阶段
作为锂电池隔膜材料	降低电池内阻	存在诸如石墨烯对锂离子的透过性等问题

（1）正负极导电添加剂，可提升充电速度。

（2）石墨烯复合电极材料，如硅碳复合负极材料，能够提升电池容量。

（3）石墨烯功能涂层，可降低电池内阻，延长电池寿命。

（4）作为锂电池隔膜材料。

2016年7月，世界首款石墨烯电池产品在北京发布，东旭光电子公司碳源汇谷中试阶段生产的石墨烯/磷酸铁锂电池可实现10℃条件下，6分钟内快速充放电，显著缩短电池的充放电时间、延长电池使用寿命。然而，市场对该款快充电池产品持有不同看法。工业上尚无法完美解决石墨烯电池容量小的问题，根本原因在于石墨烯粉体材料与单层石墨烯膜材料之间的性能差异较大。

9. 电解液

1）电解液产业及技术发展趋势

受上游化工添加剂原料价格上涨、市场价格下降等因素影响，电解液盈利能力开始下降。受高能量密度电池发展趋势的影响，研发投入增加，电解液企业之间竞争加剧，未来电解液市场将出现较大变化，行业集中度进一步提高，研发实力强、资金雄厚的企业将获得竞争优势。

（1）高比能量型电解液：未来高能量密度电池的发展方向必然是高电压正极、硅负极。

（2）高功率型电解液：高功率电池不仅对电极材料提出了高固相扩散、纳米化使离子迁移路径短、控制极片厚度和压实等要求，也对电解液提出了更高的要求，具体如下。

- 高解离度电解质盐。

- 溶剂复合——黏度更低。

- 界面控制——膜阻抗更低。

（3）宽温型电解液：电池在高温下容易发生电解液分解，并且材料与电解液之间的副反应加剧；在低温下则会出现电解质盐析出和负极 SEI 膜阻抗成倍增加的现象。

（4）安全性电解液：电池的安全主要体现在燃烧甚至爆炸上，电池本身就具有可燃性，因此当电池过充、过放、短路、受到外界针刺、挤压，或者外界温度过高时，都可能引发安全事故。

（5）长循环型电解液：由于目前锂电池的回收，尤其是动力电池的回收还存在较大的技术困难，因此延长电池的寿命是缓解这一现状的一种方式。

电解液应用技术发展趋势是配套电池能量密度提升和现有体系性能提升并重的。其中，有一系列需要解决的问题，如配合高电压、高能量密度的电解液如何配制，目前的解决办法就是添加剂的应用和一些新型溶剂的添加（图4-57和图4-58）。

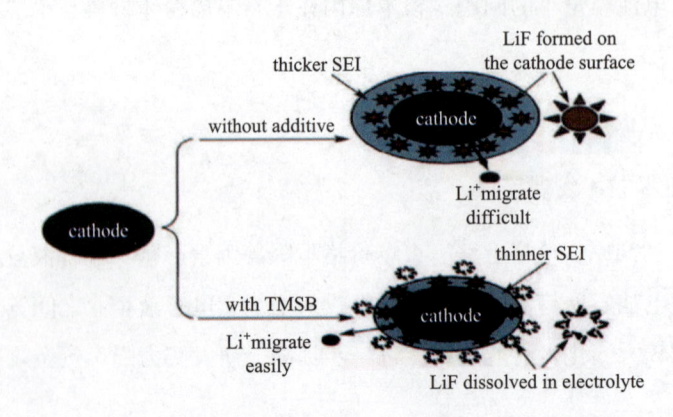

图 4-57　含硼化合物作为添加剂应用到不同正极材料的锂离子电池中

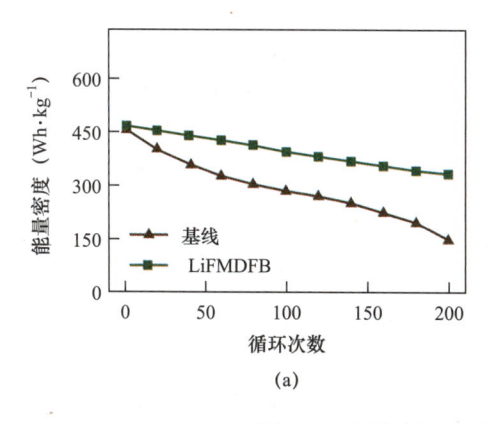

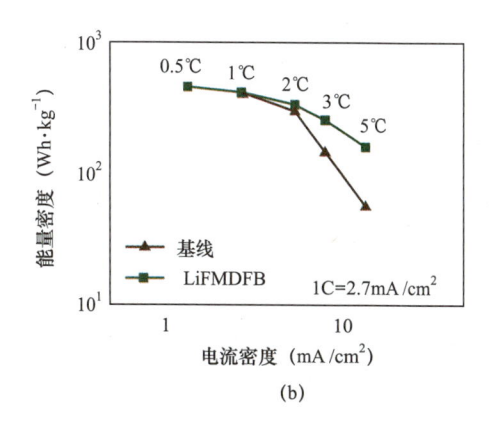

图 4-58 添加剂有限改善锂电池的倍率和循环性能

2）电解液领域投资全景导航

（1）竞争格局。

动力电池电解液产能主要集中在中、日、韩三国，占比分别达到52%、23%及20%。日本旭化成、东燃化学、韩国SK及美国Celgard的全球市场份额约18%、14%、12%及10%，位列全球前四。国内，电解液行业集中度相对较高，CR4 为53.49%，CR10 为87.96%；广州天赐材料、新宙邦、珠海赛维的市场份额分别达到18.41%、15.97%及10.75%，位列全国前三。

（2）行业壁垒。

电解液主要由溶剂、溶质、添加剂构成。从本质上来讲，除必要的工艺控制外，电解液的核心壁垒就在于配方与定制。电解液产品需要与用户的正极、负极材料相适应（一般用户先设计其正负极材料，然后选电解液进行匹配与平衡），并且优化、提高或适应一些性能要求。因此，针对不同的用户，电解液往往设计不同的配比和添加剂等材料进行定制。此外，主要材料也需要提纯，需要使用精馏、结晶、吸附、膜分离、离子交换法、层析、络合及萃取等方法或它们的不同组合，对工艺过程进行强化和优化，以实现产品的高纯度，并使杂质含量达到ppm级甚至ppb级。电解液中溶质的成本占5成左右，目前最常用的溶质是六氟磷酸锂，六氟磷酸锂有较高的制备壁垒。

（3）投资风险。

整体产能过剩引发价格战；国内电解液添加剂技术无法突破，导致技术方面受限于日韩企业。

（4）最有价值的投资领域。

具有六氟磷酸锂产能或LiFSI新材料技术的拥有技术壁垒的企业，以及具有多元化布局的企业。

10. 锂电池隔膜

- **2010年以前** 依赖进口
  - ➤ 2010年以前，我国隔膜主要依赖进口

- **2010—2014年** 技术积累
  - ➤ 2010—2014年，我国隔膜厂家逐渐增多，技术实力逐渐增强，部分干法隔膜达到国际领先水平

- **2014—2015年** 高速增长 拓展海外
  - ➤ 2014年以来，随着新能源汽车的放量，我国隔膜进入高速增长期，同时不断拓展海外市场
  - ➤ 2014年，星源材质开始大批量供货LG
  - ➤ 2015年，上海恩捷进入SDI和LG供应链，重庆钮米进入LG供应

- **2015年后** 资本助力
  - ➤ 2015年9月，胜利精密收购苏州捷力51%股权
  - ➤ 2016年6月，双杰电气以1.3亿元增资天津东皋，共持有31%股权；2017年6月，双杰电气以1.08亿元收购天津东皋11.97%股权
  - ➤ 2017年3月，创新股份以55.5亿元收购上海恩捷100%股权
  - ➤ 2017年6月，金冠电气以14.76亿元收购鸿图隔膜100%股权
  - ➤ 2017年7月，长园集团以19.2亿元收购湖南中锂80%股权，收购完成后将合计持有湖南中锂90%股权

1）隔膜行业技术路线（表4-29和表4-30）

表4-29 干法、湿法工艺比较

	干法工艺		湿法工艺
生产方式	单向拉伸	双向拉伸	—
工艺原理	晶片分离	晶型转换	热致相分离
工艺特点	设备复杂，精度要求高，投资大，工艺复杂，控制难度高，污染小	工艺相对简单，添加剂辅助成孔，成本低	设备复杂，投资大，工艺复杂，成本高，能耗大
产品	单层PP、PE隔膜及复合隔膜	单层PP隔膜	单层PE隔膜
产品特点	微孔尺寸和分布均匀，导通性好，能支持大功率放电，能生产单层和多层隔膜	抗穿刺强度高，横向拉伸强度好，短路率低	微孔尺寸和分布均匀，适合生产较薄的隔膜产品
产品缺点	横向拉伸强度低；短路率高	微孔孔径不均匀，质量稳定性差	耐温性较差
代表厂商	星源材质、沧州明珠	中科科技、河南义腾	恩捷、苏州捷力

表4-30 聚乙烯、聚丙烯比较

材料	性质	优点	缺点
聚乙烯（PE）	熔点在110～130℃，高密度聚乙烯熔点有所提高	孔隙率、透气率和机械强度高	熔点较低
聚丙烯（PP）	熔点在170℃左右，分子量大	材料强度高，可加工范围较宽	在加热条件下容易氧化

2）不同隔膜涂覆技术比较（表4-31）

11. 全固态电池

1）动力储能装置能量密度

按照现有电池材料改进的速度估算，2020年能量密度可达300Wh/kg，2025年可达320Wh/kg，2030年可达390Wh/kg，与国家政策要求和终端市场需求严重错配（图4-59和图4-60）。

2）安全性、能量密度提升的确定性趋势

尽管性能优异，但固态电池作为下一代锂电池技术，存在着诸如固—固界面接触电阻高、硫基电解质体系对空气敏感、高电压高导电聚合物电解质缺乏、材料体系不确定、制造技术不确定等问题，需要进一步解决（图4-61和图4-62）。

表4-31 不同膜涂覆技术比较

	陶瓷涂覆隔膜	PVDF涂覆隔膜	芳纶涂覆隔膜	勃姆石涂覆隔膜	非织造布耐热涂层隔膜
材料介绍及特性	涂覆物为 Al_2O_3、SiO_2、$Mg(OH)_2$或其他无机物陶瓷颗粒,与基膜紧密黏结在一起后稳定结合有机物的柔韧性及无机物的耐热稳定性、高温、耐穿刺强度、耐电池热收缩性	PVDF即聚偏氟乙烯,是一种白色粉末状结晶性聚合物,熔点为170℃,热分解温度在316℃以上,长期使用温度为 $-40\sim150$℃,具有优良的耐化学腐蚀性、耐高温不变性、耐氧化性、耐磨性、柔韧性,以及很高的抗张强度和耐冲击强度	芳纶纤维作为一种高性能纤维,具有可耐受400℃以上高温的耐热性和卓越的防火阻燃性,可有效防止面料遇热熔化	勃姆石又称软水铝石,分子式为AlOOH,颗粒形态为均匀的立方体,具有耐热温度高、硬度低、与有机物相容性好等特点	具有良好的透气性和极高的孔隙率,但孔隙均匀
涂覆优势	陶瓷复合层一方面可以解决PP、PE隔膜热收缩导致热失控,从而造成电池燃烧、爆炸的安全问题;另一方面陶瓷复合层对电解液有良好的吸附,保液能力大幅提升,陶瓷涂覆隔膜还能中和电解液中少量的氢氟酸,防止电池的气胀	PVDF涂覆隔膜具有低内阻、高(厚度/空隙率)均一性、力学性能好、化学与电化学稳定性好等特点。由于纳米纤维涂层的存在,该新型隔膜对锂电池电极具有更好的兼容性和黏合性,能大幅提高电池的耐高温性能和安全性。此外,它具有良好的浸润和吸液、保液的能力,可延长电池的循环寿命,增强电池的大倍率放电性能,使电池的输出能力提升20%,特别适用于高端储能电池、汽车动力电池	涂覆使用高耐热性芳纶树脂进行复合处理而得到的涂层,一方面能大幅提升隔膜耐热性能,实现闭孔特性和耐热性能的均匀兼备;另一方面使隔膜具有良好的浸润性和吸液保液的能力,而这种优异的浸润性可以延长电池的使用寿命。芳纶树脂涂层上填充物,可以提高隔膜的抗氧化性,进而实现高电位化,从而提高能量密度	粒度小,颗粒均匀,有效降低涂层厚度并保证厚度的均匀性;耐热性优良,有效提高隔膜在锂电池工作时的热稳定性;硬度低,减少涂层材料对机械的磨损;板状结构,不影响锂离子的穿透和隔膜的透气性,水含量低	极高的孔隙率,有利于高倍率大电流的快速释放;较强的耐高温性,200℃下热收缩率在2%以下、三元体系的热失控温度可以提高到230℃,提高了三元高温电池安全性;吸液能力和保液能力是常规隔膜的3倍以上,延长了循环寿命

116

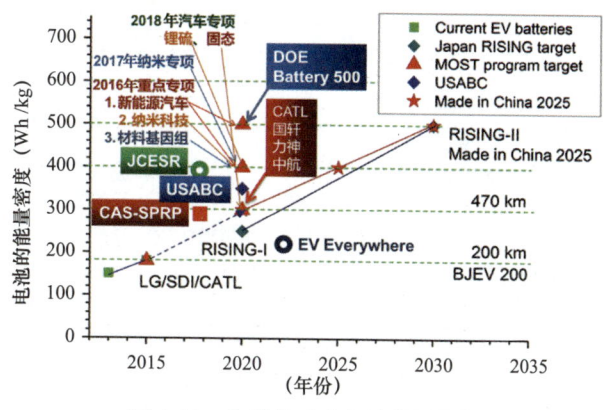

第4章 / 汽车全产业链投资价值研究

图 4-59　中美日动力电池发展目标

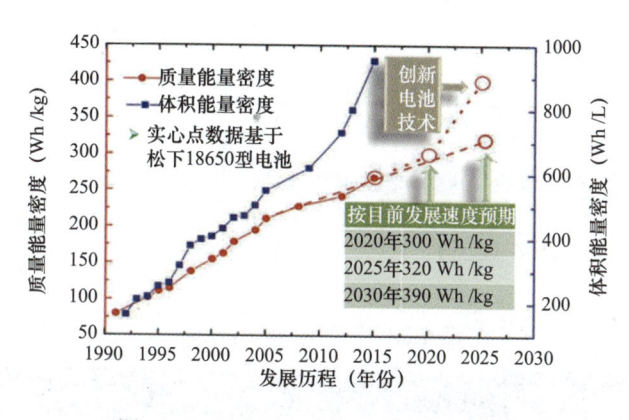

图 4-60　锂离子电池能量密度提升趋势

图 4-61　固态电池与液态电池的比较

117

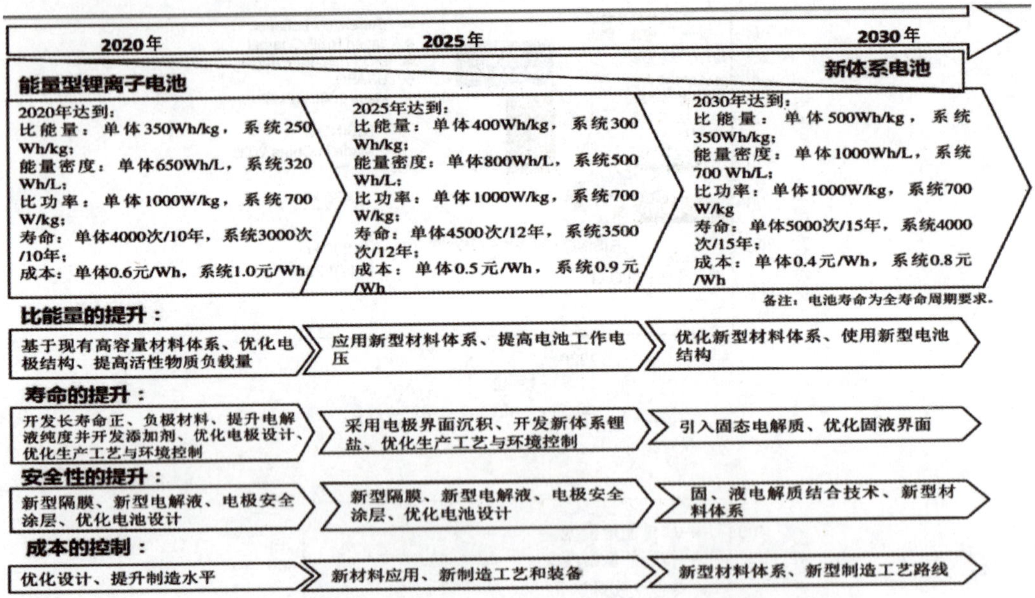

```
┌─────────────────────┬─────────────────────┬─────────────────────┐
│ 2020年              │ 2025年              │ 2030年              │
│ 能量型锂离子电池     │                     │ 新体系电池           │
├─────────────────────┼─────────────────────┼─────────────────────┤
│ 2020年达到:          │ 2025年达到:          │ 2030年达到:          │
│ 比能量: 单体350Wh/kg,│ 比能量: 单体400Wh/kg,│ 比能量: 单体500Wh/kg,│
│ 系统250 Wh/kg       │ 系统300 Wh/kg       │ 系统350Wh/kg        │
│ 能量密度: 单体650Wh/L,│ 能量密度: 单体800Wh/L,│ 能量密度: 单体1000Wh/L,│
│ 系统320 Wh/L        │ 系统500 Wh/L        │ 系统700 Wh/L        │
│ 比功率: 单体1000W/kg,│ 比功率: 单体1000W/kg,│ 比功率: 单体1000W/kg,│
│ 系统700 W/kg        │ 系统700 W/kg        │ 系统700 W/kg        │
│ 寿命: 单体4000次/10年,│ 寿命: 单体4500次/12年,│ 寿命: 单体5000次/15年,│
│ 系统3000次/10年     │ 系统3500次/12年     │ 系统4000次/15年     │
│ 成本: 单体0.6元/Wh, │ 成本: 单体0.5元/Wh, │ 成本: 单体0.4元/Wh, │
│ 系统1.0元/Wh        │ 系统0.9元/Wh        │ 系统0.8元/Wh        │
└─────────────────────┴─────────────────────┴─────────────────────┘
备注: 电池寿命为全寿命周期要求。
```

比能量的提升:

| 基于现有高容量材料体系、优化电极结构、提高活性物质负载量 | 应用新型材料体系、提高电池工作电压 | 优化新型材料体系、使用新型电池结构 |

寿命的提升:

| 开发长寿命正、负极材料、提升电解液纯度并开发添加剂、优化电极设计、优化生产工艺与环境控制 | 采用电极界面沉积、开发新体系锂盐、优化生产工艺与环境控制 | 引入固态电解质、优化固液界面 |

安全性的提升:

| 新型隔膜、新型电解液、电极安全涂层、优化电池设计 | 新型隔膜、新型电解液、电极安全涂层、优化电池设计 | 固、液电解质结合技术、新型材料体系 |

成本的控制:

| 优化设计、提升制造水平 | 新材料应用、新制造工艺和装备 | 新型材料体系、新型制造工艺路线 |

图 4-62　节能与新能源汽车技术路线图中的动力电池技术路线

3）不同电池技术比较（表4-32）

表4-32　不同电池技术比较

	传统液态锂电池	固态锂电池	锂硫电池	金属-空气电池	氢燃料电池
质量能量密度	≤350Wh/kg	300～500Wh/kg	300～500Wh/kg	500～700Wh/kg	1.5～2kWh/kg
体积能量密度	400～800Wh/L	600～1000Wh/L	300～500Wh/L	400～800Wh/L	500～1000Wh/L
成本	1～1.5元/Wh	0.8～1.2元/Wh	0.5～1元/Wh	1～2元/Wh	3～5元/Wh
电能转化效率	≥95%	≥95%	≥95%	30%～50%	30%～50%
安全性	极端情况下易起火、爆炸	极端情况下不起火、不爆炸	极端情况下易起火、爆炸	极端情况下不起火、不爆炸	须保障氢气储存及使用安全
功率特性	较好	较好	一般	较差	较差
产业化可行性	已实现规模量产	部分可以沿用传统液态电池的工艺设备，容易实现产业化	部分可以沿用传统液态电池的工艺设备，较易实现产业化	需要全新的工艺设备设计，实现产业化还需5～10年的时间	需要全新的工艺设备设计，实现产业化还需10～15年的时间

4）固态电池的技术路线（表4-33）

表4-33　固态电池的技术路线

固态电解质	典型材料	优点	缺点
聚合物电解质	PEO+锂盐	加工性好，适合大规模生产；与电极界面接触好	室温下离子电导率低，电池需要加热；4V以上分解，只能用于LFPO体系，限制了能量密度的提升
氧化物电解质	NASICON结构：LATP 钙钛矿结构：LLTO 石榴石结构：LLZO	离子电导率较高；电化学窗口宽，可以使用高电压正极；材料稳定性好，材料刚度高	与正极的界面接触电阻大，存在电解质晶界电阻问题
硫化物电解质	$Li_2S-P_2S_5$	离子电导率高（相当于电解液水平）；电化学窗口宽，可以使用高电压正极；界面接触相对较好	与金属锂负极的稳定性未知；大规模制备还不成熟；存在电池组装工艺问题（需要较大的压力将电极和电解质压紧）；在空气中的稳定性较差
薄膜电池	$Li_2O-P_2O_5-Nb_2O_5$ LiPON	柔性电池，循环寿命极长，可制备循环寿命数万次的原型	制造方法主要有磁控溅射法、激光脉冲沉积法、静电喷雾法、溶胶凝胶法、化学气相沉积法等，成本极高，理论容量低，多为mAh级电池

- Sakti3、SolidEnergy、QuantumScape致力于开发基于氧化物的固态锂电池，目前已经小批量生产的固态电池主要是以无定形LiPON为电解质的薄膜电池，该项技术界面问题比较难解决。Sakti3称可以通过单元叠加串联的方式，将mWh级别的薄膜电池组装成kWh级别的EV用电池。

- 丰田和三星主要开发基于硫化物的固态锂电池，丰田的技术最为领先，2010年推出硫化物固态电池，2014年其实验原型能量密度可达400Wh/kg。

- CATL已经设计制造了容量为325mAh的聚合物电芯原型，其能量密度为250～270Wh/kg，在高温下循环寿命为200～300次，表现出较好的高温循环性能。基于硫化物的全固态电池处于扣式电池研发阶段。

12. 电池管理系统（BMS）

电池管理系统的基本功能如下：

（1）估测动力电池组的荷电状态。

（2）动态监测动力电池组的工作状态。

（3）单体电池间的均衡等。

其中，SOC估算是电池管理的核心技术，其精度越高，电池的续航里程越长。特别是电池老化后的精度和鲁棒性，是决定电动汽车能否长期稳定运行的关键因素。BMS系统的构架如图4-63所示。

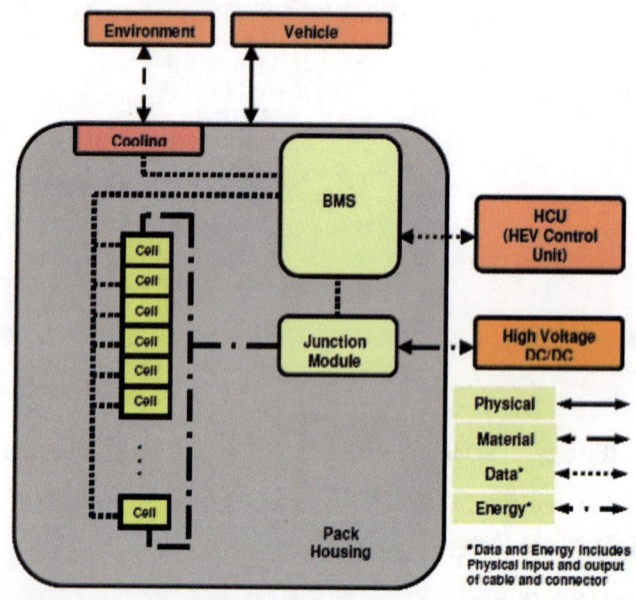

来源：Advances in HEV Battery Management Systems

图 4-63　BMS 系统的构架

目前，国内企业电池管理系统研发水平参差不齐，而真正实现规模化市场应用的并不多。电池管理系统进入门槛不高，但技术突破难度较高。目前，大部分新能源汽车着火事故是由BMS失效导致的电池过热引发的。未来随着在用的电动汽车电池老化，由电池BMS失效引发的事故有可能凸显，由工业和信息化部牵头力推的致力于提高电动汽车安全性的行政举措将使BMS门槛得到提高，BMS行业集中度有望大幅提高。严格的准入制度和规范化管理制度将迫使一批不具备核心技术研发能力的厂家退出市场，投资者在标的的选择上应重点考虑技术研发实力。

动力电池领域投融资事件见表4-34。

第4章 / 汽车全产业链投资价值研究

表4-34 动力电池领域投融资事件

垂直领域	细分领域	所属细分领域上市公司	所属细分领域未上市公司	近期并购事件（2017年1月~2018年3月）	近期融资事件（2017年1月~2018年3月）
动力电池	电池制造	宁德时代、松下电器（O）、比亚迪、LG（O）、亿纬锂能、国轩高科	沃特玛、三星SDI、北京国能、比克动力、孚能科技、天津力神、江苏智航、微宏、捷威动力	2017年3月，长信科技拟以67.5亿元收购比克75%的股权 2017年6月，多氟多以5000万元收购捷威动力4.5%的股权 2017年8月，金沙江资本以10亿美元收购日产旗下电池公司AESC 51%的股权	2017年3月，宁德时代完成40亿元融资，常州顺德、安鹏行远、西藏旭嬴参投 2017年4月，微宏完成27.6亿元融资，鼎晖投资、中信证券投创新参投 2017年6月，宁德时代完成100亿元融资，德茂海润参投
	电池Pack	欣旺达、宁德时代、猛狮科技	天津力神、中航锂电、沃特玛、国轩高科、智航新能源	2017年11月，猛狮科技以12.46亿元收购电池Pack商合浦上海100%的股权	2018年4月，欣旺达完成25.54亿元定增，价格为9.9元
	电池管理系统	比亚迪、国轩高科、欣旺达、德赛电池、永贵电器、均胜电子	锐深科技、科列技术、清友能源、天邦达、力通威电子、安泰佳科、冠明能源、美达电子、妙益时创、鼎研智能、山河动力、海博思创、亿能电子、高迈新能源、力能新能源、东莞新矩、雅骏新动力、国新动力	中鼎股份以1.96亿美元收购A电池冷却系统公司Tristone	2017年4月，高迈新能源完成A轮数千万元融资，易津资本参投
	上游矿产	天齐锂业、赣锋锂业、雅化集团、华友钴业、西部资源、厦门钨业、洛阳钼业、金川国际（H）、格林美、寒锐钴业、中国中冶、西藏矿业、江特电机、嘉能可	四川国润、万宝矿产、中铁资源、凯力克、烟台凯实、永盛新材、天力锂能、铸金股份、杉杉能源、金川科技、超威能源、中天新能、振华新能、金鑫新材、金源新材、恩科技、泰一股份、瑞福锂业、华能新能源、皮尔巴拉、蓝科技	2017年2月，银禧科技完成10.85亿元66.20%的股权的收购 2017年8月，南都电源拟以19.6亿元收购华铂科技49%的股权 2017年9月，长城汽车收购澳大利亚锂矿供应商皮尔巴拉3.5%的股权 2017年10月，美都能源拟以不超35.96亿元收购瑞福锂业98.51%的股权	2017年6月，洛阳钼业完成180亿元定增，价格为3.82元 2017年9月，格林美公告拟定增29.5亿元

121

（续表）

垂直领域	细分领域	所属细分领域上市公司	所属细分领域未上市公司	近期并购事件（2017年1月～2018年3月）	近期融资事件（2017年1月～2018年3月）
动力电池	正极材料	天赐材料、天齐锂业、杉杉股份、富临精工、厦门钨业、鹰鹏股份、当升科技、格林美	安达科技、北大先行、天津巴莫、长远锂科、青岛乾运、湖南瑞翔、德方纳米、湖南升华、天津斯特兰、中信国安、赵县强能、振华新材、凯立新乡天力、宁波金和、贝克、贵州安达、湖南长远、特瑞、贵州新能源、天津茂联、合纵智航新能源、国安锂业、中航锂电、亿纬锂能、福斯特	2017年10月，中葡股份拟以27.08亿元收购国安锂业100%的股权 2017年11月，尤夫股份公告拟以10.8亿元收购智航新能源49%的股权 2017年11月，合纵科技拟以5.33亿元收购天津茂联50.25%的股权 2017年11月，永兴特钢拟以不超过6.22亿元收购合纵锂业67.91%的股权	2017年7月，天赐材料完成6.2亿元的价格为41.62元 2018年4月，发行价格为15亿元定增，价格为21.23元
	负极材料	杉杉股份、中科电气、中国宝安、长信科技	江西紫宸、深圳斯诺、创亚动力、江西正拓、摩根海容、天津锦美、大连宏光、东莞凯金翔丰华、湖南创亚、格瑞特、金润、兴能新材	2017年11月，中科电气拟以2.4亿元收购格瑞特100%的股权	2017年3月，中科电气完成2.9亿元定增，价格为11.66元
	石墨烯	宝泰隆、东旭光电、华丽家族、中超控股、烯碳新材、大富科技、康得新、允升国际（H）	二维碳素、第六元素、圣泉集团、鑫晶龙、华高墨烯、纳股份	2017年10月，收购申龙客车以30亿元收购旭光电100%的股权，以12.15亿元收购旭宏光电100%的股权	2017年9月，宝泰隆完成12亿元定增，价格为5.36元
	电解液	新宙邦、天赐材料、江苏国泰	天津金牛、珠海赛纬、北京化学、杉杉、汕头金光、北京昆仑、东莞杉航盛、诺邦科技、创亚动力、惠州天骄	2017年6月，新宙邦收购巴斯夫在华电解液业务	—

122

(续表)

垂直领域	细分领域	所属细分领域上市公司	所属细分领域未上市公司	近期并购事件（2017年1月~2018年3月）	近期融资事件（2017年1月~2018年3月）
动力电池	制造装备	先导智能、赢合科技、北方华创、融捷股份、金银河、星云股份、正业科技、大族激光、科恒股份、海伦哲	德普电气、珠海华冠、阳新嘉拓、广州红运、吉特、瑞能实业、君屹工业、豪杰	2017年5月，华自科技以3.8亿元收购锂电设备公司精实机电100%的股权 2017年7月，先导智能以13.5亿元收购锂电生产后端设备公司泰坦新动力100%的股权 2017年8月，海伦哲合计以9.4亿元收购化成公司新宇智能100%的股权及锂电自动化100%的股权及锂电设备公司新宇智能100%的股权	2018年3月，赢合科技完成14亿元定增，价格为22.97元 2018年2月，正业科技公告拟定增9.3亿元
	隔膜	星源材质、沧州明珠、中材科技、佛塑科技、金冠电气、双杰电气、创新股份、金园集团	中科科技、河南义腾、光电、重庆纽米、河北金力、苏州捷力、南通天丰、盈博莱、天津东皋膜、中锂新膜、鸿图隔膜、旭成科技、惠强新材	2017年5月，创新股份拟以55.5亿元收购上海恩捷100%的股权 2017年8月，长园集团拟以19.20亿元收购中锂新材80%的股权 2017年11月，金冠电气拟以14.76亿元收购鸿图隔膜100%的股权	—
	固态电池	丰田汽车（O）、国轩高科、赣锋锂业、宁德时代、三星	SolidEnergy Systems、Sakit3、SolidPower、QuantumScape、博世	—	—

4.4.3 电驱动系统

1. 驱动电机

几种驱动电机的性能对比见表4-35。

表4-35 几种驱动电机的性能对比

比较项目		交流异步电机	开关磁阻电机	无刷直流电机	永磁同步电机
启动性能		★★	★★	★★	★★★
额定运行点峰值功率		★★	★★	★★★	★★★
恒功率速度范围	理想	无穷	2~3	1~2	无穷
	典型	2~3			3~4
	最优	4			>7.5
高效率运行区（>85%）占整个运行区80%以上		★★	★★	★★	★★★
质量功率密度（kW/kg）		★★	★★	★★★	★★★
转矩波动	低速	★★	★	★★	★★★
	高速	★★★	★	★★	★★★
电机可靠性		★★★	★★★	★★	★★
NVH（振动噪声舒适性）		★★★	★	★★	★★★

永磁同步电机由于其效率高、功率密度高和体积小等优点，被业内认为是最合适新能源汽车的电机类型，但也存在着电机结构复杂、控制复杂的缺点，目前主要应用于新能源乘用车领域。我国稀土资源丰富，应用永磁同步电机具有先天优势，其在我国新能源乘用车上的应用最为广泛。

交流异步电机成本较低，结构相对简单，控制技术也相对成熟，但其尺寸较大、重量较大等缺点在一定程度上制约了其广泛应用，目前主要应用在新能源客车和部分乘用车上。

开关磁阻电机结构简单可靠、系统成本低是其主要优点，但由于开关磁阻电机有转矩波动大、噪声大等缺点，所以目前应用还受到限制。

新能源汽车驱动电机市场主要有3类参与者：整车厂、传统汽车零部件企业及专业电机企业。国外电机企业在高端电机领域处于主导地位。目前，中国新能源汽车驱动电机市场主要由本土企业参与，近几年由于一系列的兼并重组，已经开始出现一些领军企业（表4-36和图4-64）。

表4-36 主要驱动电机供应商配套关系

车型	电机类型	电机供应商
宝马i3	永磁同步电机	采埃孚
宝马MINI-E	交流感应电机	AC Propulsion、中国台湾富田
日产Leaf	永磁同步电机	自产
特斯拉Model S/Y/3	交流感应电机	中国台湾富田
雪佛兰Spark	永磁电机	日立
福特Focus Electric	永磁电机	麦格纳
本田Fit EV	永磁电机	自产
本田Pruis	交流电机	自产

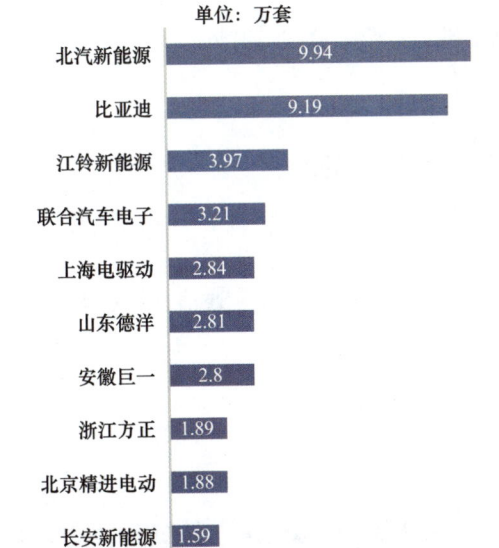

单位：万套

- 北汽新能源 9.94
- 比亚迪 9.19
- 江铃新能源 3.97
- 联合汽车电子 3.21
- 上海电驱动 2.84
- 山东德洋 2.81
- 安徽巨一 2.8
- 浙江方正 1.89
- 北京精进电动 1.88
- 长安新能源 1.59

图4-64 2017年国内新能源乘用车电机装机量前十企业

驱动电机（图4-65）技术发展方向有以下几个。

1）集成化

- 电机方面：电机与发动机总成、电机与变速箱总成。

- 控制器方面：电力电子总成（功率器件、驱动、控制、传感器、电源等）。

图 4-65 驱动电机

2）永磁高效化

永磁电机功率密度和转矩密度高，具有效率高、功率因数低、可靠性高的优点，少用无/低重稀土材料的永磁电机、新型混合励磁电机。

3）数字化与智能化

- 新一代MCU控制器采用32位微处理器。
- 具有冗余和安全监控功能。
- AutoSAR采用分层软件架构，具备诊断、通信、标定等功能。

2. 电机控制器

电机控制器通过集成电路来控制电机按照设定的方向、速度、角度及响应时间等进行工作，使得电机的应用范围更为广泛，输出效率更高。电机控制器主要由逆变器（主要部件是IGBT功率模块）、逆变驱动器、电源模块、中央控制模块、软启动模块、保护模块、散热系统信号检测模块等组成，其中IGBT占整个控制器成本的40%～50%。

全球电机控制器市场集中度较高，排名前三位的皆为日企，与其新能源汽车发展领先相匹配。目前，由于补贴政策等因素，我国新能源电控市场仍然以国内企业为主。从2017年的装机量来看，北汽新能源、比亚迪、联合汽车电子占据了我国驱动电控行业前三名的位置（图4-66）。

单位：万套

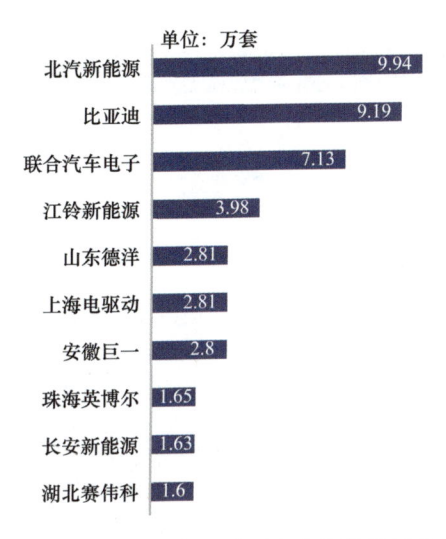

企业	装机量
北汽新能源	9.94
比亚迪	9.19
联合汽车电子	7.13
江铃新能源	3.98
山东德洋	2.81
上海电驱动	2.81
安徽巨一	2.8
珠海英博尔	1.65
长安新能源	1.63
湖北赛伟科	1.6

图4-66　2017年国内新能源乘用车电控装机量前十企业

我国主要电机控制系统公司有上海电驱动、大洋电机等，国内电动客车主要采用国内电控系统，少部分采用国外品牌。电控系统原材料成本占比不高，需要多次试验才能掌握核心算法，技术壁垒高。未来随着新能源汽车的普及，市场仍有较大增长空间。

在传统燃油汽车阶段，本土汽车工业未能积累动力总成级汽车电子技术，在发动机控制器（EMS）、变速箱控制器（TCU）等领域产业能力近乎空白，致使市场被跨国品牌Bosch、Continental、Denso、Delphi等垄断，利益流失巨大。

传统工业电驱动（工业伺服、牵引）在我国虽有基础，但其技术和生态与汽车电子产业链差距巨大，特别是与乘用车的技术要求相差甚远，鸿沟难以在短时间内填补。

在本土新能源汽车"三电"技术中，电池、电机都有长足发展，唯电控尚无突破（主要指乘用车板块）。

克服以上短板，建立本土汽车级电驱动控制系统产业能力，是我国新能源汽车产业发展的必然要求。

国内外电机控制器生产企业优劣势比较见表4-37。

表4-37 国内外电机控制器生产企业优劣势比较

	企业名称	优势	劣势
外资	联合电子	AutoSAR开发平台应用成熟，集成能力强，议价能力强，注重功能安全	开发周期长，开发费用过高，配合度不高
	法雷奥	AutoSAR开发平台应用成熟，集成能力强，议价能力强，注重功能安全	开发周期长，开发费用过高，配合度不高
	西门子	AutoSAR开发平台应用成熟，集成能力强，议价能力强，注重功能安全	开发周期长，开发费用过高，配合度不高
内资	安捷励电控	AutoSAR开发平台应用成熟，功能安全策略完善，控制精度高，故障诊断策略完善，系统标定能力强，功率密度高，定制开发响应速度快，在与联合电子、法雷奥的直接对标竞争中有获胜的案例	与客户车型同步开发，车型批量生产时间较晚
	安徽巨一	依托江淮，产业化经验丰富，物流车市场占有率高	尚未应用AutoSAR开发平台，功率密度较低，定制化开发能力不强，无完善的功能安全策略，系统标定能力弱
	上海电驱动	工业变频器经验丰富，乘用车市场进入较早，市场覆盖面广，资金雄厚	AutoSAR开发平台尚未成熟，功能安全策略不成熟
	汇川	工业变频器经验丰富，以大客车等商用车控制器为主，资本雄厚，乘用车功能安全体系初步建成	AutoSAR应用较晚，快速响应能力较弱
	上海大郡	以物流车、商用车电机控制器为主，资本雄厚	乘用车市场进入较晚，AutoSAR开发尚未成熟，功率密度低
	英威腾	工业变频器经验丰富，以大客车等商用车控制器为主，资本雄厚	乘用车开发团队组建不久，且AutoSAR刚刚起步，高功率密度的定制化开发和集成能力弱
	麦格米特	工业变频器经验丰富，以大客车等商用车控制器为主，资本雄厚	乘用车开发团队实力弱，尚未应用AutoSAR开发平台，功率密度低

美国能源部电驱动系统发展规划如图4-67所示。

3. 电驱动桥

随着电动汽车技术的不断演进，集成化设计将无可争辩地成为未来发展趋势。在这一领域，国内厂商也有涉及，国外的GKN、ZF和Bosch走在前列，相关产品已在部分车型上有所应用。

1）GKN电驱动桥

GKN电驱动桥已在沃尔沃XC90插电混动车型、宝马i8和保时捷918 Hybrid混动跑车上得到了成功应用。GKN在插入式混合动力车型宝马i8上应用了世界上第一个双速eAxle，并在沃尔沃XC90 T8双发动机PHEV项目中提供了eAxle。其新一代的电驱动桥甚至在小型化的基础上开始支持扭矩矢量控制，以更好地提升新能源车型的运动性。

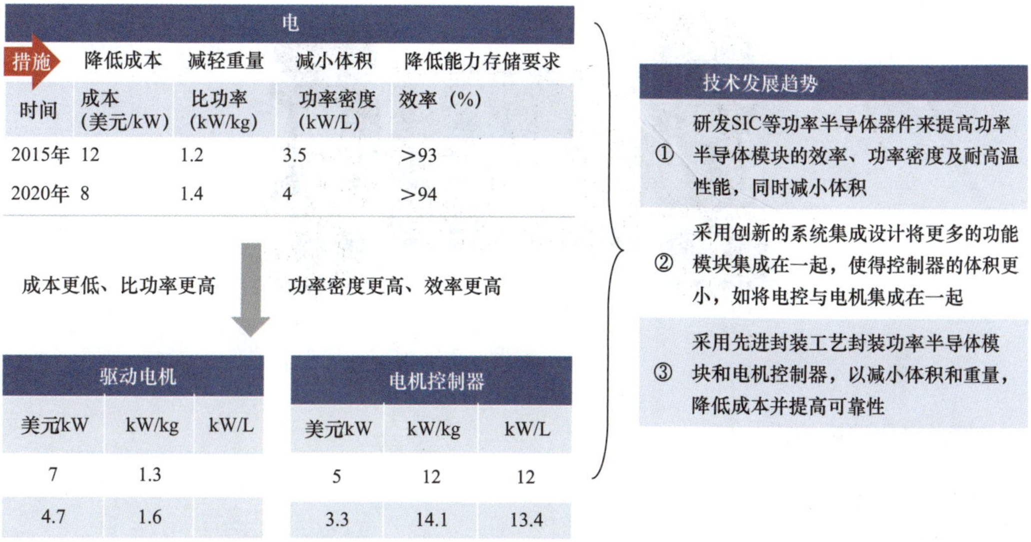

措施	降低成本	减轻重量	减小体积	降低能力存储要求
时间	成本 (美元/kW)	比功率 (kW/kg)	功率密度 (kW/L)	效率 (%)
2015年	12	1.2	3.5	>93
2020年	8	1.4	4	>94

成本更低、比功率更高　　功率密度更高、效率更高

驱动电机		
美元/kW	kW/kg	kW/L
7	1.3	
4.7	1.6	

电机控制器		
美元/kW	kW/kg	kW/L
5	12	12
3.3	14.1	13.4

技术发展趋势

① 研发SIC等功率半导体器件来提高功率半导体模块的效率、功率密度及耐高温性能，同时减小体积

② 采用创新的系统集成设计将更多的功能模块集成在一起，使得控制器的体积更小，如将电控与电机集成在一起

③ 采用先进封装工艺封装功率半导体模块和电机控制器，以减小体积和重量，降低成本并提高可靠性

图 4-67　美国能源部电驱动系统发展规划

GKN预期，到2025年全世界40%～50%的车辆将具有一定程度的电气化特性，其中，混合动力占了很大比例，汽车动力将从发动机逐渐向电动机过渡。目前，量产混合动力车平台只能从电池获得30%的总动力。GKN预期，体积更小、功能更强大的扭矩矢量电驱动桥可以为车辆提供60%～70%的动力。

GKN的解决方案是采用插电式混合动力模块，让汽车具备电动全轮驱动和扭矩矢量分配功能。该动力传动系统结合了Twinster扭矩分配系统技术。这套系统未来的应用是让越来越多的混合动力汽车具备高效率的四轮驱动，这样汽油机和电动机分别驱动前轮和后轮，形成电控适时四驱结构，这种结构更加灵活多变，能源利用率也更高。

2）博世电驱动桥（图4-68）

Bosch eAxle电驱动桥将原来独立的电机、变速箱和包括逆变器在内的功率电子模块集成到一个外壳中，使得整个电驱动桥成本更低、体积更小、效率更高。在生产成本降低的同时，其体积将减小超过20%。采用平台化设计可实现输出功率50～300kW和扭矩1000～6000Nm的不同变型产品，用以覆盖混合动力与纯电动车型对电驱动桥的不同需求。

图4-68 博世电驱动桥

博世电驱动桥的特点如下。

（1）高度集成化。

博世充分利用其完整的产品线，将动力电机、电机功率控制逆变器和变速箱"合三为一"。体积的大幅减小更能支持新能源车型紧凑的动力布局。

（2）简化冷却管路和功率驱动线缆。

高度集成的另一个好处就是电机和逆变器的液冷冷却管路得到整合，从而简化了管线布置。模块内部集成大功率交流驱动母线进一步降低了线缆成本。

（3）平台化设计灵活适配不同车型。

采用之前提到的平台化设计，使得不同功率的产品可快速开发并适配不同车型。

4. 轮毂电机

近年来，轮毂电机以其高效率、集成化的优势，成为备受期待的电动汽车下一代颠覆性技术（图4-69）。我国众多汽车企业纷纷进行全球化布局，购买国际先进的轮毂电机企业股权。例如，万安科技与Protean股权合作战略布局轮毂电机技术，欲开发16寸轮毂的轮毂电机，以加速推进轮毂电机技术在国内落地和产业化。亚太股份以参股方式投资斯洛文尼亚轮毂电机技术公司1000万欧元，占该公司股份的20%。双方同意在中国成立合资公司，亚太股份占该合资公司51%的股份，欧盟公司占该合资公司49%的股份。

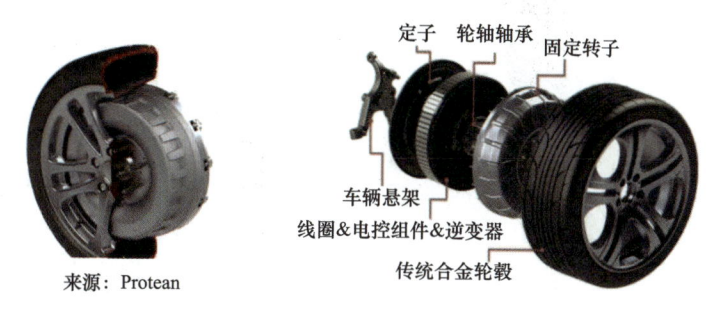

图 4-69　轮毂电机

现阶段轮毂电机技术尚未取得关键性突破，还有簧下质量增加、防水防振、散热不佳等多种问题尚待解决。我们预计，短期内轮毂电机应用领域局限在园区车辆、物流车等方面，大范围产业化应用尚需时日。

5. 扁线电机

扁线电机优势如下。

（1）相同功率下，体积更小、用材更少、成本更低。

（2）温度性能更好。

（3）电磁噪声更低。

（4）端部短、节省铜材、节省成本、提升效率。从理论上说，圆线变成扁线，在空间不变的前提下，填充的铜可以增加20%～30%，在某种程度上等同于增加20%～30%的功率（图4-70）。

从国际应用上看，丰田普锐斯、通用Volt、本田雅阁混动版等均已大规模使用扁线电机（图4-71）。国内产业界，无论整车厂还是第三方电机企业，对扁线电机发展趋势都已经形成共识，而且整车厂对扁线电机的需求正变得越来越强烈。上市公司中，方正电机、信质电机已经开始布局扁线电机，但目前国内只有华域电动等企业有少量出货。

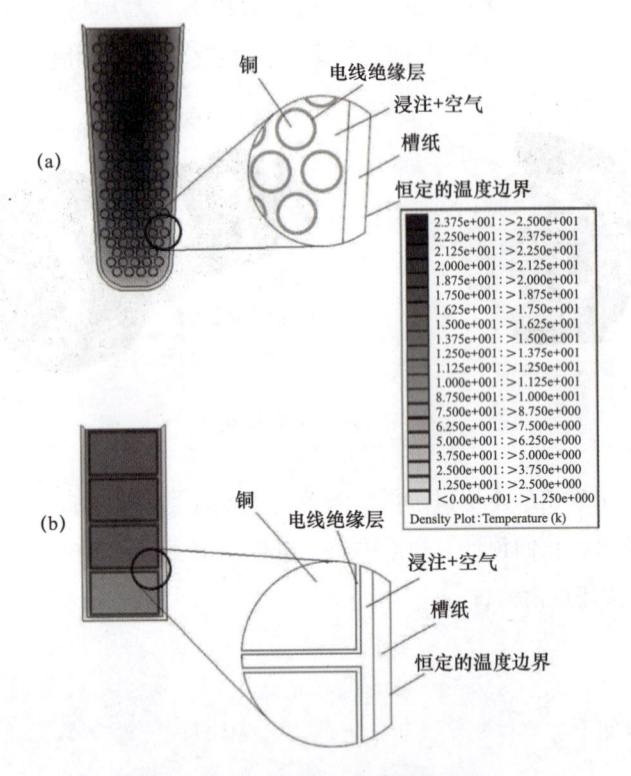

图 4-70　圆线和扁线绕组截面对比

来源：丰田

图 4-71　丰田普锐斯采用的扁线电机

当前制约我国扁线电机开发的关键在于制造工艺与设备。其一，粗铜线弯折与反弹容易造成绝缘层破损，为此，日立金属为普锐斯开发了专用的铜线。其二，必须依赖日本、意大利、德国的高端设备，其价格高昂，而且难以引入国内。

电驱动系统领域投融资事件见表4-38。

表4-38 电驱动系统领域投融资事件

细分领域	所属细分领域上市公司	所属细分领域未上市公司	近期并购事件（2017年1月~2018年3月）	近期融资事件（2017年1月~2018年3月）
驱动电机	丰田汽车（O）、本田（O）、比亚迪、日产汽车（O）、明电舍（O）、华域汽车、双林股份、大洋电机、江特电机、方正电机、蓝海华腾、万安科技、亚太股份、宁波韵升、长鹰信质、郑煤机	富田电机、精进电动、佩特来电机、东湖科技、普莱德、鑫三动力、特百佳、卧龙电机、艾德斯汽车电机、天津松正、达思灵新能源、上海电驱动、山东德洋	2017年5月，郑煤机以5.95亿美元收购博世电机2017年6月，中信重工拟以6.9亿元收购电机公司天津松正2018年3月，双林股份拟以23亿元收购自动变速器公司双林投资100%的股权；京威股份以1.15亿元收购苏州达思灵新能源23%的股权	2017年9月，方正电机拟募集4.1亿元用于新能源驱动电机项目
电机控制系统	双林股份、万向钱潮、中科三环、卧龙电气、正海磁材、汇川技术、英威腾、麦格米特	易康泰科、北汽新能源、安徽巨一	2017年6月，宁波均胜以15.88亿美元收购日本高田气囊公司	2017年3月，正海磁材完成7.55亿元定增，价格为14.94元

4.4.4 燃料电池

1. 燃料电池国内外比较

我国燃料电池关键材料及部件技术与国外仍有差距，主要是缺乏核心技术的自主化，有些部件甚至尚无厂家开发，具体见表4-39。

表4-39 燃料电池国内外比较

	国外现状	国内现状
整体性能	系统功率：>100kW；效率@25%额定功率：65%；车载工况寿命：>5 000h；低温启动：-37℃	系统功率：30~60kW；效率@25%额定功率：60%；车载工况寿命：>2 000h；低温启动：-20℃
电堆	功率密度：3.1kW/L，3.0kW/kg；效率@25%额定功率：65%；车载工况寿命：10 000h；UTCP大巴已实现上万小时寿命；成本：22美元/kW	功率密度：2.0kW/L，1.5kW/kg；效率@25%额定功率：>60%；车载工况寿命：>5 000h；成本：5 000~10 000元/kW
双极板	腐蚀电流：<1μA/cm²；电导率：>100S/cm；抗弯强度（碳板）：>34MPa；成本：5~10元/kW；已有成熟的产品供应商，如瑞士Cellimpact、德国SGL、DANA、英国Bac2、美国Graftech等	石墨碳板电阻率：<12μΩm，抗弯强度：>50MPa；复合双极板：电阻率<16μΩm，抗弯强度>51MPa；成本：600元/m²；金属板未成熟量产

（续表）

	国外现状	国内现状
膜电极	额定功率性能：1.8 W/cm²；动态工况寿命：9000h；成本：16美元/kW；已形成流水线生产能力：WL Gore、3M、Ballard等	额定功率性能：0.9 W/cm²；动态工况寿命：<3000h；成本：2000～5000元/kW；制造工艺以湿法CCM工艺为主，主要是半手工生产
质子交换膜	从均质膜向复合膜发展；国外巨头垄断；代表企业有美国杜邦、陶氏化学、戈尔、3M、日本旭化成、旭硝子等	已成功开发复合膜；国内企业有新源动力、武汉理工、山东东岳，东岳DF260膜技术已经成熟并定型量产
催化剂	铂族金属载量：0.06g/kW，0.035mg/cm²；代表企业：英国Johnson Matthey、日本Tanaka、美国E-TEK、比利时Umicore等	铂族金属载量：0.3～0.5g/kW，0.16mg/cm²；代表企业：大化所、贵研铂业、喜玛拉雅；尚处于研发阶段
扩散层	已形成流水生产线，有日本东丽、德国SGL、加拿大Ballard等	企业较少，上海河森气体扩散层具备1 000平方米/月的生产能力
空压机	多家企业开发出相关空压机，典型的是Honeywell的离心式压缩机和Opcon的双螺杆压缩机，已在多款燃料电池系统中进行了长时间的运行	已经开发出样机，在最高工作压力、响应时间方面与国外相比还有一定差距
氢循环泵	美国的Parker公司开发出的氢气循环泵可用于不同的FCV，各大汽车企业也开发出产品装车应用	仅开展基础研究，尚无厂家进行类似产品开发
加湿器	已形成产品，如美国博纯生产的管式加湿器、德国曼胡默尔生产的板式和管式加湿器	仅开展基础研究，尚无厂家进行类似产品开发

2. 电堆

在燃料电池产业链中，电堆是处于中游的核心环节（图4-72）。催化剂、质子交换膜、气体扩散层组成膜电极，它和双极板构成电堆的上游，电堆与空压机、储氢瓶系统、氢气循环泵等组件构成燃料电池动力系统（图4-73），下游应用对应交通领域和备用电源领域，主要是客车、轿车、叉车、固定式电源和便携式电源等。

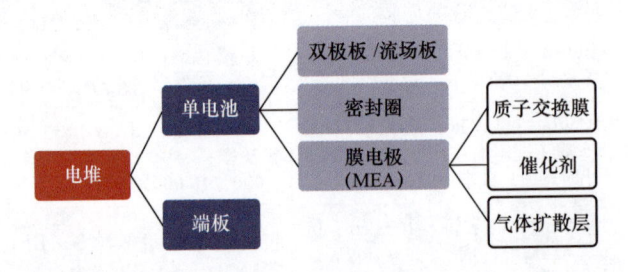

图 4-72 电堆基本情况

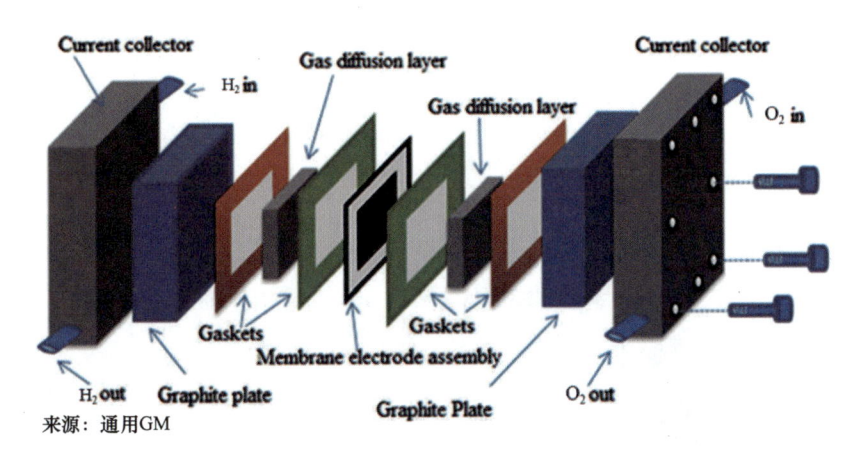

图 4-73 燃料电池结构

来源：通用GM

国内主要电堆标的见表4-40。

表4-40 国内主要电堆标的

	新源动力	神力科技	广东国鸿
技术模式	自主研发	自主研发	引进国外
电堆产品	HYMOD 300型车用燃料电池电堆	SL-C系列	巴拉德Fcvelocity-9SSL
体积功率密度	1.13kW/L	1.74kW/L	1.52kW/L
耐久性	5000h	超过10000h	超过20000h
低温性能	−10℃低温启动，−40℃储存	−40℃储存	−20~75℃
产能	15000kW	60000kW	300000kW
动力系统客户	新源动力	亿华通	国鸿重塑
整车用户	上汽	宇通、福田、申龙、厦门金龙	东风、厦门金龙、宇通飞驰
应用车型	荣威750燃料电池轿车、上汽大通FCV80	商用车	商用车、东风物流车
优势	自主研发实力强，依托上汽发展	自主研发实力较强，与亿华通形成协同优势	产能最大，寿命最长，巴拉德电堆产品成熟，广东大力支持

此外，清能集团、氢璞能源等自主电堆标的均实现了自主化高功率的氢燃料电池电堆，并且在无人机、叉车等领域实现了小规模的应用。

电堆产品存在巨大的成本压缩空间（图4-74）。电堆成本在燃料电池汽车中占比最高。目前，燃料电池电堆已实现小规模放量和初步国产化，电堆成本已经明显下降。随着规模扩大及电堆产业国产化，电堆成本预计可下降60%。

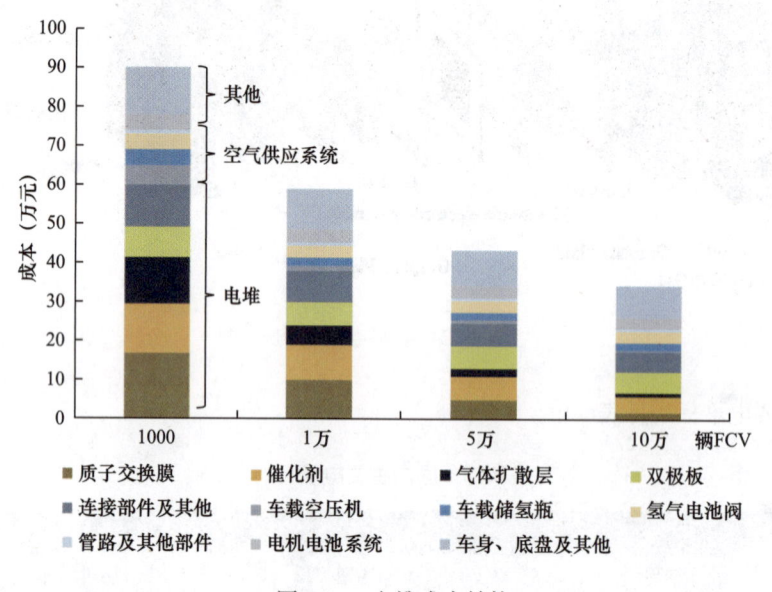

图 4-74 电堆成本结构

具体到各个环节，气体扩散层降低成本主要由规模化效应驱动，而质子交换膜、催化剂和双极板降低成本则须国内工艺进步和规模化加以推进。

燃料电池关键零部件国内产业链雏形已现，主要企业见表4-41。

表4-41 燃料电池关键零部件主要企业

上游产业链	代表企业	发展现状	备注
膜电极	武汉理工新能源	具备量产能力	武汉理工新能源有限公司是国内最大的燃料电池MEA生产企业，燃料电池膜电极大批量出口美国、欧洲等国际市场，采用自动化生产线和Roll to Roll生产工艺，年产能可达数十万片
质子交换膜	东岳集团	具备量产能力	山东东岳DF260膜技术已经成熟并已定型量产，新的衍生牌号正在开发；DF260膜具有高性能（635mV@1.79A/cm²，90℃）和优异的耐久性（>6000h），能够满足燃料电池车的需求；其完整的氟化工产业链将为我国燃料电池产业提供强有力的支撑

（续表）

上游产业链	代表企业	发展现状	备注
催化剂	大连化物所贵研铂业	研发阶段	贵研铂业与上海汽车集团合作3年，已经研发出铂基催化剂；中国科学院大连化学物理研究所制备的Pd@Pt/C核壳催化剂，其氧还原活性与稳定性表现优异
气体扩散层	上海何森、中国台湾碳能科技公司	小规模生产	上海河森气体扩散层具备1000平方米/月的生产能力。中国台湾碳能科技公司的碳纸产品价格较低，获得了一定的市场认可。中南大学、武汉理工大学及北京化工大学等研究机构对此也有研究
双极板	上海治臻、上海弘枫、鑫能石墨等	石墨双极板已实现国产化，金属双极板处于开始国产化阶段	石墨双极板目前已实现国产化，国产厂商主要有上海弘枫、鑫能石墨等。金属双极板处于开始国产化阶段，上海治臻新能源装备有限公司依托上海交大，研制出车用燃料电池金属双极板，并尝试在电堆和整车中实际应用

3. 国内外重大投资事件

燃料电池行业投融资事件见表4-42。

表4-42　燃料电池行业投融资事件

时间	事件
2017年1月	本田和通用共同投资5.8亿元在美国成立生产子公司，合作生产氢动力燃料电池车的新一代系统
2017年3月	英国政府投入2300万英镑设立基金，用于改善氢能源基础设施，推动FCV发展
2017年4月	亚马逊以8000万美元收购氢燃料电池厂商Plug Power 23%的股权
2017年6月	大洋电机投资13.4亿元在湖北孝昌生产氢燃料电池系统；投资4.4亿元，与中通、聊城开发区管委会合作成立通洋燃料电池科技（山东）有限公司进行燃料电池车生产
2017年6月	东旭光电以1亿元参股亿华通
2017年7月	德国政府出资6亿欧元组织宝马、戴姆勒研究车用燃料电池电堆的大批量生产
2017年9月	首期投资约120亿元的长江氢动力（佛山）研发中心及整车项目落户南海
2017年9月	国家电力投资集团氢能科技发展有限公司与腾华氢能、博石资产签订协议，共同投资10亿元用于氢能产业投资基金
2017年11月	雄韬以50亿元投资燃料电池，将在武汉建设全国首个氢燃料电池产业园
2018年2月	50亿元氢能汽车产业集群项目落户山东淄博
2018年3月	中国交通建设集团股份有限公司与霸州市政府签署协议，在该市建设以生产氢燃料电池为主的新能源汽车产业基地，项目计划总投资100亿元
2018年3月	日本丰田、本田、日产等11家企业宣布共同创建一家负责燃料电池车加氢站建设和运营的新公司，以推动燃料电池车普及

4.4.5 功率半导体

1. 功率半导体产业格局

功率半导体产业格局如图4-75所示。

图 4-75 功率半导体产业格局

IDM模式是半导体企业铸就高供应链壁垒的主要途径和必由之路（图4-76）。

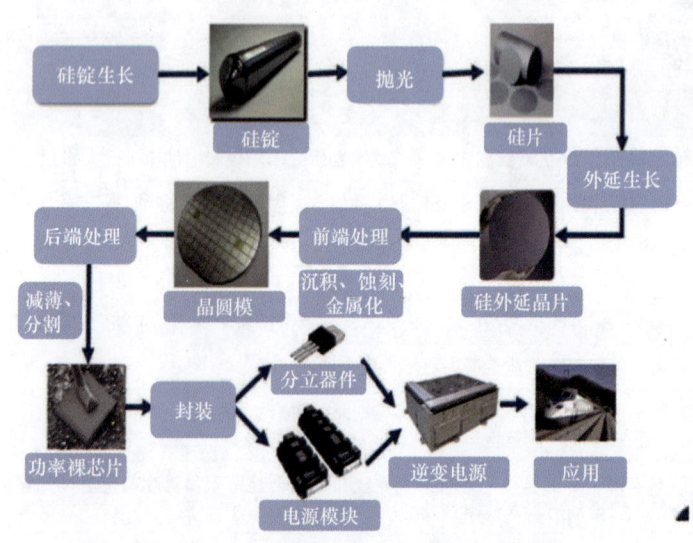

图 4-76 IDM 模式（设计＋制造＋封装）

工艺和生产线水平决定了半导体的应用特性，国际大厂采用代工方式，构筑壁垒。

新能源汽车的功率半导体价值是传统汽车的15倍，而降低排放驱动新能源汽车持续放量（图4-77和图4-78）。

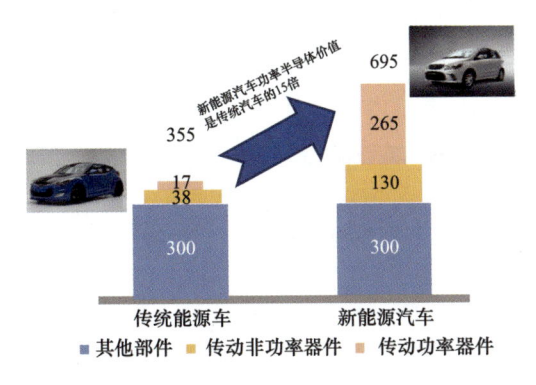

图 4-77 新能源汽车功率半导体价值

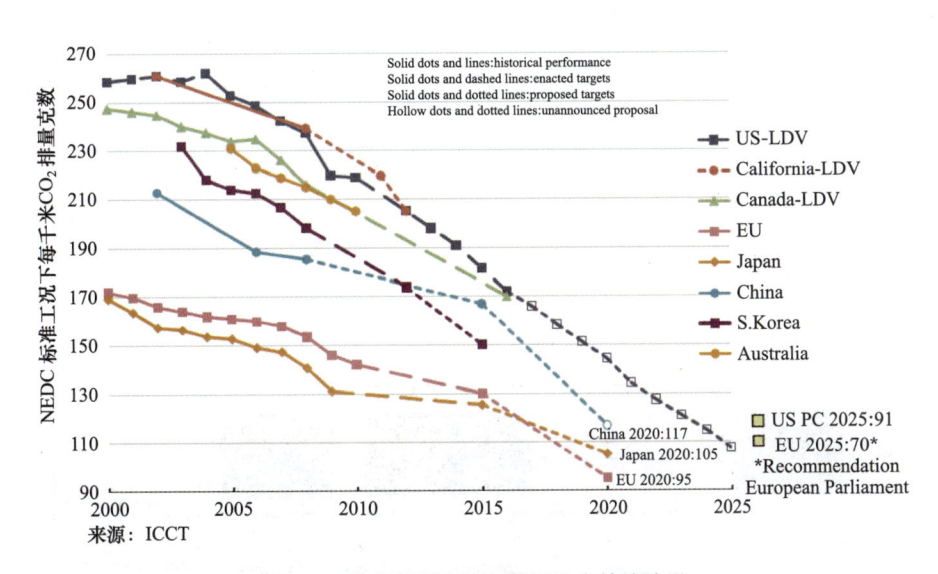

图 4-78 降低排放驱动新能源汽车持续放量

2. MOSFET

MOSFET由于其显著的开关特性优势，被广泛应用于常见的开关电源和电驱动马达，以及照明领域（图4-79）。

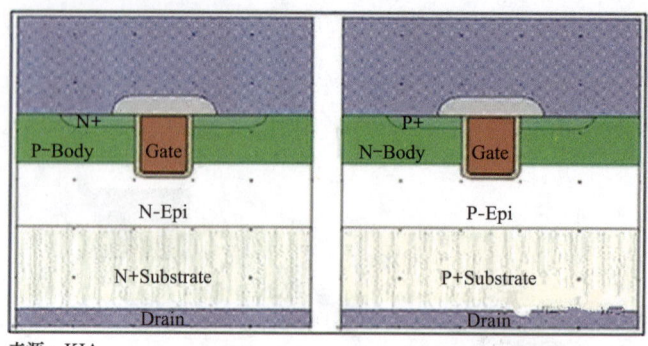

来源：KIA

图 4-79　MOSFET 结构图

MOSFET应用领域如下。

（1）家庭游戏机控制器。

（2）计算机功率器件。

（3）工业控制开关领域。

（4）手机、交换机及其他 3C 领域。

（5）汽车及充电桩。

（6）电力设备。

MOSFET是新能源汽车充电桩的心脏。英飞凌MOSFET充电方案如图4-80所示。

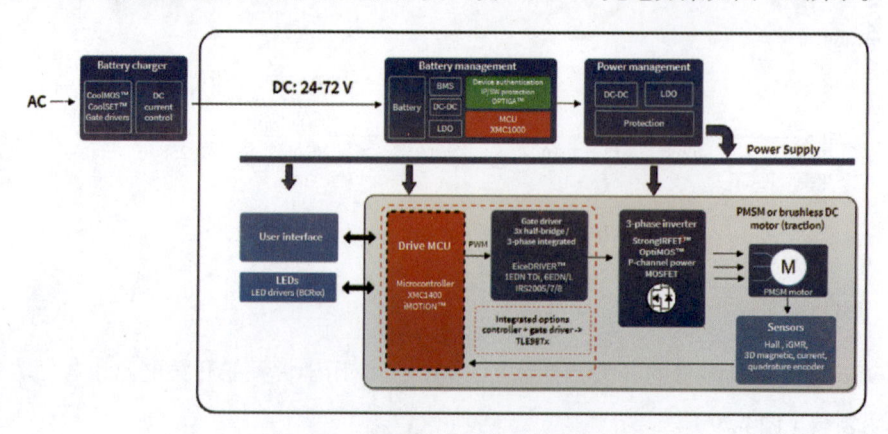

图 4-80　英飞凌 MOSFET 充电方案

英飞凌官网指出，单个充电站使用功率半导体器件的成本为200～300美元。直流充电桩一般由通信模块、开关电源模块构成。其中，MOSFET是开关电源模块最核心的组件，也是实现高效率转换、确保充电桩稳定工作不过热的关键技术。实现1 000V以上、350A以上大功率直流快充除采用IGBT外，短期内还以MOSFET为主。

MOSFET行业格局如图4-81所示，主要企业见表4-43。

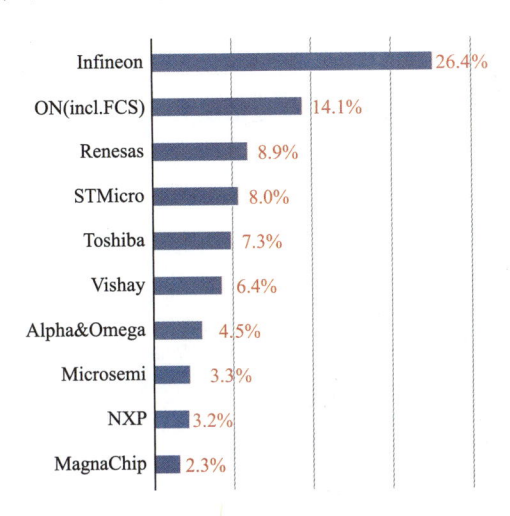

公司	占比
Infineon	26.4%
ON(incl.FCS)	14.1%
Renesas	8.9%
STMicro	8.0%
Toshiba	7.3%
Vishay	6.4%
Alpha&Omega	4.5%
Microsemi	3.3%
NXP	3.2%
MagnaChip	2.3%

图4-81 英飞凌披露的MOSFET行业格局

表4-43 MOSFET行业主要企业

公司名称	主营业务
士兰微	MCU、电源管理、功率驱动模块、MEMS传感器、半导体分立器件芯片等
比亚迪微电子	电源管理芯片、功率MOSFET、LED驱动芯片、IGBT芯片及模块等
上海光宇睿芯微	专业从事半导体过电压保护器件、集成电路的设计与销售
南京微盟电子	LDO、DC/DC、LED Driver、AC/DC等
锐骏半导体	产品涵盖高、中、低压MOSFET、电源管理IC、开关稳压管等
苏州东微半导体	充电桩用高压高速MOSFET产品和中、低压SFGMOS
无锡芯朋微电子	包括AC/DC、DC/DC、LED Driver、Display Driver、Charger、MOSFET等
西安芯派电子	大功率场效应管（自高压至低压全系列产品）、特殊用途整流器等
华天微电子	MOSFET电力电子器件封装
华微电子	主要生产功率半导体器件及IC

（续表）

公司名称	主营业务
华润华晶微电子	主导产品为双极型功率晶体管、MOS型功率晶体管、IGBT和特种二极管
扬州国宇电子	VDMOS场效应功率晶体管、肖特基二极管、快恢复二极管等
长电科技	封装
风华高科	主要产品有电容、电阻、电感、半导体器件等

3. IGBT

IGBT技术发展趋势如图4-82所示，主要包括以下两个方面。

（1）降低损耗。

（2）降低成本。

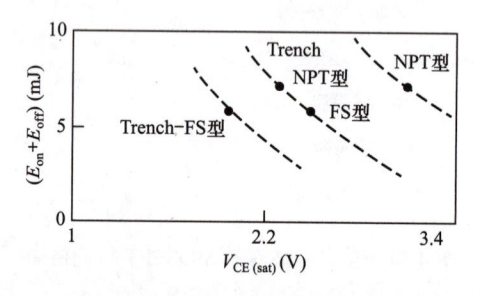

图 4-82 IGBT 技术发展趋势

IGBT技术对比见表4-44。在同一代技术中，动态损耗与开关损耗两者相互矛盾，互为消长。

表4-44 IGBT技术对比

代别	第2代PT型	第4代NPT型	第5代FS型	第6代Trench-FS型
新技术	载流子寿命控制技术	TC（透明集电区技术）	TC+FS（电场中止技术）	TC+FS+Trench（沟槽栅）
作用位置	近表层	集电区	耐压层	近表层
位置图示				

IGBT在新能源汽车领域的应用情况如图4-83所示（以英飞凌产品为例）。

第4章 / 汽车全产业链投资价值研究

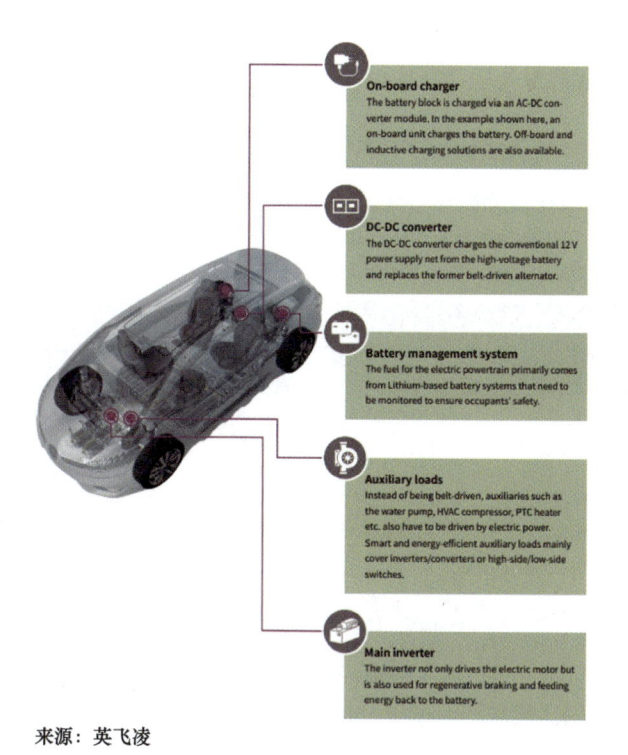

来源：英飞凌

图 4-83　英飞凌产品在新能源汽车领域的应用情况

IGBT行业格局如图4-84所示。

图 4-84　IGBT行业格局

- 英飞凌、三菱、ABB在1 700V以上电压等级的领域优势显著；在3 300V以上的高压领域，上述企业几乎处于垄断地位。
- 塞米控、仙童等在1 700V以下的消费级领域处于优势地位。

4. 功率半导体领域投资并购事件（表4-45）

表4-45 功率半导体领域投资并购事件

细分领域	所属细分领域 上市公司	所属细分领域 未上市公司	近期并购事件 （2017年1月～ 2018年3月）	近期融资事件 （2017年1月～ 2018年3月）
MOSFET	英飞凌、士兰微、比亚迪、华微电子、长电科技、风华高科、东芝、恩智浦	ON、瑞萨、赛米控、威世半导体、上海光宇睿芯微电子、南京微盟电子、锐俊半导体、东微半导体、芯朋微电子、芯派电子、华天微电子、国宇电子	2018年2月，英飞凌收购音频公司Merus Audio	—
IGBT	英飞凌、三菱、ABB、比亚迪	塞米控、仙童	2017年9月，ABB宣布拟以26亿美元收购通用电气工业解决方案部门	—

IGBT与MOSFET的比较如图4-85和表4-46所示。

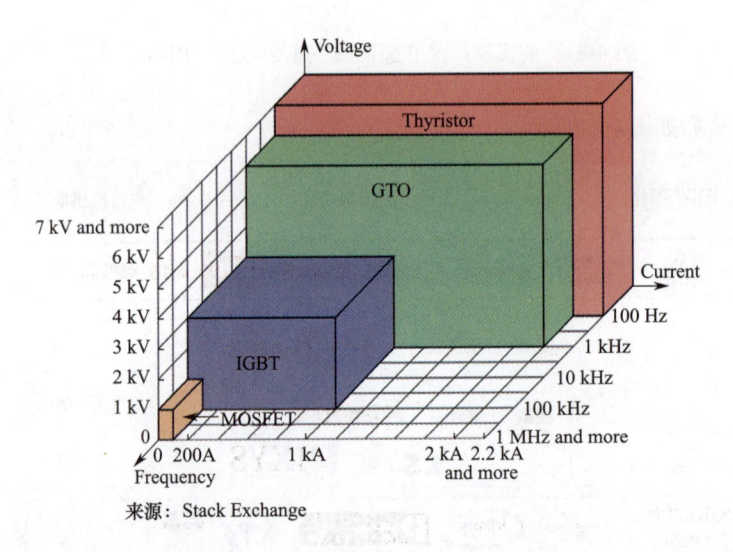

来源：Stack Exchange

图 4-85 MOSFET 与 IGBT 工作范围比较

表4-46　MOSFET与IGBT特性比较

类别	MOSFET	IGBT
频率	可以工作在几百kHz、几MHz，甚至几十MHz，属射频领域的产品	目前IGBT硬开关速率可达100kHz
前提耐压能力&功率	通常电流很大，可达到上千安培，不耐高压，在高压大电流场合功耗较大	IGBT导通压降小，耐高压，功率可达5000W
应用	MOSFET应用于开关电源、镇流器、高频感应加热、高频逆变焊机、通信电源等高频电源领域	IGBT集中应用于焊机、逆变器、变频器、电镀电解电源、超音频感应加热等领域

IGBT（图4-86）应用领域如下。

- 工业领域：变频器、逆变器。
- 家电领域：变频空调、洗衣机、冰箱等。
- 轨道交通领域：动车、高铁、轻轨等。
- 新能源领域：新能源汽车、风力发电等。
- 医疗领域：医疗设备电源等。

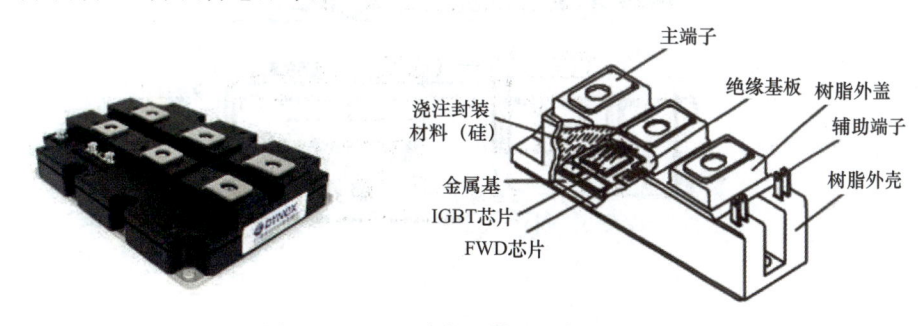

图4-86　IGBT 实物及模组示意图

IGBT的分类见表4-47。

表4-47　IGBT的分类

类别	IGBT单管	IGBT模块	PIM模块	IPM模块
结构	封装模块较小，电流通常在100A以下	多个IGBT芯片并联集成封装在一起	集成三相全波整流、二极管桥接电路、制动电路的模块	即智能功率模块，集成栅极驱动电路和各保护电路的IGBT模块
特点	IBGT单管是体现IGBT制造水平的核心技术	外部电路简单，工作更可靠，更适合高压和大电流连接	需要外接驱动电路	在IGBT器件基础上增加外围电路（过流、短路、欠压、过热保护等），防止过高的温升或高压冲击损坏IGBT，比IGBT模块更加智能

4.4.6 先进充电技术

1. 无线充电

无线充电从技术原理上主要分为以下3类。

1）电磁感应式

这是最简单的无线充电技术，主要原理是利用两个线圈，其中一个线圈通入交流电，从而产生一个交变磁场，该交变磁场在另一个线圈中感应产生交流电，从而实现交流电在两个线圈之间的传输（图4-87）。缺点是由于电磁场的损失，导致传输效率较低。在变压器中为了提高传输效率，会在两个线圈之间加上硅钢，以便将磁场汇聚在一起。

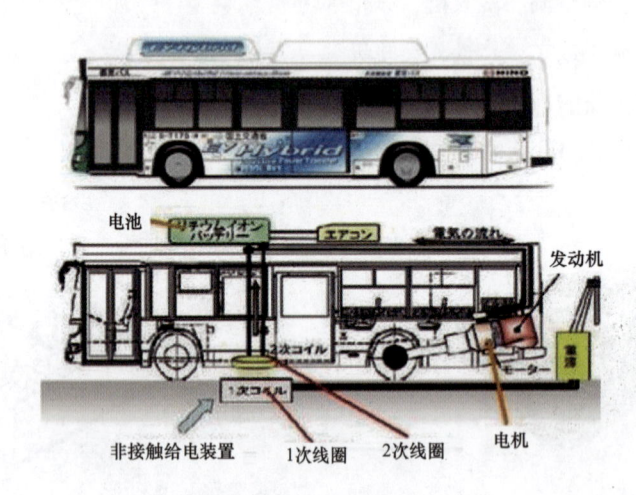

图 4-87　电磁感应式

2）磁场共振式

这是利用两个线圈在某个特定的频率下发生电磁共振，从而实现将能量从一个线圈传输到另一个线圈的目的，其基本原理如图4-88（a）所示。首先，电能被转化为无线电波，该无线电波会激发一个线圈（谐振电感），实现电磁能量转换；然后，另外一个相同的线圈靠近上述线圈，两个线圈之间会发生强烈的电磁共振，实现电能在两个线圈之间的传输，经过一个整流电路后，就可以为用电器供电了。该方法主要的问题是电力传输效率受两个线圈之间的距离和相对角度的影响，传输效率与两个线圈之间距离的关系如图4-89（a）所示。因此，用于激发线圈的无线电波需要随时根据两个线圈之间的相对位置进行调整以获得最佳的传输效率，这也使得这种无线传输方法只能应用在两个线圈固定的情形下。

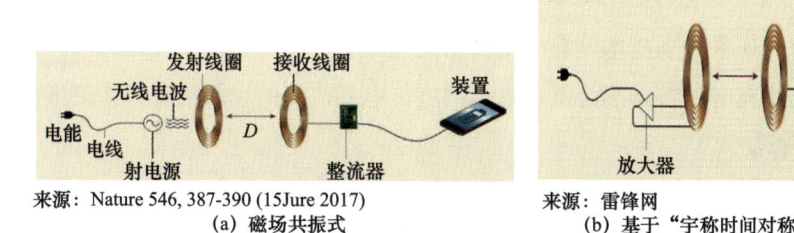

来源：Nature 546, 387-390 (15 Jure 2017)
(a) 磁场共振式

来源：雷锋网
(b) 基于"宇称时间对称"理论的无线充电

图 4-88　技术原理

(a) 磁场共振式

(b) 基于"宇称时间对称"理论的无线充电

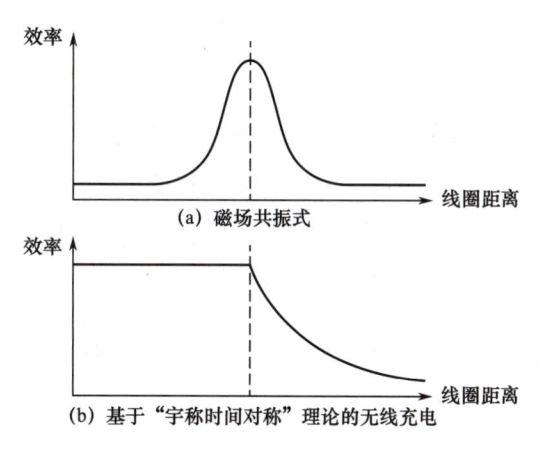

图 4-89　传输效率与线圈之间距离的关系

3）基于"宇称时间对称"理论的无线充电

近日，斯坦福大学的Sid Assawaworrarit等人利用基础物理学中的"宇称时间对称"理论，开发了一种能够根据两个线圈之间的距离自动调整工作频率的无线充电技术，基本原理如图4-88（b）所示，主要构成部分有前端的放大器、两个相同的线圈和一个整流器。基于"宇称时间对称"理论，这两个线圈不再分为发射线圈和接收线圈，它们既是接收端，也是发射端，当放大器将电磁能放大到一定程度后（基于负载的情况），这两个线圈就转变为"宇称时间对称"。此时，这两个线圈会根据其之间的距离，自动选择工作频率，从

147

而达到最佳的传输效率。该体系传输效率与两个线圈之间距离的关系如图4-89（b）所示，从曲线上可以看到，开始时，电能传输效率不会随着两个线圈之间距离的变化而波动，而是始终保持在最高的传输效率，实验结果表明这一距离最大可达70cm。

这一技术最大的应用场景为电动汽车。目前，对于电动汽车而言，困扰最大的因素是续航里程和充电速度，如果这项技术能够应用在电动汽车上，在电动汽车行进的过程中，由埋设在路面下的无线充电设备持续为电动汽车供电，电动汽车的续航里程将无限增加，不再受制于电池组的容量。

2. 大功率充电

随着动力电池技术的不断突破，电动汽车续航里程逐渐提高，基本上解决了电动汽车的里程焦虑。与此同时，充电反而变成了一个核心的技术问题，甚至成为中外新一轮技术竞争的焦点问题。

大功率充电由于充电时间短，可以和传统燃油车加油时间保持一致，可大幅提升消费体验，同时可满足电动汽车续航里程400～500km的快速补电要求。宝马、戴姆勒、福特、奥迪及保时捷5家车企共同宣布，将打造一个350kW的快速充电网络。随后，特斯拉也加入大功率快充的阵营，其新一代Supercharger充电功率甚至高于350kW。

大功率充电将为动力电池、充电桩、电动汽车、电网带来一系列改变。

（1）3C～6C的高充电倍率将对电池和电池热管理系统带来挑战。

（2）要实现大功率直流充电，需要从电压和电流两个方面来提升。另外，充电桩器件在耐压、绝缘等方面需要重新设计。在保证电缆规格尽可能不变太粗的情况下，需要采取一些复杂的措施，如添加特殊的冷却系统（图4-90）。

（3）如果采用大功率直流充电（假设为350kW、1000V、350A），那么整车的电压平台将提高至1 000V。目前，国内主流的纯电动乘用车的电压平台在275～550V，商用客车在450～820V（图4-91），而最大快充电流普遍在200A以下。因此，要实现1000V、350A的大功率直流快充，将对零部件提出更高的要求。

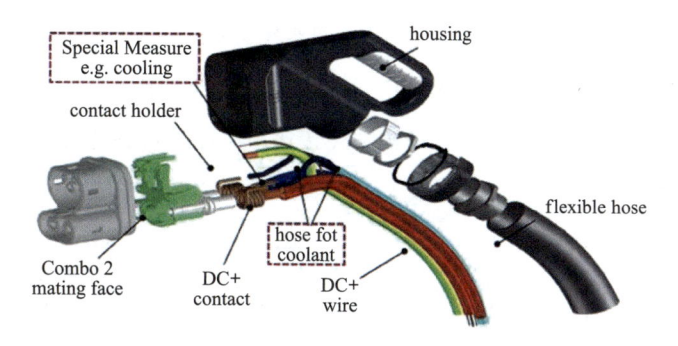

图 4-90 带冷却系统的电缆

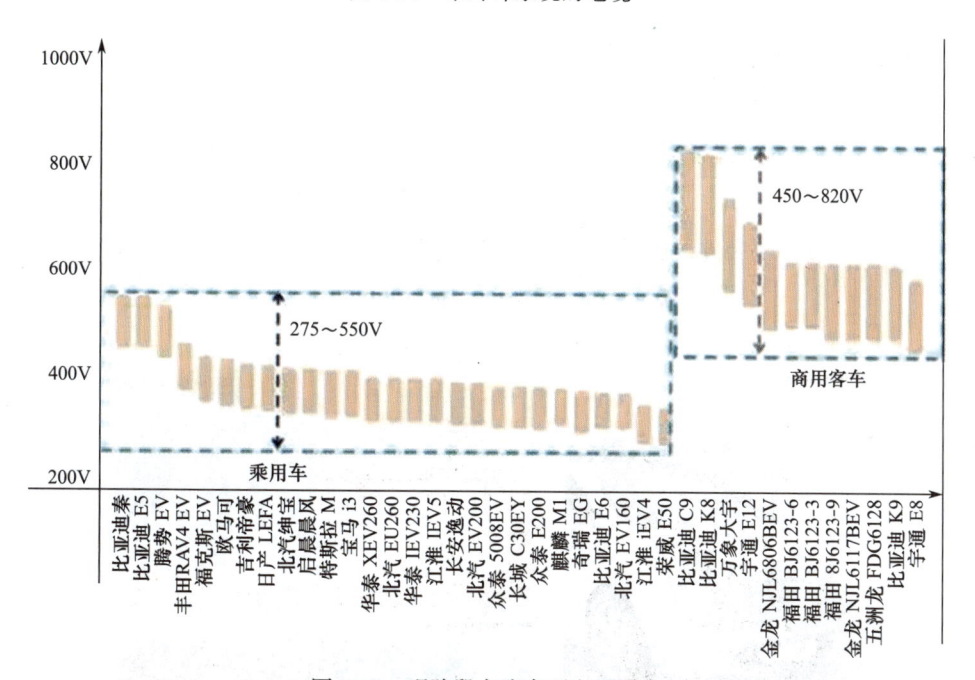

图 4-91 现阶段主流车型电压平台

（4）增大了电网负载波动，对电网的负载协调能力带来挑战。

4.4.7 热管理

传统汽车热流控制结构相对单一，其热管理系统包括发动机冷却系统、润滑系统、进排气系统、发动机机舱空气流动系统及驾驶室的空调暖风系统等，具体涉及冷却介质、热交换器、风扇、泵、传感器等（图4-92和图4-93）。

对于新能源汽车，其热管理系统除了空调系统之外，还包括电池热管理、电机电控热管理及其他设备冷却（图4-94和图4-95）。电动车和传统燃油车最大的不同在于动力系统，前者是电能转化为机械能，后者是化学能转化为内能后再转化为机械能。因此，电动车的电池热管理系统非常重要，其直接关系到电池的安全性、性能及使用寿命等。

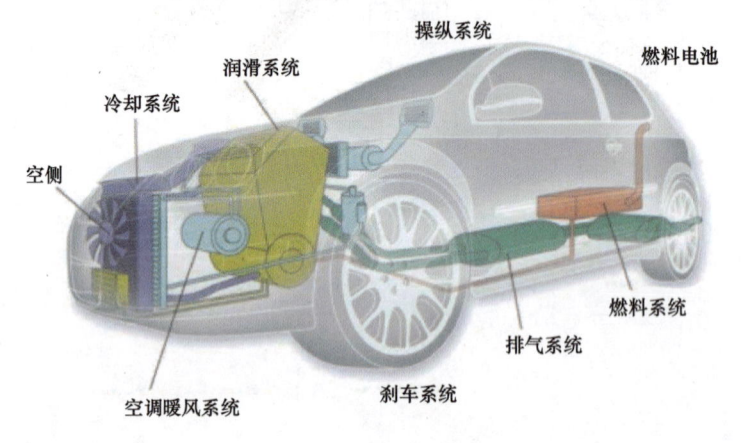

图 4-92 传统汽车热管理系统

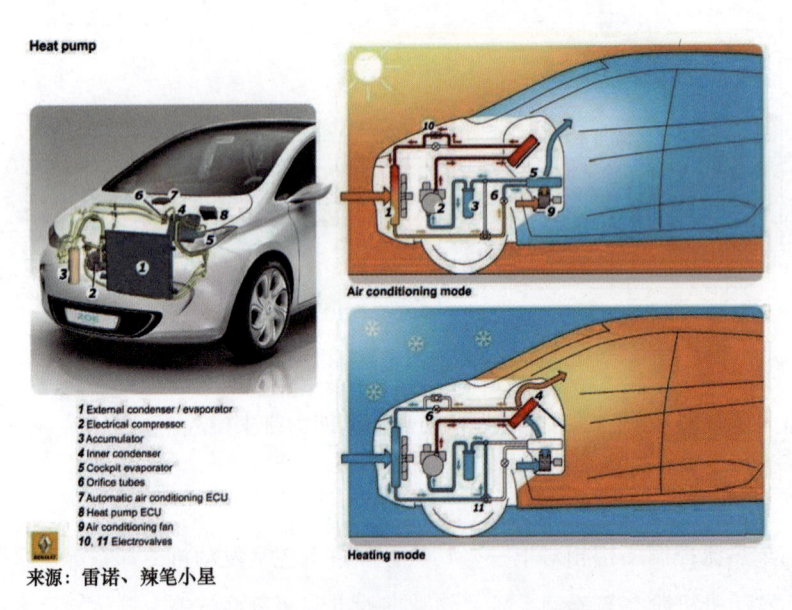

来源：雷诺、辣笔小星

图 4-93 传统热管理制冷工作原理图

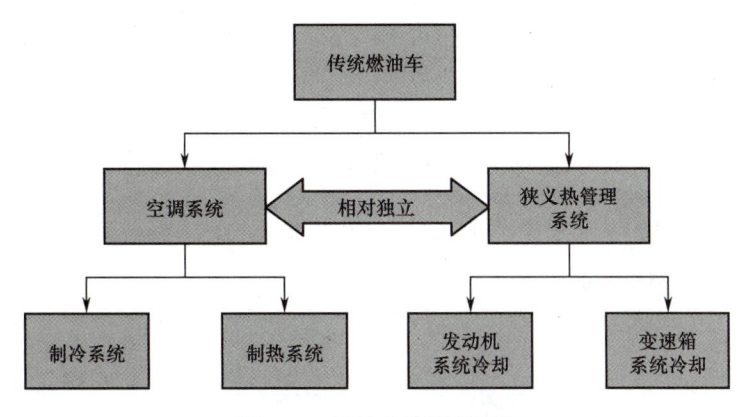

图 4-94　燃油车热管理系统

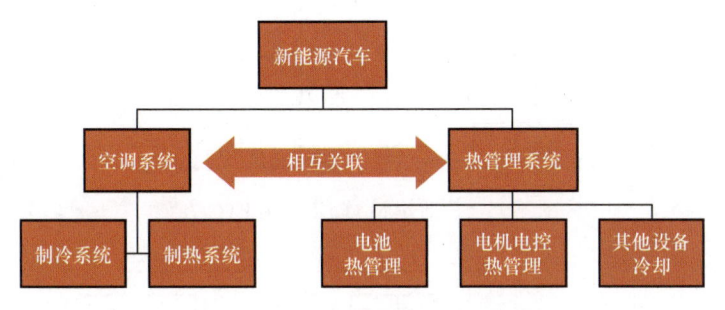

图 4-95　新能源汽车热管理系统

制冷方案：电动压缩制冷
制热方案：PTC 和热泵方案

> PTC：Positive Temperature Coefficient，泛指正温度系数很大的半导体材料。
>
> 热泵：是一种将低位热源的热能转移到高位热源的装置。

PTC方案耗能较多，对电动车续航里程的影响更甚，而热泵方案的耗能大约为PTC方案的50%。因此，从应用层面来看，热泵方案更具优势，但其技术要求也相对较高，特别需要解决低温情形下室外换热器结霜的问题。电动车中的典型代表是特斯拉 Model X采用PTC方案，而日产Leaf采用"热泵+PTC"方案（图4-96和图4-97）。

动力电池的热管理系统，简而言之就是通过冷却或加热方式对电池系统进行温度控制。电池温度控制对电池的性能有很大的影响（表4-48），具体表现在以下方面。

- 在电池温度较高时进行有效散热，防止发生热失控事件。
- 在电池温度较低时进行预热，提升电池温度，确保低温下的充、放电性能和安全性。
- 减小电池组内的温度差异，抑制局部过热现象，防止高温位置处的电池过快衰减，降低电池组整体寿命。

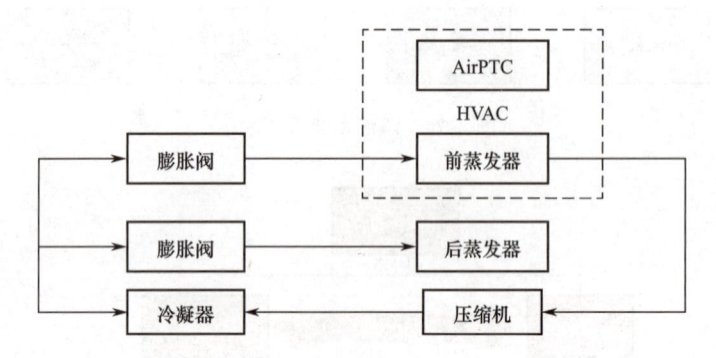

图 4-96 特斯拉 ModelX 采用 PTC 方案

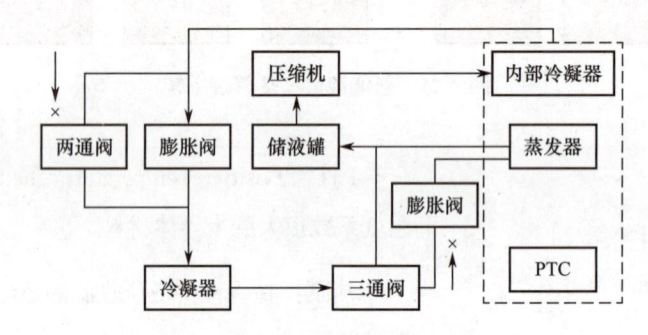

图 4-97 日产 Leaf 采用 PTC+ 热泵方案

表4-48 不同温度下锂电池容量及放电平台变化

三元材料电池			
温度（℃）	容量（Ah）	放电平台（V）	相对25℃容量
55	8.581	3.668	99.36%
25	8.636	3.703	100.00%
−20	6.058	3.411	70.14%

（续表）

磷酸铁锂材料电池			
温度（℃）	容量（Ah）	放电平台（V）	相对25℃容量
55	7.870	3.271	100.20%
25	7.860	3.240	100.00%
−20	4.320	2.870	54.94%

电池热管理系统目前采用的主要技术方案有以下几种。

- 自然散热：不借助额外的装置进行散热，是最简单的冷却方式。

- 风冷：包括被动风冷和主动风冷，被动风冷通常直接采用外部空气进行热交换，主动风冷则对外部空气进行预先加热或冷却后再进入电池系统（图4-98）。

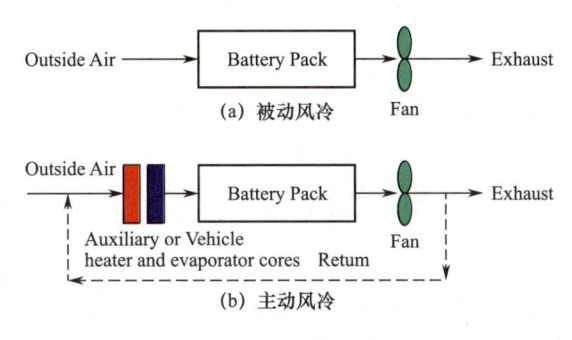

图 4-98　风冷模式

- 液冷：与风冷不同的是，液冷采用液体作为热交换介质。通常来讲，液冷效果好于风冷，但结构相对复杂，成本也高于风冷（图4-99）。

- 直冷：制冷剂直接冷却，制冷剂通过蒸发快速高效地带走电池系统的热量，从而完成对电池系统的冷却，相比冷冻液而言，换热效率可提升3倍以上（图4-100）。

- 相变材料（PCM）冷却：在相变材料吸热和放热的过程中，系统温度比较平稳，可以达到近似恒温的效果。在实际应用过程中，整个电池组浸泡在PCM中，当电池组放热时，PCM会吸收热量，从而降低电池温度（图4-101）。

国外主流电动车电池冷却方式见表4-49。

(a) 散热器换热

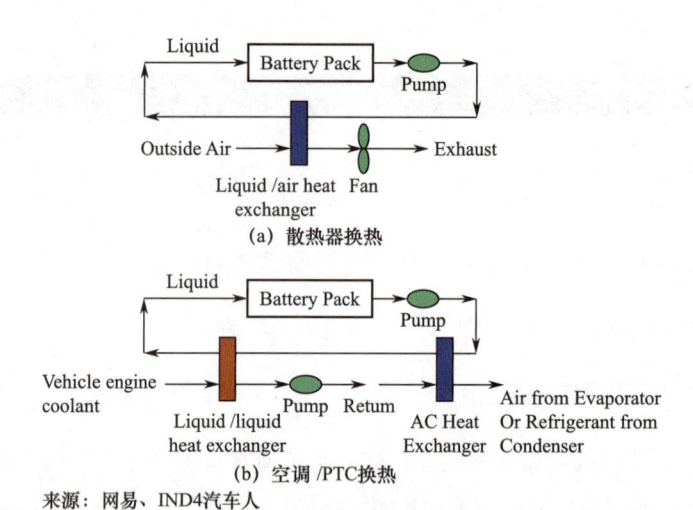

(b) 空调/PTC换热

来源：网易、IND4汽车人

图 4-99 液冷模式

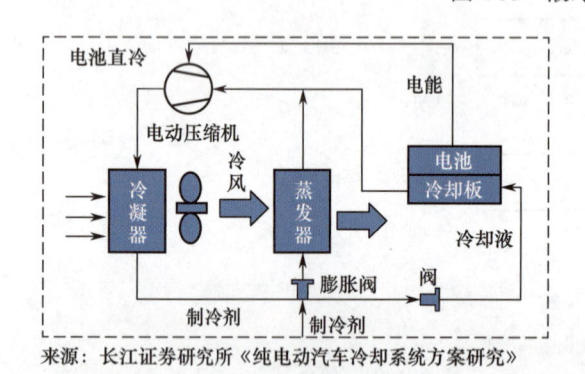

来源：长江证券研究所《纯电动汽车冷却系统方案研究》

图 4-100 直冷模式

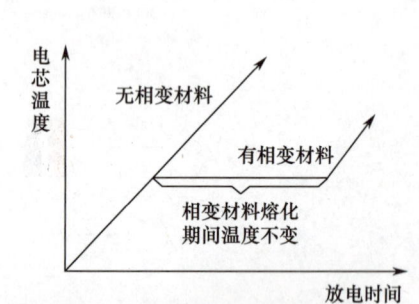

来源：《汽车热管理系统市场分析报告》

图 4-101 相变材料工作原理

表4-49 国外主流电动车电池冷却方式

车型	电池容量（kWh）	冷却方式
Toyota Prius	4.4	强制风冷
GM Volt	16	液冷
Nissan Leaf	24	自然冷却
C-MAX Energy	7.6	风冷
Ford Focus	23	液冷
Tesla Model S	85	液冷
Geely EV300	45.3	液冷
BMW i3	33	直冷
Benz S400	70	直冷

4.5 智能网联汽车

智能网联汽车指搭载先进的车载传感器、控制器、执行器等装置，并融合现代通信与网络技术，实现车与人、车、路、后台等智能信息的交换共享，具备复杂的环境感知、智能决策、协同控制和执行等功能，可实现安全、舒适、节能、高效行驶，并最终可替代人来操作的新一代汽车。

由于关乎国家科技创新竞争、公众交通和信息安全，我国建立智能网联汽车自主研发及生产配套体系势在必行。"十三五"期间，智能网联汽车将大规模产业化，大幅提升交通安全和出行效率，促进节能、降耗、减排，快速带动汽车、互联网、电子、通信、人工智能、先进制造、智能交通、智慧城市等产业协同发展，拉动产值上万亿元，成为建设科技强国重要的创新驱动力和经济增长点。

- 2015年，智能网联汽车被列入"中国制造2025"、汽车工业"十三五"规划重点发展方向。

- 2016年10月，工业和信息化部发布《智能网联汽车技术路线图》。

- 2017年4月，工业和信息化部、发改委、科技部下发《汽车产业中长期发展规划》，智能网联汽车作为引领汽车产业转型升级的突破口，被提升至与新能源汽车并列的重要地位，成为国家战略高度的新兴产业。

- 2017年12月14日，工信部印发了《促进新一代人工智能产业发展三年行动计划（2018—2020年）》。值得注意的是，该计划将智能网联汽车列为头等培育目标。智能网联汽车的具体发展目标为：支持车辆智能计算平台体系架构、车载智能芯片、自动驾驶操作系统、车辆智能算法等关键技术、产品研发，构建软件、硬件、算法一体化的车辆智能化平台；到2020年，建立可靠、安全、实时性强的智能网联汽车智能化平台，形成平台相关标准，支撑高度自动驾驶（HA级）。

4.5.1 智能驾驶传感器

汽车智能驾驶传感器发展逻辑如图4-102所示。

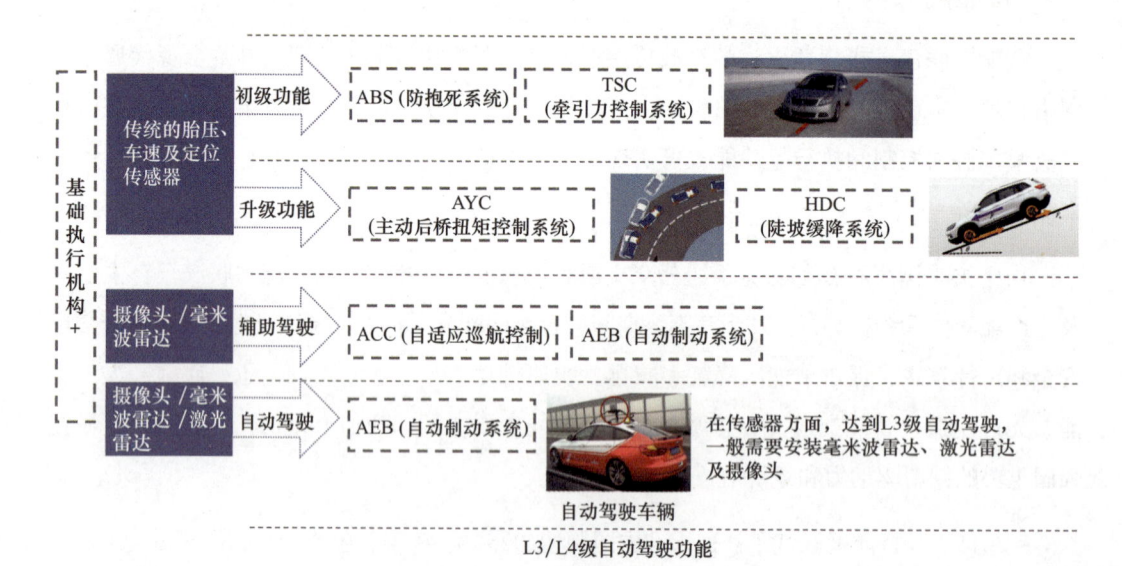

图 4-102　汽车智能驾驶传感器发展逻辑

汽车智能驾驶传感器的分类见表4-50。

表4-50　汽车智能驾驶传感器的分类

传感器种类	工作原理	优势	缺陷
激光雷达	发射旋转激光束探测周围物体后,向目标发射探测信号(激光束),然后将接收的从目标反射回来的信号(目标回波)与发射信号进行比较,做适当处理后,就可获得目标的有关信息,如目标距离、方位、高度、速度、姿态甚至形状等参数	具体三维模型功能,精度高,距离远,几乎不受外界光源干扰和影响	成本昂贵,信息处理算法较为复杂,无法处理交通标识信息
毫米波雷达	毫米波雷达指工作在毫米波波段的雷达。工作频率通常选在30~300GHz,波长介于厘米波和光波之间	可测距离远,抗干扰能力强,信息处理简单	分辨率低,误判率较大
光学摄像头	利用可见光判断距离、深度、高度、凹凸等信息	成本较低	测量误差较大,对外界可见光依赖强

主要车企自动驾驶平台比较见表4-51。

表4-51　主要车企自动驾驶平台比较

主要车企	Tesla		BMW	Audi	GM	Ford
系统名称	Auto Pilot 1	Auto Pilot 2	Connected Drive	zFAS System	SuperCruise	—
计算平台	NVIDIA Tegra3/Mobileye Q3	NVIDIA Drive PX 2	Mobileye Q4（GPU）+Intel（CPU/FPGA）	Mobileye Q3+Altera Cyclone V	Mobileye	NVIDIA Drive PX
摄像头	1个前置摄像头（Sunny optical）	3个前置摄像头 2个侧边摄像头 3个后置摄像头（Sunny optical）	Sunny optical	4个360°全景摄像头（Bosch）1个前置摄像头（Kostal）	Gentex	1个高清摄像头 4个立体摄像头 2个单目摄像头（Valeo）
激光雷达	—	—	Valeo	Valeo	Deiphi	4个32线激光雷达（Velodyne）
雷达	1个前置雷达，未知探测范围 12个超声波雷达，探测距离为5m（Bosch）	1个位置雷达探测距离为180m 12个超声波雷达探测距离为10m（Bosch）	Bosch	12个超声波雷达（Valeo）4个中程雷达（Continental）1个远程雷达（Bosch）	Deiphi	4个超声波雷达 2个毫米波雷达（Deiphi）
夜视	—	—	Autoliv	Autoliv	Autoliv	Autoliv

传感器在智能驾驶中的应用如图4-103所示。

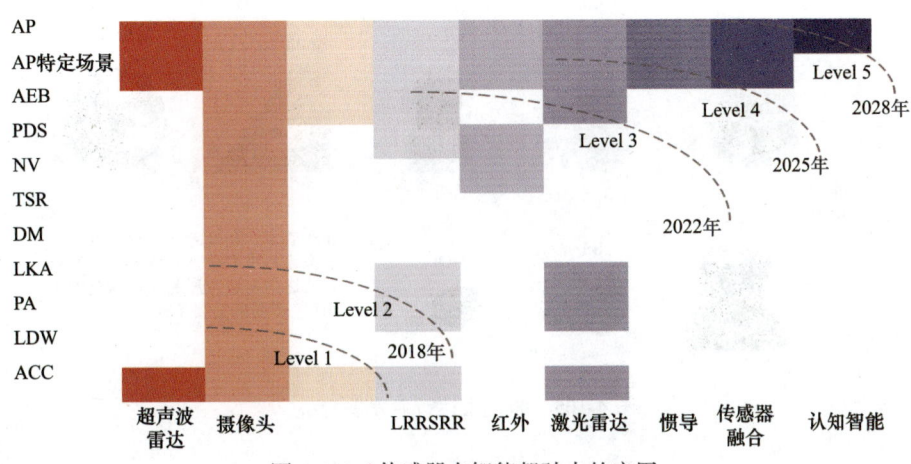

图 4-103　传感器在智能驾驶中的应用

1. 激光雷达

激光雷达产业链如图4-104所示。

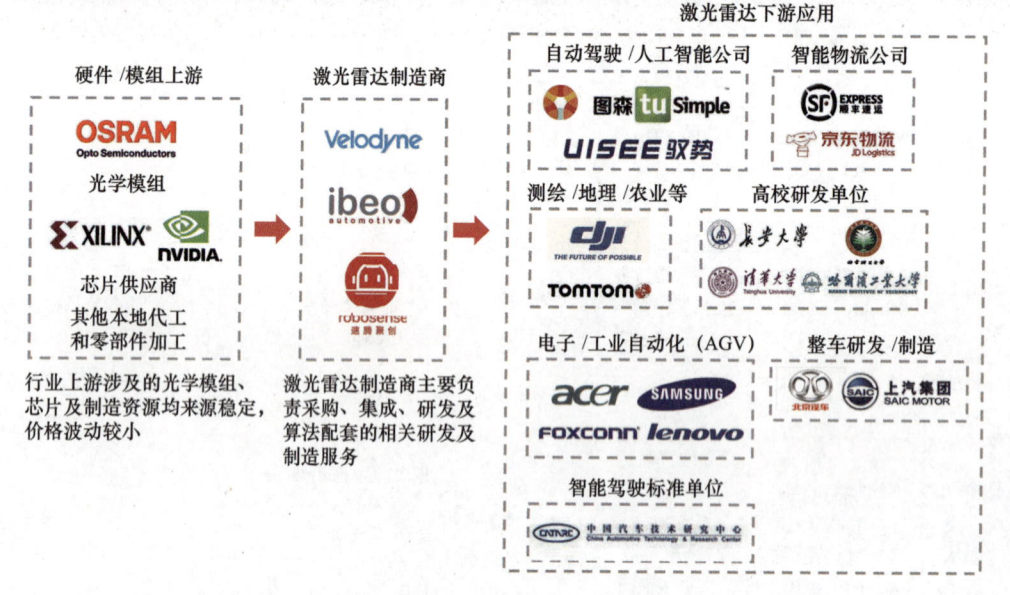

图 4-104　激光雷达产业链

1）激光雷达呈现固态化和小型化的行业发展趋势

激光雷达行业发展趋势如图4-105所示。

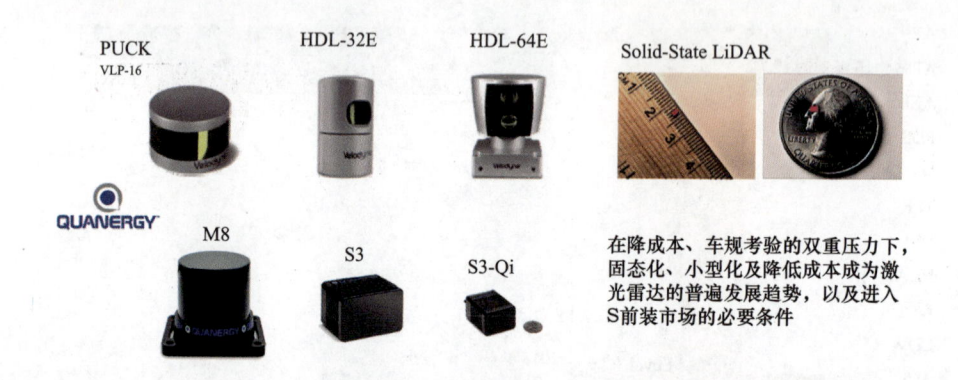

在降成本、车规考验的双重压力下，固态化、小型化及降低成本成为激光雷达的普遍发展趋势，以及进入S前装市场的必要条件

图 4-105　激光雷达行业发展趋势

2）新玩家不断涌入

激光雷达行业下游应用分散，市场空间巨大。到目前为止，Velodyne的垄断地位不断受到挑战。2018年，Velodyne成立了中国办公室，并且将部分激光雷达的产能落地至中国。

伴随着Audi A8宣布采用激光雷达前装传感器，激光雷达已经形成了全球量产竞争的产业格局。同时，各大整车厂及供应商也加紧在前装激光雷达技术领域布局。目前，已经有数家公司推出固态或准固态面向前装的激光雷达产品。经过一番竞争，或许激光雷达行业在2018—2019年将形成稳定的产业格局。

在激光雷达方面，建议关注拥有固态自主技术及产业化潜力的激光雷达标的。

3）车载激光雷达技术发展路线

目前，车载激光雷达处于起步阶段，行业呈现多技术路线并存的状态，而参与者则需要攻破发射器类型、探测、光束转向等技术难点，同时考虑制造工艺、分辨率、成本等影响因素。车载激光雷达技术发展路线如图4-106所示。

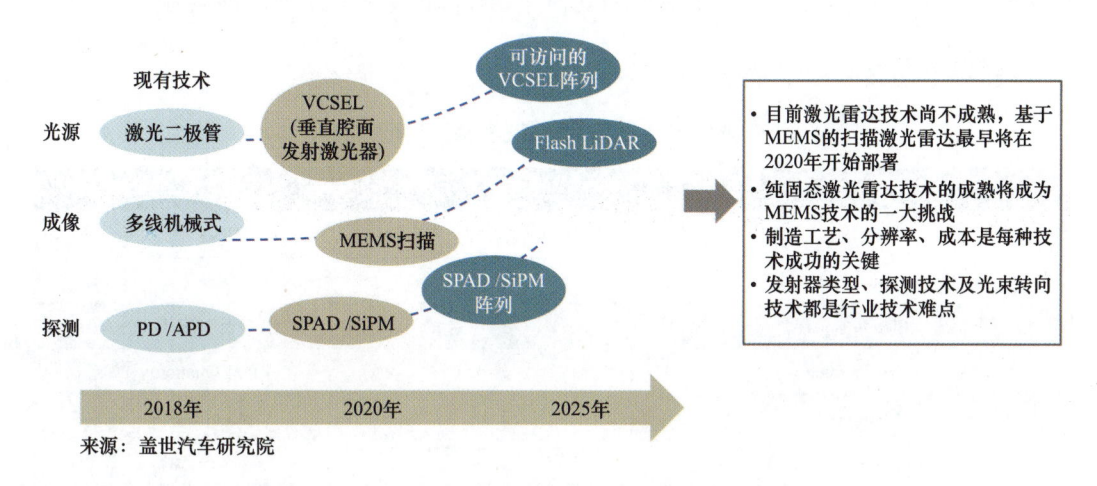

图 4-106　车载激光雷达技术发展路线图

作为自动驾驶级别的厘米级传感器，激光雷达及其固态化的产业化转变过程成为汽车智能化最关键的赛道之一。我们通过激光雷达领域的IP检索发现，Velodyne及Quanergy等LiDAR公司发展迅速，但该行业国际化的Tier 1公司和工业和芯片巨头，也都早已在该领域进行了布局，虽然多数为智能驾驶、芯片行业及工业自动化领域的前瞻性战略IP布局，但实际业务布局仍然以股权投资为主（图4-107）。

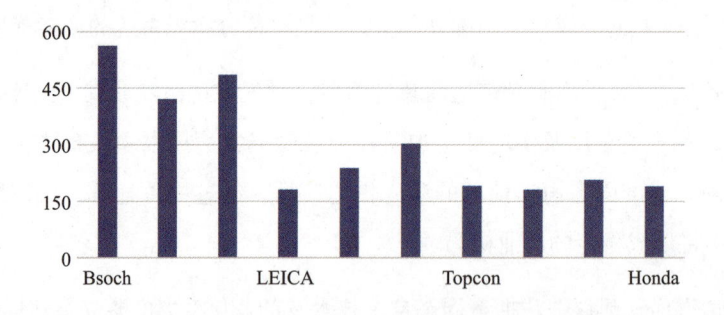

图 4-107　激光雷达行业 IP 分布

更加细分的固态激光雷达（相控阵）领域的知识产权分布，与该领域的技术协同点很好地契合。我们通过检索发现，在相控阵固态激光雷达赛道上，专利数量领先的企业包括Delphi、Quanergy、Velodyne及Ouster公司（表4-52）。而在研究机构方面，MIT Licoln实验室数量领先，代表了该研究机构对于相控阵LiDAR技术的原创能力。

激光雷达领域主要厂商见表4-53。

表4-52　固态激光雷达行业IP分布

	数量	备注
Delphi	5	Tier 1
Quanergy	2	—
Eldada Louay	2	CEO of Velodyne
Yu Tianyue	2	VP of Quanergy
Pacala Angus	2	CEO of Ouster
Veridian Erim Internat	1	—
Montoya Juan C	1	MIT Licoln Lab
Sanchez-Rubio Antonio	1	MIT Licoln Lab
Aayson Harold	1	—

表4-53 激光雷达领域主要厂商

厂商名	国家	产品及特点	融资及收购情况
Velodyne	美国	鼻祖级公司,最新128线雷达VLS-128探测距离达300m,适用于Level 5自动驾驶	2016年8月获得百度和福特联手注资1.5亿美元
Quanergy	美国	S3固态激光雷达,高温保持100%稳定性	2016年8月获得森萨塔科技领投,德尔福、三星风投跟投的0.9亿美元融资
Ibeo	德国	推出全球第一款车规激光雷达ScaLa,公司既可以提供激光雷达硬件,也可以提供配套的软件算法。将推出3D固态激光雷达,探测距离可达300m,水平视场角可达32°	2016年8月采埃孚收购其40%的股权
Innoviz	以色列	Innoviz Pro尺寸为18cm×8cm×8cm,探测距离为150m,Innoviz One尺寸为5cm×5cm×5cm,探测距离为200m,具有每秒600万像素的分辨率。使用HD-SSL技术,价格可压缩到100美元以内	2017年9月完成德尔福、麦格纳、耀途资本、360 Capital Partners、Naver等0.65亿美元的B轮融资;2017年10月获得软银投资和三星基金0.16亿美元的融资
Trilumina	美国	关键性技术是背面发光、未经封装的一种VCSEL(垂直腔面发射激光器),是一套高性能、低成本、体积非常小的激光模组。固态激光雷达Flash LiDAR没有任何晶圆系统,也没有光束控制系统和晶圆导向系统,成本非常低	2017年5月完成900万美元股权和债务融资,由Kickstart Seed Fund及老股东共同提供
LeddarTech	加拿大	专注于做固态激光雷达的关键元件信号处理集成电路	2017年9月完成1亿美元融资,欧司朗、德尔福、麦格纳投资
Blackmore	美国	全固态,研究镶嵌于汽车前杠的单个半导体替代传统激光雷达	2016年获得Next Frontier Capita、Milennium Technology Value Partners 350万美元的融资
Oryx Vision	以色列	利用其独创的纳米天线技术,使其LiDAR系统的灵敏度比目前市场上的其他LiDAR系统高百万倍	2017年5月获得0.5亿美元B轮融资,由Third Point Ventures和WRV Capital投资
tetravue	美国	高清4D雷达	2017年2月获得博世、三星、富士康0.1亿美元融资;2017年12月获得KLA Tencor、Lam Research和青云创投的投资
cepton	美国	核心技术是激光发射和传感阵列,最远可达300m,垂直方向分辨率可以达到竞争对手的4～5倍	—
速腾聚创	中国	国内首家MEMS固态激光雷达厂商,1台32线搭配2台16线的P3解决方案可适应L3以上的自动驾驶	2016年6月完成复星昆仲数千万元A+轮融资

（续表）

厂商名	国家	产品及特点	融资及收购情况
镭神智能	中国	将高分辨率视频和距离信息融合在一起，全球首次实现远距离4D运动捕捉，能够解决自动驾驶汽车制造商所面临的高分辨率深度感知难题	2016年7月获得近亿美元A轮融资，由招商资本领投，如山资本跟投；2017年12月获得达晨创投近亿元的B轮融资
北醒光子	中国	推出基于ToF（Time of Flight，飞行时间）技术的近红外环境感知雷达——DE-LiDAR系列，低配版雷达的售价压缩到了几百元人民币，并已经实现量产	2018年2月获得凯辉基金的投资
禾赛科技	中国	40线Pandar40，全自主设计工艺，200m测距，动态视场调整，精度高，耐高低温，运行极其平稳安静，抗震性好	2017年5月完成1.1亿元A轮融资，由高达投资、将门创投、磐石创投、远瞻资本投资

4）激光雷达领域投资全景导航

（1）竞争格局。

随着L3～L5级自动驾驶的加速落地与普及，激光雷达目前正加速产业化与量产前装渗透。目前，市场上主要有以Velodyne为首的机械式激光雷达供应商，以及Quanergy、Innoviz为代表的MEMS或OPA固态激光雷达供应商。其中，Velodyne及国内的Roboscense等公司已经完成了机械式多线激光雷达的量产及落地工作，且Ibeo的4～8线激光雷达已经进入Audi A8新车型的量产前装。MEMS或OPA固态激光雷达目前产业化进展较慢，Quanergy进一步推迟了其S3车规及固态激光雷达的发布。

（2）行业壁垒。

- 机械式激光雷达集成的技术壁垒。
- 固态激光雷达相关的MEMS微机电技术壁垒、OPA芯片技术壁垒、CMOS技术壁垒。
- 激光雷达融合及激光雷达与其他传感器融合的技术壁垒。

（3）投资风险。

- 自动驾驶业务发展不及预期的风险。
- 激光雷达被其他结构光/波传感器替代的系统性风险。

（4）最有价值的投资领域。

- 关注OPA、MEMS激光雷达技术。

- 关注激光雷达与其他传感器融合的深度算法及芯片技术。

2. 毫米波雷达

目前，毫米波雷达技术主要被大陆集团、博世、电装、奥托立夫、Denso、德尔福等传统零部件巨头所垄断，特别是77GHz毫米波雷达，只有博世、大陆集团、德尔福、电装、TRW、富士通天、Hitachi等公司掌握。2015年，博世及大陆集团汽车雷达市场占有率均为22%，并列全球第一。相关厂商如图4-108和4-109所示。

图4-108 微波集成电路和高频PCB厂商

图4-109 毫米波雷达厂商

1）毫米波雷达的优势

（1）穿透能力强，不受天气影响。

大气对雷达波的传播具有衰减作用，毫米波无论在洁净空气中还是在雨雾、烟尘、污染空气中的衰减都弱于红外线、微波等，具有更强的穿透力。毫米波雷达波束窄、频带宽、分辨率高，在大气窗口频段不受白天和黑夜的影响，具有全天候的特点。

（2）体积小、结构紧凑、识别精度较高。

毫米波波长短、天线口径小、元器件尺寸小，这使得毫米波雷达系统体积小、重量轻，容易安装在汽车上。对于相同的物体，毫米波雷达的截面积大、灵敏度较高，可探测和定位小目标。

（3）可实现远距离感知与探测。

毫米波雷达分为长距离雷达（LRR）和短距离雷达（SRR），由于毫米波在大气中的衰减弱，所以可以探测更远的距离。其中，远距离雷达可以实现超过200m的感知与探测。

2）国外毫米波雷达厂商市场占有率（图4-110）

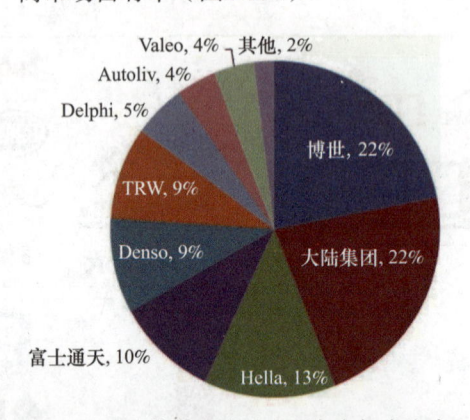

图4-110 国外毫米波雷达厂商市场占有率

美国、欧洲和日本在车载雷达技术研究方面处于领先地位。目前，越来越多的公司和供应商投入汽车雷达系统研制、器件开发和算法研究当中。在我国，24GHz和77GHz毫米波集成电路的关键技术已取得突破。其中，24GHz毫米波集成电路已实现量产并处于试用阶段，但77GHz毫米波集成电路的国产化一直进展缓慢。

3）国内毫米波雷达行业现状

（1）行业整体竞争力偏弱。

目前，国内的产业链尚未成熟。国外商用车载雷达已经有几十年的历史，国内近几年才开始起步，产品上市会面临激烈的竞争。

（2）人才极度缺乏。

车载雷达研发需要丰富的雷达系统和毫米波射频设计经验与能力，而这一领域的人才多集中在军工企业和国外企业。

（3）资金压力大。

由于技术基础薄弱，研发所需的测试设备和生产设备都需要从国外购买，价格高昂，后期收益情况又未知，国内相关生产厂家面临很大的资金压力。

（4）开发周期较长。

毫米波雷达开发周期在12个月以上，产品还需要通过静态测试、动态测试、上车测试及各种复杂环境下的测试，研制周期至少在2年以上。

4）国内毫米波雷达产业化进展

目前，芜湖森思泰克、湖南纳雷、杭州智波等企业已推出多款产品化的77GHz、24GHz毫米波雷达，华域汽车、南京隼眼等企业也在进行相关的产品研发。除此之外，厦门意行半导体的24GHz毫米波雷达芯片SG24T1作为首枚国产毫米波雷达芯片已于2016年量产。

在国内外毫米波雷达技术参数对比中，国内产品在精度、距离等方面差距仍然明显。随着毫米波雷达国产化的不断推进，预计在未来的2～5年，国产24GHz毫米波雷达会有长足的发展，并凭借成本等优势抢占国内市场，技术相对困难的77GHz毫米波雷达国产化也会快速推进，并在3～10年逐渐取代24GHz毫米波雷达。

5）毫米波雷达在ADAS中的应用（图4-111）

从我国的情况看，无线电主管部门一直在积极推进车载雷达的频率划分。2005年，原信息产业部就发布了《微功率（短距离）无线电设备的技术要求》，将76～77GHz频段规划给车辆测距雷达使用。此后，工业和信息化部于2012年发布了《关于发布24GHz频段短距离车载雷达设备使用频率的通知》（工信部无〔2012〕548号），将24.25～26.65GHz频段规划用于短距离车载雷达业务。车载雷达的频率划分见表4-54。

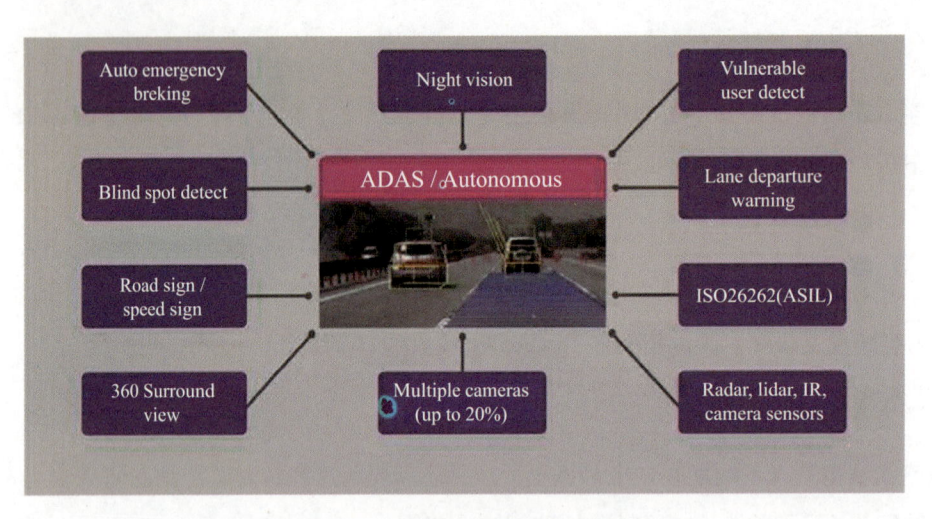

图 4-111　传感器在 ADAS 中的应用

表4-54　车载雷达的频率划分

国家/地区	24GHz	60GHz	77GHz	79GHz
美国	允许		允许	
欧盟	允许			允许
日本	允许	允许		允许
中国	允许		允许	

目前，毫米波雷达主要以"24GHz SRR（Short Range Radar）系统+77GHz LRR（Long Range Radar）系统"的形式出现，24GHz毫米波雷达主要负责短距离探测，而77GHz毫米波雷达主要负责长距离探测。

6）毫米波雷达领域投资全景导航

（1）竞争格局。

从整个毫米波雷达行业来看，无论是系统还是器件，核心技术目前仍掌握在国外企业手中，关键技术主要被博世、大陆集团、电装、奥托立夫等零部件巨头垄断，形成了较高的市场进入门槛。博世在车载雷达市场占有率最高，在 LRR 产品技术领域较为领先，其新产品 LRR4 最大探测距离可达 250m；海拉在 24GHz 市场占有率最高，产品已更新到第四代；富士天通和电装的主要客户为日系整车，以富士天通技术积累最为深厚，其 MMIC 芯片技术领先。

中国人工智能机器人产业联盟（CAIA）发布了2017年国内毫米波雷达最具潜力公司10强名单，分别是北京行易道、沈阳承泰科技、南京隼眼科技、芜湖森思泰克、浙江杭州智波、北京木牛领航科技、厦门意行半导体、华域汽车、深圳卓泰达和湖南纳雷科技。

（2）行业壁垒。

在24GHz毫米波雷达方面，国内少数企业已有研发成果，市场化产品即将问世；但在77GHz毫米波雷达方面仍处于初级阶段，国内只有极少数企业能做到77GHz毫米波雷达的样机阶段，产业化进程仍待突破。

毫米波雷达追求更远的测距、更高的精度、更小的集成、更低的成本，只有技术领先且有产品的企业才能进入下游自动驾驶的供应链。

（3）投资风险。

与国外技术差距拉大，低端产品缺乏竞争力；其他解决方案对于毫米波雷达在自动驾驶方面存在替代性。

（4）最有价值的投资领域。

技术突破欧美垄断的毫米波雷达企业，以及细分产品深度绑定下游客户的企业。

3. 摄像头

1）摄像头行业及上市公司分析

Mobileye长期以来在单目摄像头领域占据寡头地位，并且在合作中向整车厂完全封闭采集数据，各大整车厂有意寻找在摄像头传感器系统方面成熟的B点供应商。因此，从事单目摄像头及双目/多目摄像头技术研发的视觉ADAS公司应运而生。虽然Mobileye目前一家独大，但在产品升级（测距更远，监督式学习向非监督式学习发展）中，初创公司有一定的机会冲击Mobileye的寡头地位。在摄像头领域，建议关注拥有前装资源及技术的ADAS芯片标的。

涉及智能驾驶的摄像头公司一般也会研究相关的算法，二级市场的标的包括保千里、欧菲科技等。以欧菲科技为例，汽车相关产品的毛利率超过20%，远超过主业10%左右的毛利，所以公司发展汽车相关业务的动力很强，但汽车业务毛利润仅占公司毛利润的0.77%，所以从严格意义上讲，欧菲科技不能算一家汽车行业的零部件公司。该公司在智能驾驶算法上也有布局。2015年，该公司聘请博世智能驾驶业务研发人员研究智能驾驶相关的视频识别，但目前尚未收到有关欧菲科技产品配套到主机厂的消息。我们认为，由于汽车产品把安全性摆在第一位，因此对产品的可靠性会进行较多验证；同时，汽车产业相对封闭，跨行业企业进入汽车行业需要的时间长，各种认证相对复杂，摄像头企业想要进入汽车产业链仍然需要时间。

2）摄像头领域投资全景导航

（1）竞争格局。

前置摄像头是目前L3 ADAS主要依赖的传感器芯片模组。目前，行业内呈现Mobileye一家独大的市场格局。依托与Mobileye（Tier 2）稳固的合作关系，Hella占据了大部分量产前置摄像头的视觉领域。博世、大陆集团、奥特立夫、电装自主开发视觉算法，未来可通过并购获得视觉技术。我们认为，具有一定技术实力和市场攻关能力的ADAS前视初创公司仍然具有一定的机会。主要原因如下：一方面，Mobileye与整车厂合作在数据归属权方面比较严苛，整车厂有培育新供应商的动机；另一方面，Mobileye主要采用的监督式学习面临产品迭代快及成本下降慢等缺点，这一现状有望被非监督式学习颠覆。

（2）行业壁垒。

该行业的主要壁垒是芯片模组的技术壁垒。

（3）投资风险。

- 初创公司难以获得Tier 1或OEM客户认可的风险。
- 视觉摄像头传感器算法向非监督式学习迭代的风险。

（4）最有价值的投资领域。

- 非监督式学习的ASIC芯片视觉领域。
- 摄像头与其他传感器融合的芯片及算法领域。

4. 光场相机

1）光场相机工作原理及效果

光场相机是一种通过在普通相机镜头（主镜头）焦距处加微透镜阵列来记录光线，再通过后期算法（傅里叶切片定理、光场成像算法）实现数字变焦的设备。

如图4-112所示，光线通过主镜头后，射到微透镜阵列上，并再次成像。放在微透镜阵列后的像素，尽管只记录了光线的强度信息，却因其相对于某个微透镜的位置而提供了光线的方向信息。单纯用微透镜阵列和光电传感器，就相当于记录了通过主透镜的所有光线。在后期处理时，只需要对光线重新追迹即可完成重聚焦，因为光线在自由空间中的传播是可以用两个平面、四个坐标（四维量，学术上称为光场）来唯一表示的，而成像过程只不过是对这个四维光场进行二维积分，从而得到二维图像。光场相机相当于直接记录了四维光场，不同焦深的图像只不过是在做不同情况下的二维积分（图4-113）。

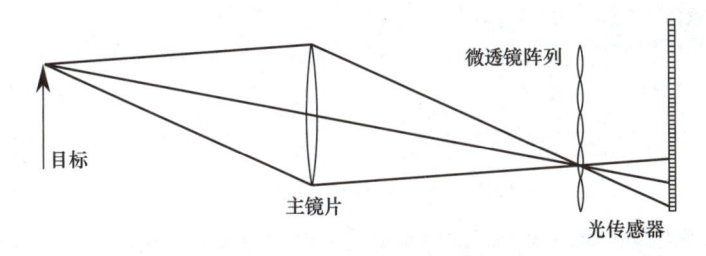

图 4-112 光场相机工作原理图

图 4-113 光场相机效果演示图及相机原型图

2）光场相机行业格局及市场分析（表4-55和表4-56）

在激光雷达（Velodyne）、视觉摄像头（Mobileye）、VCSEL（奥比中光）领域均已诞生独角兽，光场相机作为性能更优、信息价值更大的传感器领域，有机会诞生下一个视觉传感器智能硬件优质标的。

据行业咨询机构（CB Insight）预判，VR、AR及自动驾驶行业将在2020—2025年出现大规模增长，利好光场相机。因此，当前是投资光场相机行业的关键时点。

表4-55　光场相机与激光雷达及消费级VCSEL的比较

产品名称	光场相机	LiDAR	VCSEL
数据特征	三维坐标+RGB+图像适量	三维坐标+灰度	三维坐标+灰度
传感器特点	测量距离不受限制 数据量较大 测量精度高且包含色彩信息	测量距离远（150～200m） 数据量大 不包含色彩信息	测量距离近（小于30cm） 数据量小 不包含色彩信息
价值判断	适合对色彩和距离信息敏感的测量及传感领域	适合对色彩不敏感，但对尺寸和外界光敏感的应用场景	适合对数据敏感，对距离、色彩不敏感的应用场景
成熟应用	医疗传感、工业监测	工业AGV、机器人	消费电子人脸识别
潜在应用	自动驾驶、VR和AR数据采集	自动驾驶	近场摄影

表4-56　全球领先光场相机标的分析

公司名称	公司业务	发展阶段或融资进展
Lytro（美国）	主要进行基于光场相机技术的消费级相机的开发	目前公司已被收购，且交易价格远低于其融资额
Raytrix（德国）	Raytrix主要针对微生物医疗、工业精密监测等单件产品价值大的领域进行产品应用渗透，目前运营良好	公司目前在工业和医疗领域的产品已经成熟

5. Audi A8 传感器的应用

Audi A8传感器的应用如图4-114所示。

奥迪目前推出了与英伟达、Mobileye、Delphi等公司合作设计的全球首款搭载L3级自动驾驶系统的量产车——Audi A8。该车一共搭载了4个中距雷达、12个超声波传感器、5个车载摄像头和1个激光扫描器，所有传感器数据都会传输至车辆核心的中央驾驶辅助控制系统。中央驾驶辅助控制系统使用了英伟达的Tegra K1处理器、Mobileye的EyeQ3芯片、Altera的Cyclone V芯片、Infineon的Aurix及TTTech的通信模块等。核心系统Traffic Jam Pilot是目前市面上首款达到L3级自动驾驶水平的拥堵导航系统,能够在60km/h速度下实现无人驾驶功能(图4-115和图4-116)。

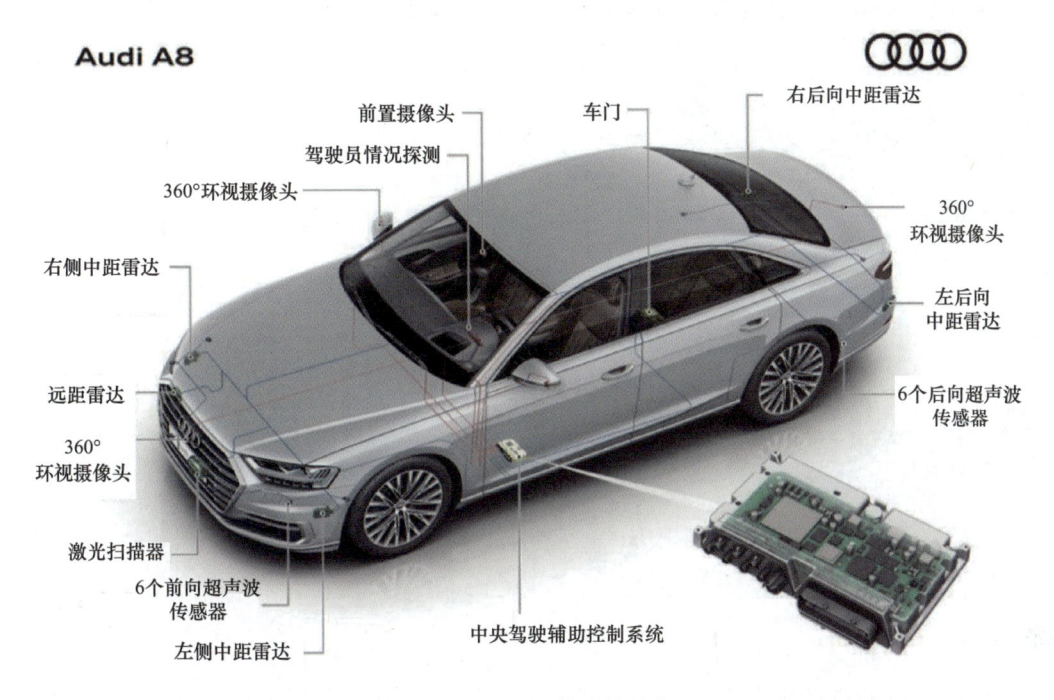

图 4-114 Audi A8 传感器的应用

图 4-115 Audi A8 的无人驾驶按钮

图 4-116 中央驾驶辅助控制系统

智能驾驶传感器领域投融资事件见表4-57。

表4-57　智能驾驶传感器领域投融资事件

细分领域	所属细分领域 上市公司	所属细分领域 未上市公司	近期并购事件 （2017年1月～ 2018年3月）	近期融资事件 （2017年1月～ 2018年3月）
摄像头	欧菲科技、索尼（O）、启迪国际（H）、Intel（O）、保千里、晶方科技、舜宇光学	Mobileye、豪威科技、纵目科技、中科慧眼、极目智能、智眸科技、敏通企业、清研微视	—	2017年2月，纵目科技完成B轮1亿元融资，君联资本、德屹资本参投
毫米波雷达	博世、海拉、华域汽车	森思泰克、杭州智波、厦门意行、承泰科技、大陆集团	—	—
激光雷达	巨星科技、大族激光、中海达	速腾聚创、北科天绘、北醒光子、思岚科技、镭神智能、LeddarTech、Innoviz Technologies、Ibeo、Quanergy、Velodyne、TriLumina、Blackmore、Oryx Vision、禾赛科技、安智汽车、径卫视觉、Innovusion、Strobe	奥托立夫收购Fotonic i NordenAB部分激光雷达资产 2017年11月，通用收购激光雷达公司Strobe	2017年12月，Innovusion完成数百万美元融资，高榕资本参投 2018年1月，安智汽车完成A轮2500万元融资，上海物联网创业投资基金参投

4.5.2　ADAS

ADAS即先进驾驶辅助系统，又称主动安全系统，主要包括车身电子稳定系统（ESC）、自适应巡航系统（ACC）、车道偏移报警系统（LDW）、车道保持系统（LKA）、前向碰撞预警系统（FCW）、自动紧急刹车系统（AEB）、交通标志识别（TSR）、盲点探测（BSD）、夜视系统（NV）、自动泊车系统（APS）等。

ADAS内每个子系统在运作时，都离不开信息的收集、处理与判断，以及判断完毕后系统给予车体指令，使汽车进行不同动作等阶段。在这样的流程中，雷达和摄像头等传感器，以及MCU和影像处理IC等处理器，就成了最主要的元件。

在产业链中，传感器（摄像头与雷达）、芯片与算法是关键。其中，摄像头核心部件CMOS感光芯片主要掌握在以索尼、三星为代表的日韩企业手中。雷达分为超声波雷达、毫米波雷达、激光雷达，超声波雷达技术门槛较低，供应商较多；激光雷达成本高（图4-117）。

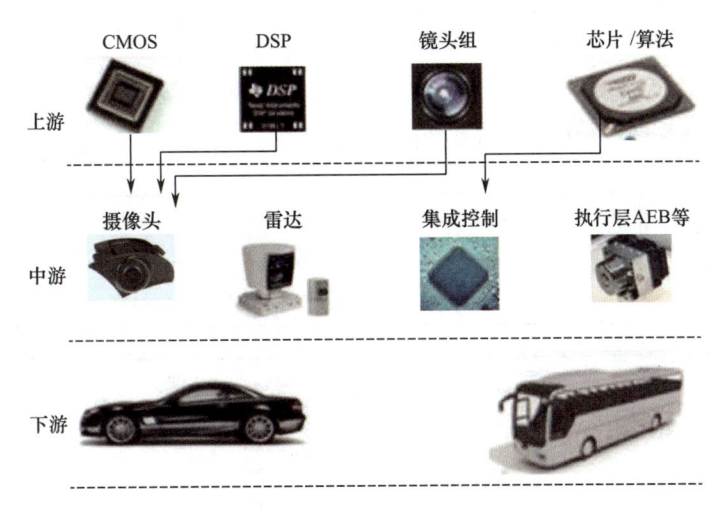

图 4-117 ADAS 及供应链

1. 电子控制单元

电子控制单元（ECU）在汽车上应用广泛（图4-118和图4-119）。根据统计分析，目前乘用车上的电子控制单元数量在25～100个。由于汽车结构复杂，系统变量多且相互影响，难以建立准确的数学模型。随着智能控制的发展，一般系统级控制采取智能控制方法，执行层控制采取经典理论控制方法（建立精确的数学模型，精确控制）。在执行层，控制各个执行机构的电子控制单元集成电路最为重要，也是技术壁垒最高的部分。

汽车电子控制单元作为汽车电子控制系统的核心部分，是嵌入式系统装置，一般包括硬件和软件两部分。硬件结构主要包括微处理器、存储器、输入输出接口（A/D、D/A转换器）单元。

汽车电子控制单元硬件的核心在于微处理器。微处理器包括MCU、MPU、DSP和逻辑IC等。其产业链主要涉及晶圆生产、封装测试及系统应用等（图4-120）。

汽车自动驾驶的发展使得汽车微处理器处理的数据量呈几何级增长，要求汽车微处理器有高性能的计算能力，特别是汽车识别行人及物体的计算机视觉和深度学习功能要求芯片具有强大的实时计算处理能力。基于汽车智能化的迅猛发展趋势，可以预计汽车微处理器市场广阔。根据Strategy Analytics的计算，截至2016年，安装在轻型车辆上的MCU的总价值达到近18亿美元。到2023年，车身控制应用对MCU的需求有望超过19亿美元。其中，车身是其最大的应用领域，占据大约30%的比例（图4-121）。

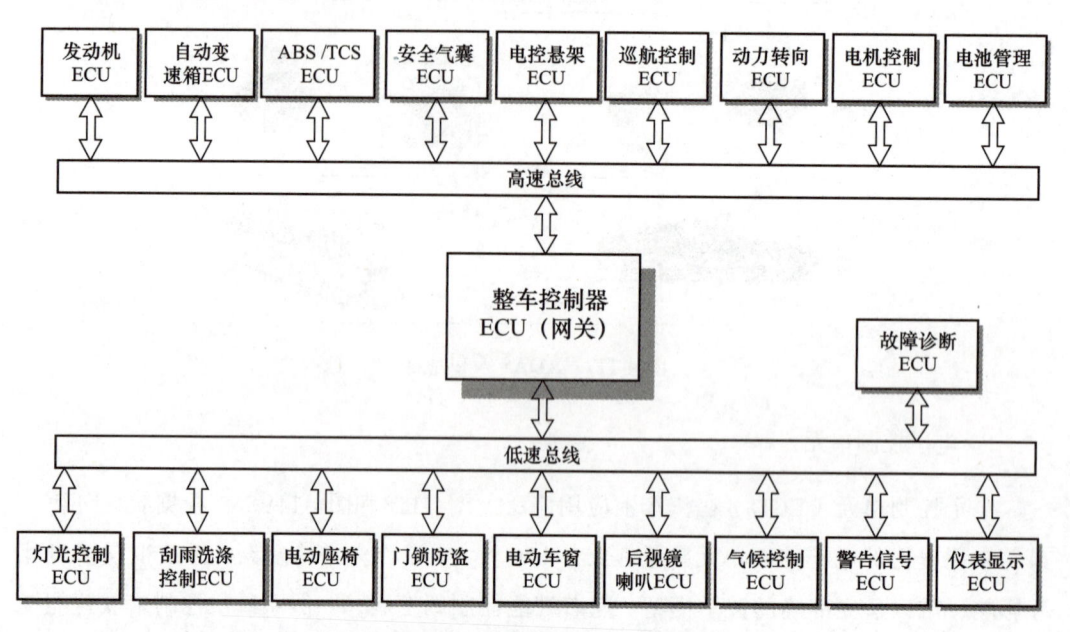

图 4-118 汽车电子控制单元结构图

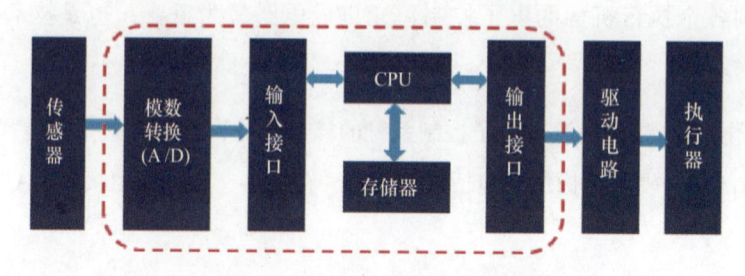

图 4-119 典型的 ECU 系统框架

汽车电子控制单元的另一核心是软件算法。随着汽车智能化程度的不断提高，软件系统越来越复杂，整个汽车软件代码行数在1000万行以上，软件价值占比不断上升，开发成本占汽车电子系统总成本的一半以上，重要性凸显。汽车软件系统包括系统软件和应用软件两大部分。

来源：盖世汽车研究院

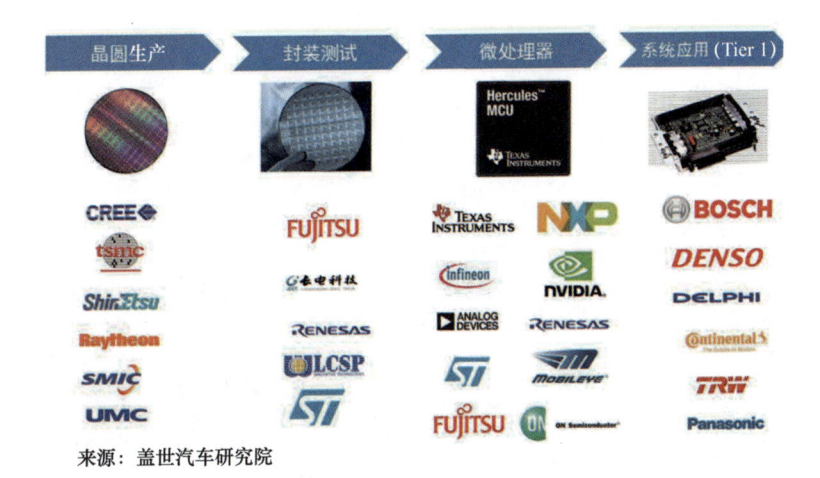

图 4-120　ECU 产业链

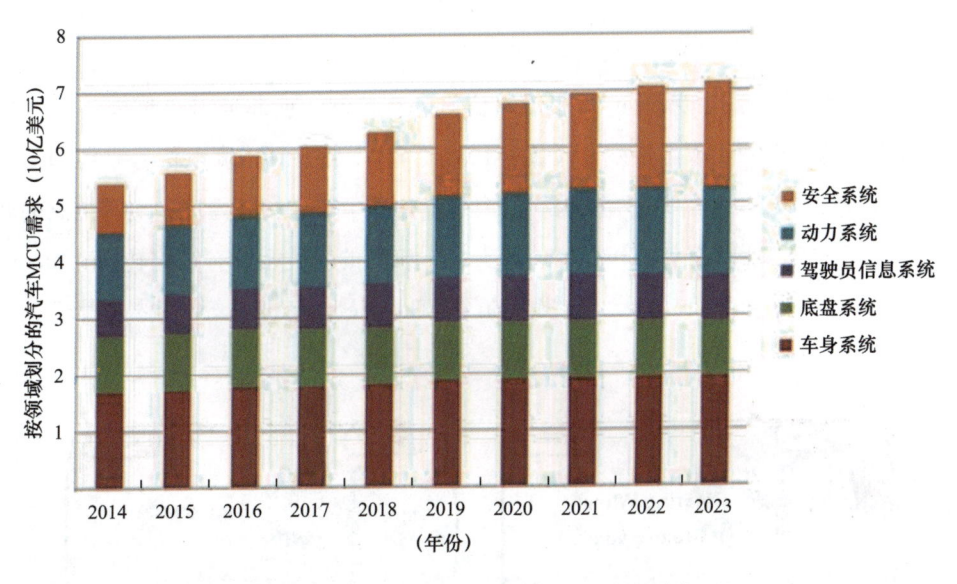

图 4-121　各个应用领域的汽车 MCU 需求

系统软件包括操作系统和一系列实用程序，一般由处理器芯片厂家提供。应用软件包括：

（1）数据采集与过程监控模块。

（2）数据处理模块。

（3）控制算法模块。

（4）执行机构控制模块。

（5）故障自诊断模块。

ECU与软件匹配流程如图4-122所示。

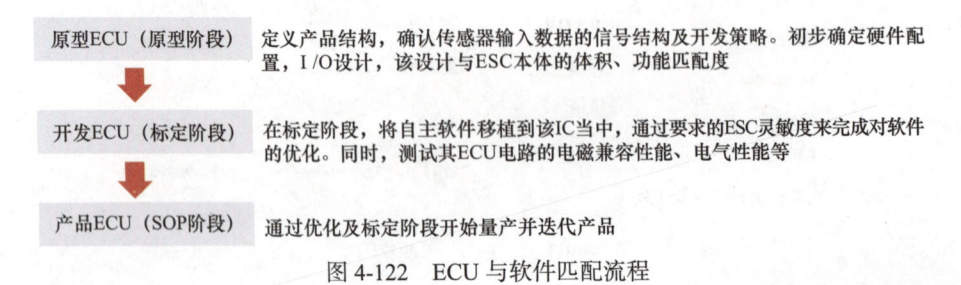

原型ECU（原型阶段）	定义产品结构，确认传感器输入数据的信号结构及开发策略。初步确定硬件配置，I/O设计，该设计与ESC本体的体积、功能匹配度
开发ECU（标定阶段）	在标定阶段，将自主软件移植到该IC当中，通过要求的ESC灵敏度来完成对软件的优化。同时，测试其ECU电路的电磁兼容性能、电气性能等
产品ECU（SOP阶段）	通过优化及标定阶段开始量产并迭代产品

图4-122　ECU与软件匹配流程

2. 线控系统

线控（X-by-Wire）技术通过线束传递信号进行控制，而非通过机械连接装置来操控，其对汽车结构进行了根本性变革（图4-123），其本质是利用弱电信号来控制强电执行机构，以取代原来的机械或液压机构。线控系统是基于信息交互处理和实时控制的新型电控系统，需要高性能的控制器和高速总线支持。典型的线控系统有线控转向（Steer-by-Wire）、线控制动（Brake-by-Wire）、线控油门（Throttle-by-Wire）等。线控技术代表了一系列车辆综合控制技术。

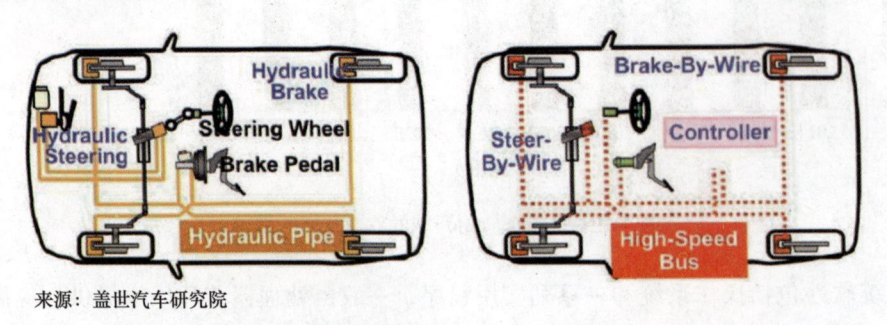

来源：盖世汽车研究院

图4-123　线控技术对汽车结构的变革

线控转向系统取消了传统的机械转向装置，转向器与转向柱之间无机械连接。整个系统主要由转向盘传感器、转向ECU、转向执行机构、力矩反馈电机和环境传感器等组成

（图4-124）。线控转向的好处在于提高了整车设计的自由度，没有了机械连接，便于系统布置；转向效率高，响应迅速，可在瞬间提供转向动力；有利于改善驾驶特性，增强操纵性；有利于整合底盘技术和降低底盘开发综合成本。

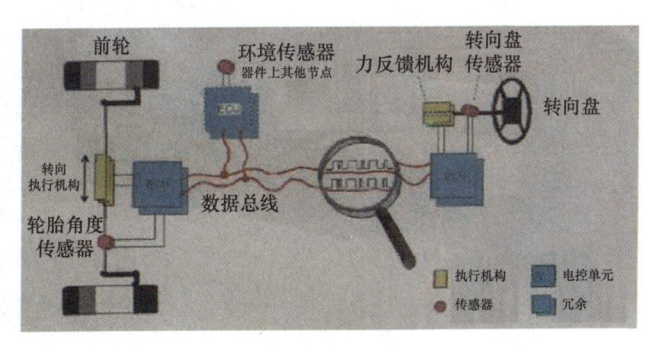

(a) 传统转向系统　　　　　　　　　(b) 线控转向系统

图 4-124　传统转向系统与线控转向系统的对比

ADAS领域投融资事件见表4-58。

表4-58　ADAS领域投融资事件

细分领域	所属细分领域上市公司	所属细分领域未上市公司	近期并购事件（2017年1月～2018年3月）	近期融资事件（2017年1月～2018年3月）
ADAS	亚太股份、万安科技、得润电子、托普集团、启迪国际（H）、德尔福、电装、奥托立夫、海康威视、高德红外	博世、大陆集团、英创汇智、纵目科技、清智科技、前向启创、趋势科技、极目智能、中天安驰、图森蔚来、Mobileye、Momenta、开易科技、裕兰信息、苏州智华、青飞智能、领骏科技、维森传感、主线科技、MINIEYE、双髻鲨、Argo	2017年2月，福特汽车以10亿美元收购自动驾驶AI公司Argo	2017年1月，Momenta完成4600万美元融资，蔚来、戴姆勒、顺位、创新工场参投 2017年1月，裕兰信息完成B轮3000万美元融资；2017年7月，裕兰信息完成C轮数千万元融资，协立投资参投 2017年3月，苏州智华完成1800万元融资；2017年5月，苏州智华完成C轮数千万元融资，上海物联网创业投资基金参投 2017年7月，领骏科技完成天使轮数百万元融资，九合创投、信天创投参投 2018年1月，MINIEYE完成A+轮数千万美元融资，中兴合创、普华资本、嘉信投资参投 2018年2月，双髻鲨完成A轮数千万元融资，国家中小企业发展基金参投

177

4.5.3 汽车网联

汽车网联基础技术升级路线如图4-125所示。

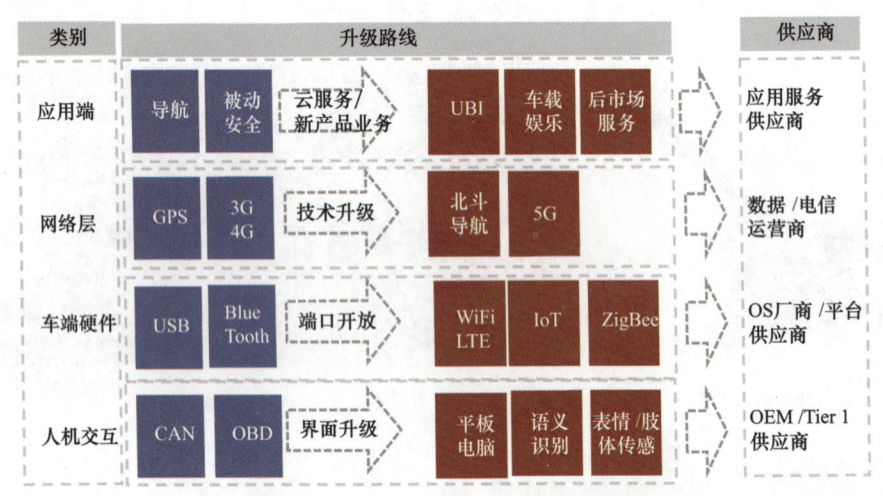

类别	升级路线				供应商
应用端	导航	被动安全	云服务/新产品业务	UBI / 车载娱乐 / 后市场服务	应用服务供应商
网络层	GPS	3G/4G	技术升级	北斗导航 / 5G	数据/电信运营商
车端硬件	USB	BlueTooth	端口开放	WiFi LTE / IoT / ZigBee	OS厂商/平台供应商
人机交互	CAN	OBD	界面升级	平板电脑 / 语义识别 / 表情肢体传感	OEM/Tier 1 供应商

图 4-125　汽车网联基础技术升级路线

1. 5G通信

1）全球加速建设，中国有望领跑

我国已具备领跑5G所需的资金、技术和产业政策3个要素，各运营商正加足马力推进5G部署，5G争夺战已经打响（图4-126和图4-127）。

- 2018年底　AT&T、Verizon推出5G商用
- 2017年7月　苹果获准开始5G测试
- 2017年6月　AT&T开始第二阶段5G试验
- 2017年5月　Vcrizon部署首个5G试验网
- 2016年7月　美国政府分配5G频谱

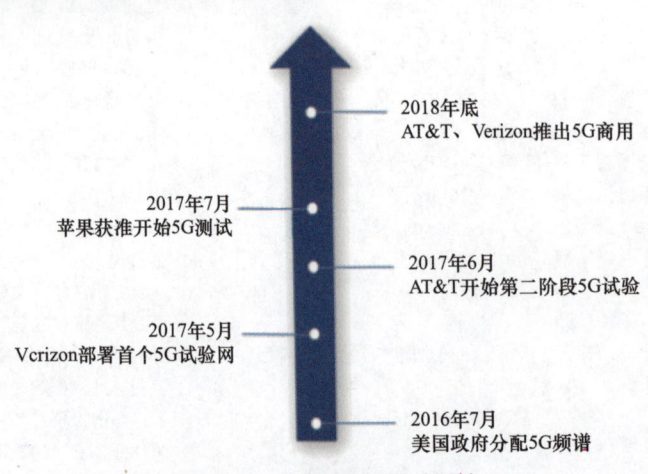

图 4-126　美国 5G 部署时间轴

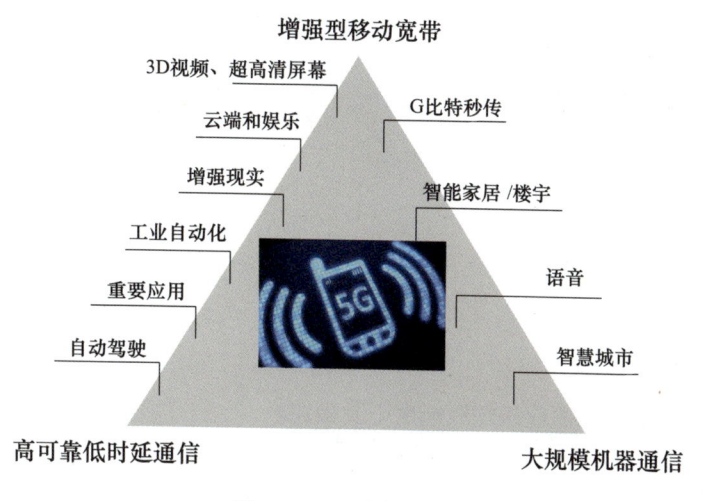

图 4-127　5G 应用分布

5G面向的应用场景颠覆现有通信网络模式。5G技术面向移动互联网和物联网，主要涉及3个技术场景：增强型移动宽带、大规模机器通信和高可靠低时延通信。前一个主要面向移动互联网应用，后两个主要面向物联网及垂直行业应用。未来无人驾驶汽车每秒将使用0.75GB的数据，每天大概使用4000GB的数据。仅靠4G、LTE-V和DSRC等通信技术无法实现。当前，汽车企业与通信服务商各自开发了DSRC（专用短程通信技术）和LTE-V（融合4G LTE网络的车辆通信解决方案）以满足车辆的V2X通信需求。DSRC的优势在于可靠性高、传输实时性强，弱点在于通信距离优势不明显。因此，如果仅通过DSRC实现无人驾驶技术与车联网通信，那么就需要针对路边设施进行大规模投入，而这将限制DSRC的商业化。

2）5G通信领域投资全景导航

（1）竞争格局。

- 运营商：Verizon、AT&T、中国移动、中国联通、中国电信。
- 设备商：华为、中兴、爱立信、诺基亚。
- 芯片商：高通、英特尔、华为、展讯、联发科、大唐电信。

- 天线：华为、凯仕琳、安德鲁。

- 光器件：光迅科技、天孚通信。

- 光缆：长飞光纤、亨通光电、烽火通信。

（2）行业壁垒。

5G标准的制定、技术壁垒。

（3）投资风险。

- 5G推进速度及物联网应用拓展速度不及预期。

- 行业分裂化风险。

- 中美贸易摩擦。

（4）最有价值的投资领域。

第一赛道是固网传输领域，关键突破点包括高端光模块芯片、交换机芯片、服务器芯片等。目前，国内在25G高端光模块芯片领域有望取得突破，而交换机芯片、服务器芯片领域也正加速发展。

第二赛道为5G无线应用的射频器件和芯片，主要包括滤波器、放大器、AD/DA、基带芯片等。目前除基带芯片外，国内厂商如华为、中兴等已实现较好突破，前三个领域基本为美国厂商及日本厂商主导，国内产业需要针对材料、设计、晶圆进行全方位突破。

第三赛道为卫星导航领域，重点为北斗导航产业发展，有望实现高精度定位突破，同时在军用、消费、行业应用领域快速发展。

2. 车联网

1）以数据为核心的新供应链模式（图4-128）

2）主要车联网产品研究——上汽斑马智行

斑马智行是上汽集团和阿里巴巴集团共同打造的基于Yunos操作系统的互联网汽车解决方案，分为车内系统和App软件系统两部分。车内系统与传统车联网系统类似（如iVoka

等，实现了语音控制天窗、音响、蓝牙拨号等功能），其特色为App软件系统，具体功能如图4-129所示。

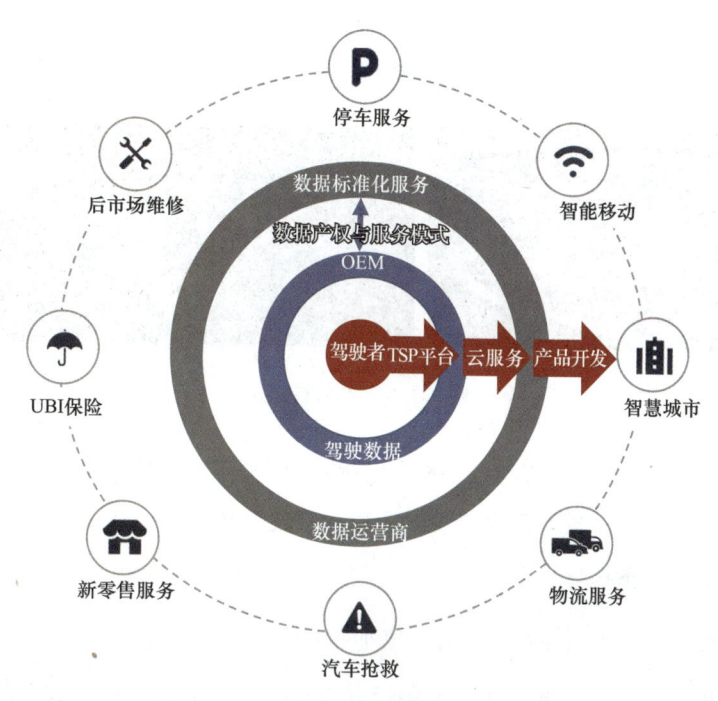

图 4-128　以数据为核心的新供应链模式

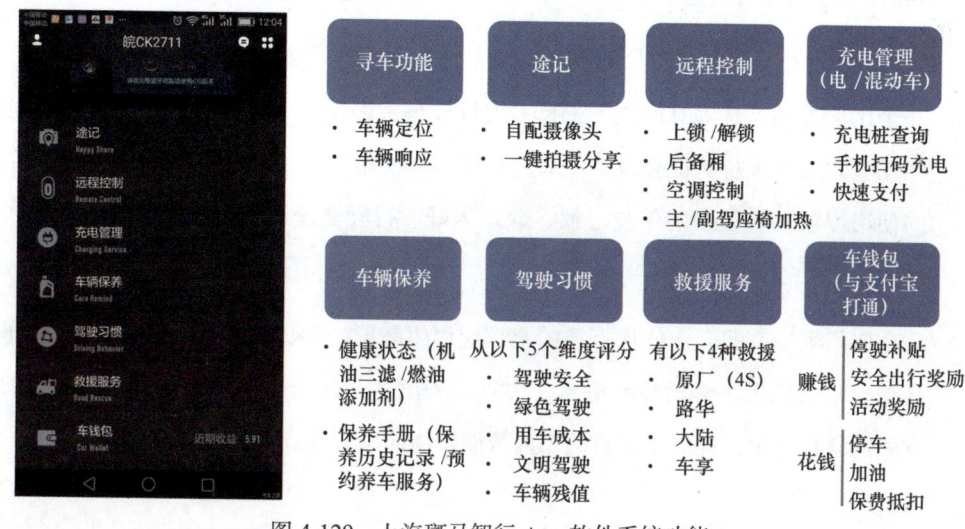

图 4-129　上汽斑马智行 App 软件系统功能

3）主要车联网产品研究——吉利GKUI

吉利GKUI（Geek User Interaction）即吉利吉客智能生态系统，主要由一朵云、一个桌面、一个ID、一个应用生态所组成（图4-130）。

图 4-130　吉利 GKUI

- 一朵云，即全时在线云服务。GKUI与阿里云及谷歌云达成了战略合作，在全球范围内搭建平台，为全球互联网企业的入驻、开发及拓展提供开放性平台，从而形成汽车云产业的生态系统。

- 一个桌面，即操作系统触控桌面。类似于智能手机的交互界面，GKUI采用大图标、少文字的简洁设计，配合大屏幕触控方式及语音交互，让用户更好地在车内使用互联网产品。GKUI借鉴了用户日常操作最为熟悉的交互方式，将手机式的交互体验带入车内，既符合用户日常使用习惯，又节省了设计成本。

- 一个ID，即生态体系ID账号。GKUI为每位车主提供了一个专属ID，用户可以通过G-ID管理系统进行认证登录，从而获得更多的使用功能。并且，GKUI会根据每个ID的使用习惯，对车主的驾驶习惯、应用偏好、行驶轨迹进行全方位分析，提供多角度的数据服务。

- 一个应用生态，即合作伙伴打造的汽车应用生态群。GKUI联合了阿里巴巴、腾讯、高德、科大讯飞、喜马拉雅电台、中兴、腾讯社交娱乐及京东微联智能家居等13家互联网科技公司，提供了丰富的车内智能生活周边服务。

3. BAT（百度、阿里巴巴、腾讯）

BAT的既有优势决定了基于生活服务的新进入者难以找到生存空间。

BAT在生活服务App领域竞争异常激烈，均已经形成了相互导流的生态矩阵，且对于任一新进入或弱势领域，BAT都能够通过跨平台补贴轻易做到行业前列。对于BAT以外的新进入者来说，在图4-131所示的任一细分领域做到行业前三都有随时出局的可能。

	音乐	视频	影院	旅游酒店	地图导航	餐饮外卖	团购	用车	社交	支付	语音识别
百度	百度音乐	爱奇艺PPS	百度糯米	携程去哪儿	百度地图	—	百度糯米	—	百度贴吧	百度钱包	百度语音
阿里巴巴	阿里音乐	优酷土豆	淘票票	飞猪去啊	高德导航	饿了么淘点点百度外卖	口碑	滴滴	微博陌陌	支付宝	阿里云
腾讯	QQ音乐	腾讯视频	美团大众	途牛艺龙	腾讯地图	美团大众	美团大众	滴滴	微信QQ	微信支付	微信语音

图4-131　BAT在生活服务领域的布局

要在BAT所覆盖领域进行突围，今日头条、美团和滴滴的模式值得研究。美团和滴滴的崛起在于远离BAT巨头商业半径，在新的领域内通过颠覆式商业模式迅速做大，达到"大而不能并（购）"，虽然引入了巨头作为投资方，但均保留了经营上的独立性。而今日头条则借助机器算法推荐这一技术的率先应用，在BAT的核心业务——信息分发业务中杀出重围。由此可见，在BAT现有生活服务领域，要想寻找突破点，能迅速做大的颠覆式的商业模式和BAT尚未构建起垄断优势的AI领域，尚存一线可能。

4. 开放、共享、平台化是未来车联网的发展趋势

相对于我国汽车企业的封闭业态，互联网企业开放、共享的特点更为显著，更擅长打造开放式平台，如阿里巴巴在快递领域打造的菜鸟平台，成为众多快递企业的公共服务平台。与此类似，在车机领域，打造跨整车企业的公共车联网平台也是必然趋势，近期阿里巴巴向东风开放其斑马系统，以及腾讯和长安进行合作，都朝这个方向迈出了一步。车联网企业合作格局如图4-132所示。

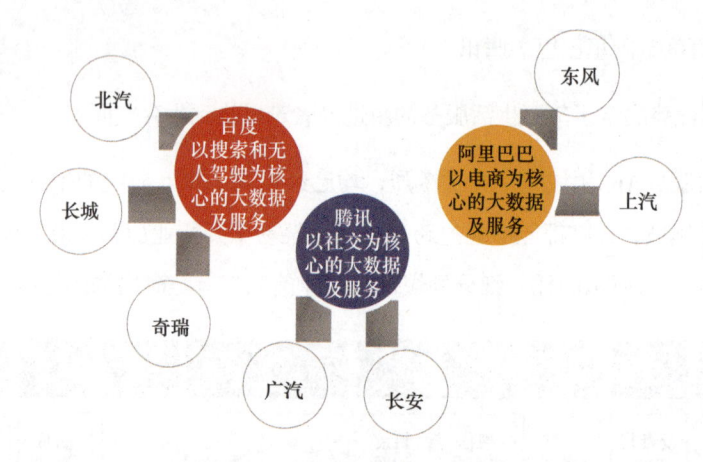

图 4-132　车联网企业合作格局

车联网产业链主要企业情况见表4-59。

表4-59　车联网产业链主要企业情况

车联网产业链	公司名称	车联网产业链	公司名称	车联网产业链	公司名称	车联网产业链	公司名称	车联网产业链	公司名称
智能车机	深圳航盛	智能仪表	友衷科技	TSP	九五智驾	语音识别	科大讯飞	大数据	掌慧纵盈
	北京远特		中科创达		四维图新				南京车宝
	上海博泰		Rightware		四海万联		思必驰		评驾科技
	斑马		雨冉科技		元征				九次方
	路畅		赫千		钛马		普强信息		畅车行
	科大讯飞	T-BOX	智信通		体斯（美国）				极奥科技
	先锋		飞驰镁物		Wireless Car（瑞士）		云知声		知因智慧
	华阳		雅迅网络		百度				众调科技
	飞歌		恒润科技		阿里巴巴		百度语音		集奥聚合
	德赛西威		速锐得		腾讯		阿里云		广联赛讯
	索菱		四海万联		飞驰镁物				汽车之家
	阿尔派		东软集团		东软集团		腾讯叮当		Pivotal
			北京远特		上海博泰				众调网
					迪纳科技		车音网		迪塔班克
					北京远特				贵州驰翔
									上海语境

5. 高精度地图

自动驾驶对车辆感知环境的要求极高，甚至要达到不逊于人类的水平，诸多感知技术被应用于自动驾驶的不同阶段,如2D摄像头、测距摄像头、激光雷达、声呐、GPS等。L5级别的无人驾驶系统必须对周围环境有实时感知,才能实现不依靠人类驾驶。随着ADAS的广泛应用,感知技术已经相对成熟。与此同时,上述感知技术仍然存在一定盲区,对于整个空间环境的感知能力仍然不足。不同级别自动驾驶对数据的要求见表4-60。

表4-60 不同级别自动驾驶对数据的要求

级别	L0人工驾驶	L1安全辅助驾驶	L2半自动驾驶	L3高度自动驾驶	L4全自动驾驶
数据精度	10m	2~5m	50cm~1m	10~30cm	10~30cm
源数据	GPS轨迹	GPS轨迹+IMU	图像提取或高清度POS	高精度POS+激光点云	高精度POS+激光点云
数据内容	传统地图	传统地图+ADAS	车道模型+高清度ADAS	HAD Map	多远数据融合
静态/动态	静态地图	静态地图	静态地图+动态交通	静态地图+动态事件	静态地图+动态事件实时传感器融合地图

车载传感器的性能边界既包括测量范围(如前车的前车、更远距离的感知等),也包括面对不同环境时表现出来的感知缺陷(如尘土、暴雪等恶劣天气)。

1)高精度地图和传统电子地图的比较(表4-61)

表4-61 高精度地图和传统电子地图的比较

	高精度地图	ADAS地图	传统电子地图
坐标精度	厘米(亚米)量级	5~10m	10m量级
数据要素	道路形状,车道的坡度、曲率、航向、高程,侧倾的数据,车道线(虚线、实线、双黄线及线的颜色),道路隔离带,隔离带的材质,甚至道路上的箭头、文字的内容	在传统电子地图的基础上进行了扩充(坡度、曲率、航向)	关键的道路和坐标信息
面向对象	自动驾驶汽车	辅助驾驶功能	驾驶员
使用功能	实现高精度的定位功能、道路级和车道级的规划能力,以及车道级的引导能力	主动安全场景	基础道路导航功能:路径规划,车辆和道路的定位匹配,用于查询目的地的POI检索,结合地图显示和道路引导的功能等

在传统电子地图和高精度地图之间,还有一种应用在ADAS中的地图,它在传统电子地图的基础上进行了扩充,如在道路上补充了坡度、曲率、航向等辅助信息。

2）标准化组织定义的LDM数据

根据欧洲标准化组织ETSI给出的LDM（Local Dynamic Map）的定义，其数据包括四层架构，如图4-133所示。第一层和第二层的静态数据包括常规地图信息、道路指示牌、限速标志、车道线标志、交通信号灯等信息，这部分信息更多依赖于测绘车的采集，其精度要求较高；而第三层和第四层的动态数据包括交通拥堵、施工、事故等信息，它们依赖于众包的方式，由海量的运行车辆来保持高频度的更新。此外，众包方式也是维护地图、发现数据变更的重要方式。

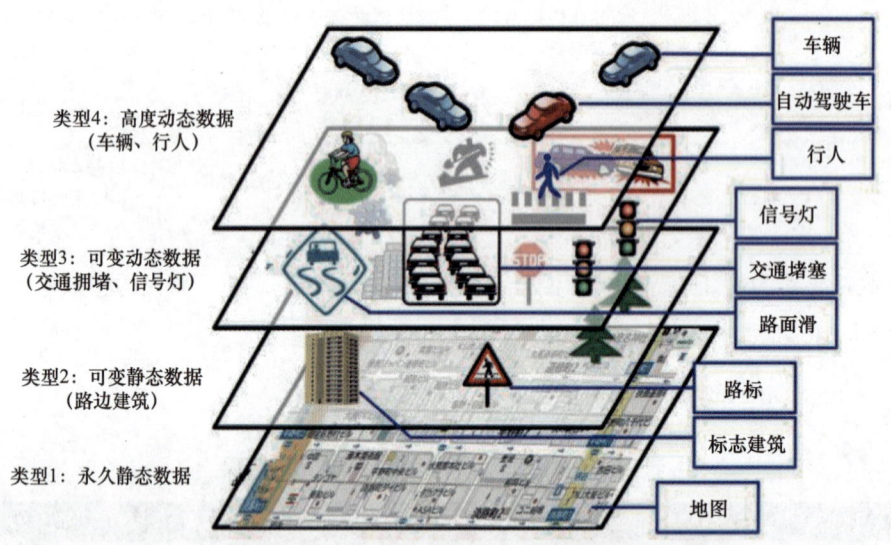

来源：《Implementation and Evaluation of Local Dynamic Map in Safety Driving Systems》

图4-133 标准化组织定义的LDM数据

3）高精度地图的核心要素

建图（Mapping）和定位（Localization）是相互依赖、不可分割的。准确定位依赖于正确建图，而构建（或运用）正确的地图又需要准确的定位。对于无人驾驶和机器人，最重要的就是即时定位与地图构建（Simultaneous Localization and Mapping，SLAM）。高精度地图的前提是高精度定位，否则高精度地图毫无意义。

传统GPS定位无法满足自动驾驶的商业化需求。传统的GPS定位精度只有3～7m，在城市道路或峡谷中，精度会进一步下降。

ADASIS定义了地图在ADAS中的数据模型及传输方式，以CAN作为传输通道（图4-134）。现在ADASIS Forum被划入ERTICO（ITS Europe，欧洲智能交通组织）。目前，主要使用的是2010年的v2版，v3版在2017年推出。ADASIS v3自2015年6月开始筹备，以CAN和车载以太网为传输通道。ADASIS是典型的欧洲标准。

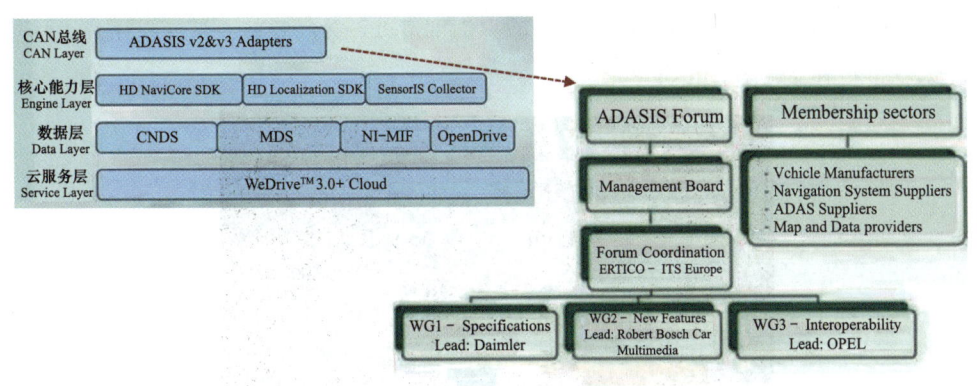

来源：佐思汽车研究、北汽产投

图 4-134　高精度地图的标准内容

ADASIS的成员构成如下：汽车厂商16个，中国车企只有一汽技术中心；ADAS供应商15个，无中国企业；导航系统供应商13个；地图数据供应商8个，包括国内的高德、四维图新和武汉光庭。

4）高精度地图领域相关投资布局

奔驰、宝马、奥迪收购Here，构建高精度地图联盟。Here的前身为美国地图公司NAVTEQ，2008年被诺基亚以81亿美元的价格收购，并入自己的Here地图部门。2015年4月，诺基亚宣布剥离Here部门，吸引了宝马、奔驰、奥迪、谷歌、Uber、Facebook、百度、腾讯（联合四维图新）来竞标。最终奔驰、宝马、奥迪临时组成的联合体以28亿欧元（约31亿美元）全资收购Here，三家各占1/3的股权。

Apollo是百度的无人驾驶平台，它是一个开放、完整、安全的平台，能够帮助合作伙伴结合车辆和硬件系统，快速搭建一套属于自己的自动驾驶系统。2017年4月，百度宣布对外开放该平台。目前，已经有1700多个合作伙伴开始使用Apollo的开放代码，有100多个合作伙伴申请使用Apollo的开放数据。

2017年3月，TomTom宣布与高通合作。TomTom此前已经通过测绘采集车的方式积累了大量的HD地图，本次合作将利用高通的车载云数据平台（Drive Data Platform），通过众包的方式收集实时信息用于高精度地图的更新。

2016年12月，Here与Mobileye达成合作，Here旗下的HD Live Map将与Mobileye旗下的Roadbook结合起来。Roadbook能通过众包数据识别可以行驶的路径，从而对Here HD Live Map的数据进行补充（图4-135）。

图 4-135 Here 绘制的高精度地图

主要整车和零部件企业在地图领域的投资布局见表4-62。

表4-62 主要整车和零部件企业在地图领域的投资布局

企业	合作方	布局或合作动向
奥迪、宝马、奔驰	Here	2015年8月，德国三大汽车制造厂耗资31亿美元收购Here
博世	TomTom	2015年7月，德国博世集团及荷兰导航系统供应商TomTom发布联合声明称，双方将共同开发高清数字地图用于自动驾驶汽车
通用汽车	Cruise Automation	2016年，通用汽车以10亿美元收购了自动驾驶初创公司Cruise Automation，目前正切入高精度地图领域
福特汽车	DeepMap、Civil Maps	2016年7月，福特汽车向Civil Maps提供了660万美元的种子融资，携手研发自动驾驶汽车所需的3D地图，经验证最后使用了DeepMap的3D地图
特斯拉	谷歌、四维图新	特斯拉从2015年开始，利用Model S收集数据，建立实时地图数据更新库
本田汽车	DeepMap	2017年11月，本田公司宣布和DeepMap公司合作制作自动驾驶高精度地图
比亚迪	百度地图	2016年1月，比亚迪董事长在采访中透露，比亚迪近期和百度合作开发无人驾驶，主要是为了高精度地图
上汽集团	中海庭、DeepMap	2017年9月，上汽投资1.46亿元控股中海庭，将开发针对L4级别的高精度地图；上汽北美与DeepMap合作制作3D高精度地图

汽车网联领域投融资事件见表4-63。

第4章 / 汽车全产业链投资价值研究

表4-63 汽车网联领域投融资事件

细分领域	所属细分领域上市公司	所属细分领域未上市公司	近期并购事件（2017年1月—2018年3月）	近期融资事件（2017年1月—2018年3月）
智慧交通（ITS）	中兴、易华录、高新兴、千方科技、银江股份、捷顺科技、数字政通	长江汽车、博世、汉德网络	2017年8月，高新兴6.8亿元收购中兴物联84.07%的股权；2018年3月，千方科技以43.4亿元收购视频监控公司交智科投92%的股权	2018年2月，中兴公告拟进行130亿元定增；2017年8月，数字政通完成5.38亿元定增；2017年5月，汉德网络完成Pre-A轮数千万元融资，钟鼎创投、龙腾资本、峰瑞资本、汇通天下参投
5G V2X通信技术	烽火通信、光迅科技、中兴、中际旭创、锐捷、中国联通、鹏博士、中国电信、福特、丰田、本田、大唐电信、诺基亚、中国移动（H）	华为	2017年5月，中际旭创以28亿元收购光通信模块公司苏州旭创100%的股权	2017年9月，烽火通信完成18亿元定增，价格为26.51元；2017年11月，中国联通完成617亿元定增，价格为6.83元
T-BOX、AVN衍生	兴民智通、索菱股份、东软集团	蓝度汽车、车联天下、斗、天安智慧、华大北网络、飞思卡尔、雅迅、飞驰镁物、恒润科技、速锐得、四海万联、北京远特	2017年3月，索菱股份以5.9亿元收购通信公司三旗通信100%股权，以1.3亿元收购车联网公司英卡科技100%的股权	—
内容服务供应商及衍生	百度、四维图新、阿里巴巴、腾讯、东软集团	QQ音乐、考拉FM、AutoLab、凹凸先生、斑马智行、九五智驾、四海万联、Wireless Car、上海博泰、迪纳科技、北京远特	—	2017年2月，凹凸先生完成A轮融资，好望角投资参投

189

（续表）

细分领域	所属细分领域上市公司	所属细分领域未上市公司	近期并购事件（2017年1月—2018年3月）	近期融资事件（2017年1月—2018年3月）
汽车数据服务	银江股份、荣之联、太平洋保险、赛格导航	极奥科技、智途科技、彩虹无线、慧数科技、车慧达、亮啦数据、慧数汽车、数鼎科技、CloudCar、掌图科技、评驾科技、九次方、知因智慧、Pivotal、众调科技、集奥聚合、迪塔班克、贵州驰祥、上海语境、南京车行、畅车	—	2017年1月，CloudCar获得捷豹路虎1500万美元的战略投资 2017年2月，慧数汽车完成Pre-A轮1000万元融资，汽车之家参投 2017年3月，极奥科技完成天使轮数百万元融资，行早金融参投 2017年8月，数鼎科技完成天使轮数千万元融资，松禾远望资本、兰石创投参投 2017年12月，彩虹无线完成B轮融资，远毅资本参投
卫星定位	北斗星通、中国卫通	中信卫星	—	—
高精度地图及测绘	四维图新、Google、百度	Here、高德、TomTom、光庭、Civil Maps、DeepMap、Carmera	2017年1月，英特尔收购Here 15%股权；2018年1月，博世、大陆集团拟分包收购Here 5%的股权 2017年1月，四维图新以38.75亿元收购汽车芯片设计公司杰发科技100%的股权，同时定增募资3.31亿元	—
数据安全领域	360、东软集团、浙江大华、恩智浦、蓝盾股份、Cyber Ark、Check Point、Palo Alto Network	Argus	2017年11月，大陆集团收购了网络安全公司Argus	—

4.5.4 车载芯片

车载芯片及主要企业如图4-136所示。

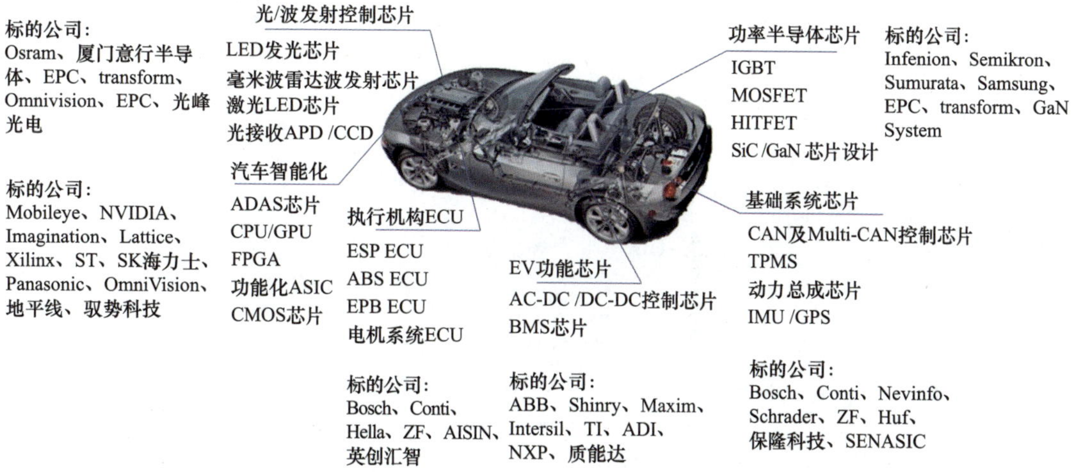

标的公司：
Osram、厦门意行半导体、EPC、transform、Omnivision、EPC、光峰光电

光/波发射控制芯片
LED发光芯片
毫米波雷达波发射芯片
激光LED芯片
光接收APD/CCD

功率半导体芯片
IGBT
MOSFET
HITFET
SiC/GaN 芯片设计

标的公司：
Infenion、Semikron、Sumurata、Samsung、EPC、transform、GaN System

标的公司：
Mobileye、NVIDIA、Imagination、Lattice、Xilinx、ST、SK海力士、Panasonic、OmniVision、地平线、驭势科技

汽车智能化
ADAS芯片
CPU/GPU
FPGA
功能化ASIC
CMOS芯片

执行机构ECU
ESP ECU
ABS ECU
EPB ECU
电机系统ECU

EV功能芯片
AC-DC/DC-DC控制芯片
BMS芯片

基础系统芯片
CAN及Multi-CAN控制芯片
TPMS
动力总成芯片
IMU/GPS

标的公司：
Bosch、Conti、Hella、ZF、AISIN、英创汇智

标的公司：
ABB、Shinry、Maxim、Intersil、TI、ADI、NXP、质能达

标的公司：
Bosch、Conti、Nevinfo、Schrader、ZF、Huf、保隆科技、SENASIC

图 4-136　车载芯片及主要企业

1. 英伟达

英伟达认为，从ADAS提升到L3半自动驾驶所需的计算难度会提升5倍，而关键的L3向L4提升需要50倍，从L4提升到L5则需要2倍（图4-137）。因此，汽车电子化和智能化的方向将持续提高科技类公司在汽车产业链内的重要程度，从三星收购哈曼、高通收购NXP，到现在英特尔收购Mobileye，我们最为看好的就是掌握关键技术和客户资源的技术公司，在上游汽车电子方向上发力，在下游驾驶服务软件层面布局，包括地图数据、用户出行数据等，另外就是车联网对于基础架构建设的需求。HIS全球自动驾驶渗透率预测见表4-64。

2017年10月，英伟达在德国慕尼黑的GTC Europe大会上，发布了面向完全自动驾驶L5级别的新一代Drive PX人工智能车载计算平台Pegasus。Pegasus基于两个Xavier片上系统及两个下一代GPU，每秒运算超过320万亿次，达到Drive PX2的10倍以上（图4-138）。

目前，英伟达自动驾驶计算平台已经拥有行业内最强大的计算性能，其竞争对手Mobileye预计将于2020年推出算力为15万亿次的EyeQ5。由此可见，英伟达在硬件层面算力和研发节奏上成为当仁不让的先行者。

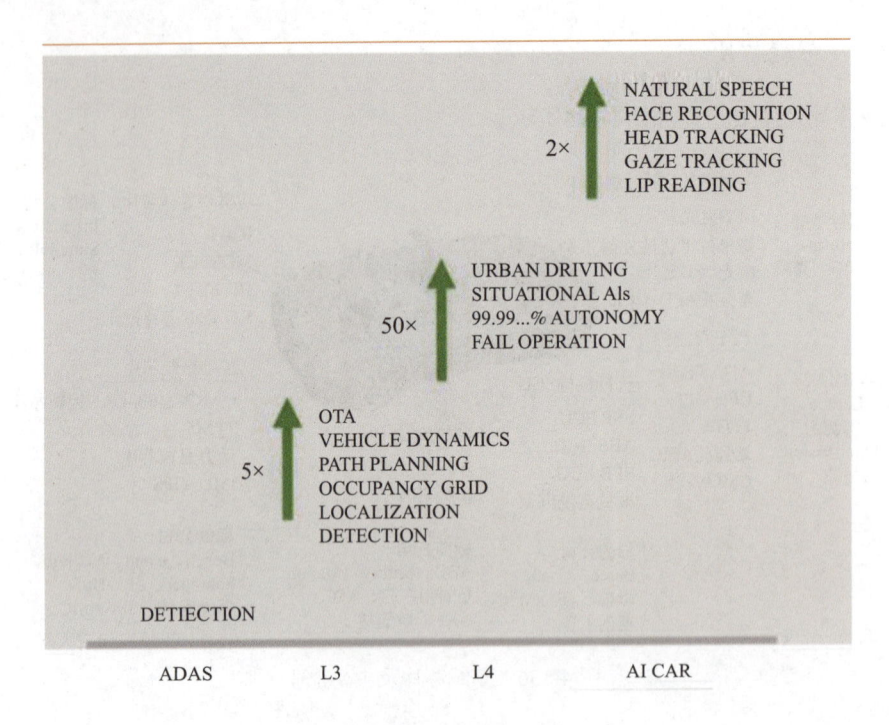

图 4-137 英伟达公布的自动驾驶算力提升路径

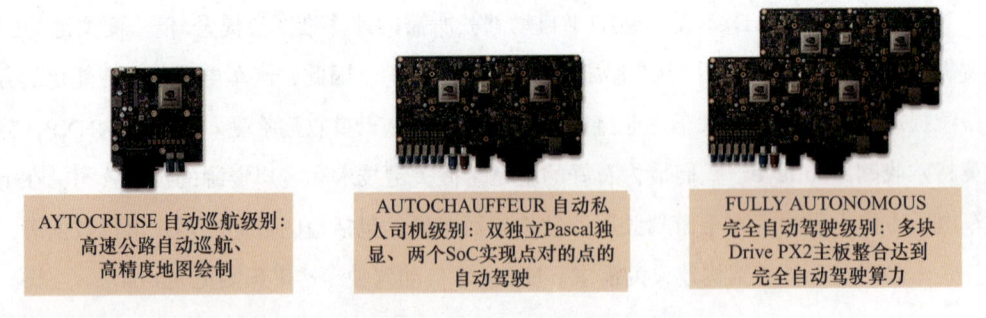

图 4-138 英伟达 Drive PX2 平台的三款芯片

  英伟达在自动驾驶汽车产业链内的定位是提供一个自动驾驶基础运算平台，也就是一台车载超级电脑（图4-139）。无论与车企直接合作还是与Tier 1合作，都会通过统一的底层构架及开放的上层传感器布局和自定义模块的做法为OEM和Tier 1留出充足的可选择及溢价空间。在Xavier运算平台上，各个厂商可以加上自己的算法，并通过DriveWorks SDK来进一步开发不同的功能。在服务层面，英伟达为合作伙伴提供了3个方面的应用。

表4-64 HIS全球自动驾驶渗透率预测

年份	2016	2017	2018	2019	2020	2021	2022	2023	2024	2025	2026	2027	2028	2029	2030
ADAS功能（L1/2）															
全球轻型车产量（千辆）	92 125	93 512	94 835	97 480	99 294	101 089	103 093	105 165	107 423	109 572	111 763	113 998	115 708	117 444	119 206
渗透率	10%	14%	21%	30%	40%	45%	48%	49%	48%	47%	43%	39%	35%	31%	30%
半自动驾驶（L3）															
全球轻型车产量（千辆）	92 125	93 512	94 835	97 480	99 294	101 089	103 093	105 165	107 423	109 572	111 763	113 998	115 708	117 444	119 206
渗透率	0.2%	0.4%	0.6%	1.0%	1.8%	2.8%	4.4%	7.0%	10.0%	12.0%	14.5%	16.0%	18.0%	20.0%	21.0%
自动驾驶（L4/L5）															
全球轻型车产量（千辆）	92 125	93 512	94 835	97 480	99 294	101 089	103 093	105 165	107 423	109 572	111 763	113 998	115 708	117 444	119 206
渗透率						0.0%	0.3%	0.6%	1.2%	2.3%	4.0%	7.2%	10.5%	13.0%	15.0%
L1~L5总透率	10%	14%	21%	31%	41%	48%	53%	57%	59%	61%	62%	62%	63%	64%	66%
L1~L5总车辆数（千辆）	9 581	13 466	20 010	30 219	41 008	48 320	54 330	59 523	63 595	66 620	68 734	70 565	73 278	75 572	78 676

（1）从感知、制图到驾驶策略的完整解决方案。

（2）包含四大感知功能的人工智能协同驾驶系统AI Co-Pilot。

（3）对驾驶环境进行感知，辅助司机安全驾驶的Guardian Angel。

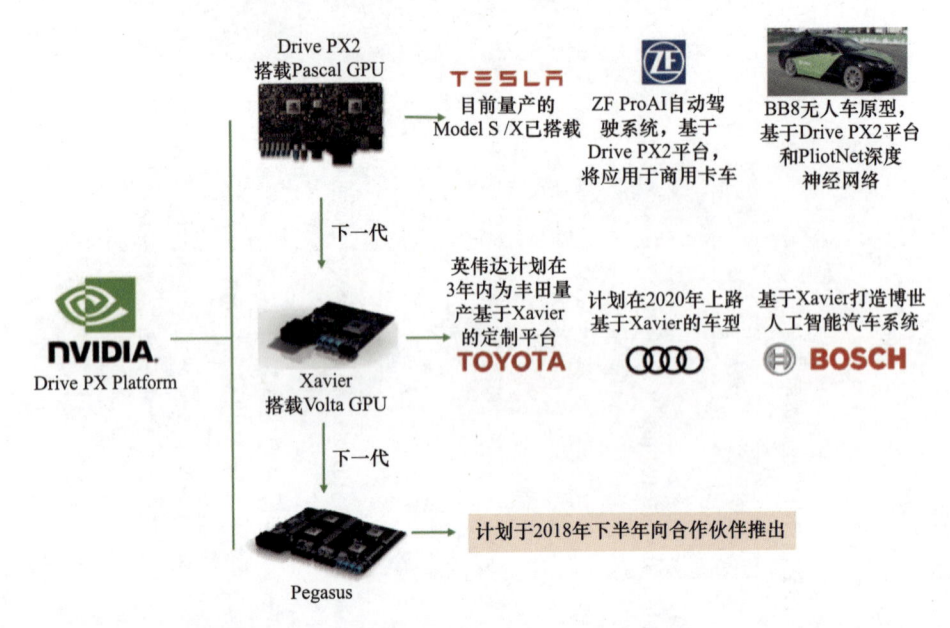

图 4-139　英伟达 Drive PX 车载计算平台发展情况

2. 英特尔：PC时代巨头布局自动驾驶（"Mobileye+Altera+Nervana"）

英特尔最近几年比较知名的收购包括FPGA芯片巨头Altera、深度学习创业公司Nervana、无人驾驶行业领导者Mobileye、机器视觉芯片厂商Movidius等。英特尔希望基于自身Xeon、Xeon Phi处理器的硬件平台优势，通过大举收购，从硬件、库和语言、框架、工具到应用方案，向全球人工智能市场提供端到端的人工智能解决方案。

Mobileye从20年前开始进行车辆摄像头传感器识别领域的研发，并在EyeQ1和EyeQ2阶段推出了行业首个以摄像头图像为主源数据的整合LDW、AHC、TSR、ACC、TJA、AEB功能的ADAS，其依靠强大的图像识别处理运算能力，逐步成长为ADAS行业的龙头。截至2016年12月，与Mobileye的合作车企有27家，合作车型达到了313款，覆盖了全球90%的主要车企。

定制化片上系统EyeQ系列是Mobileye的核心技术产品，每一代EyeQ芯片都由CPU核心及定制化向量加速器组成，每一代新产品都相较前代产品有6~8倍的算力提升，功耗上都保证在3W以内（EyeQ5提升至5W）。EyeQ芯片中的加速器核心都具备异构可编程能力（图4-140）。

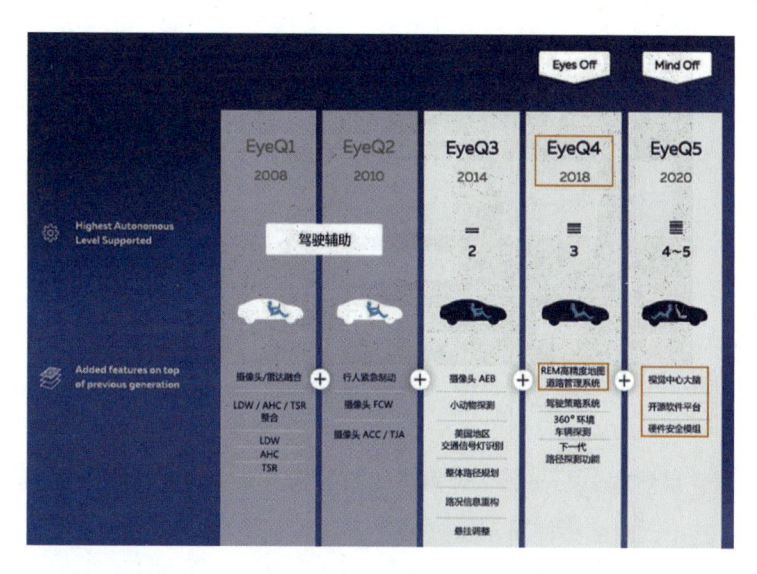

图 4-140　EyeQ 系列芯片

2015年6月，英特尔宣布以每股54美元、总价167亿美元的价格收购FPGA芯片厂Altera，成为当时英特尔历史上规模最大的收购案，被收购后的Altera将以可编程方案事业部（Programmable Solutions Group）的名义在英特尔内部运作。Altera通过整合Xeon处理器和全定制化的FPGA加速器来大幅提升应用性能，利用FPGA的可重编程能力，在工作负载和计算需求发生波动的时候帮助改变算法（图4-141）。

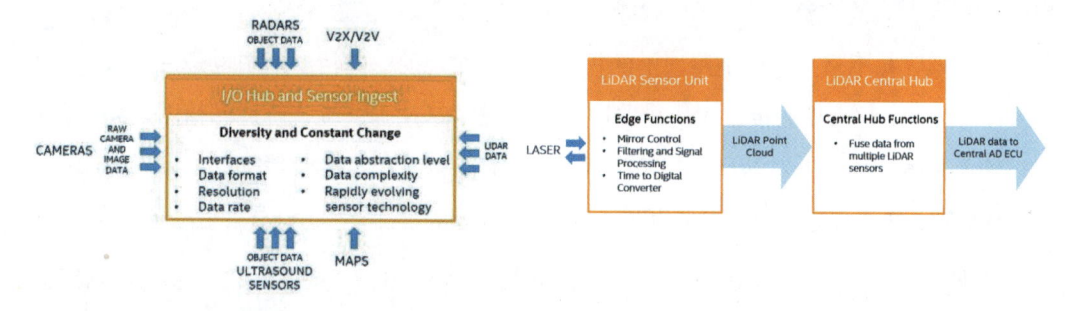

图 4-141　Altera 的 V2X 及 L4/L5 自动驾驶逻辑方案

在2018年的CES上，英特尔联合旗下的子公司Mobileye发布了视觉优先（Vision First）自动驾驶汽车战略，该战略的核心是利用大量基于摄像头的ADAS来打造一个能够帮助无人驾驶汽车变得更安全的路书（Roadbook）。Intel Go自动驾驶平台解决方案如图4-142所示。

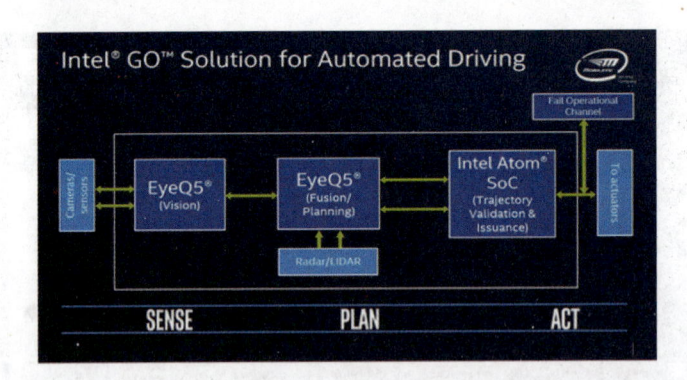

图 4-142　Mobileye 视觉芯片

在算法层面，目前Mobileye产品对物体的识别能力和避障的时间控制都处于行业认可程度最高水平，其中，前部碰撞警示（FCW）系统识别精准度已达99.99%。这些优势使该公司在产品出货方面获得了不错的表现。相关数据显示，截至2017年，Mobileye的EyeQ系列芯片出货量达到了870万片。如今，有超过2400万辆汽车配备了Mobileye的ADAS解决方案，Mobileye已与超过25家不同的汽车厂商进行合作。

Mobileye最新一代的EyeQ5装备8个多线程CPU内核，同时搭载18个Mobileye的下一代视觉处理器。相比而言，EyeQ4作为上一代视觉SoC芯片，只配置了4个CPU内核和6个矢量微码处理器（Vector Microcode Processor，VMP）。EyeQ5的计算能力为每秒进行24万亿次运算（图4-143）。这款芯片是专为深度学习计算设计的。

自动驾驶并不是只靠识别路面上的物体就可以实现的，高精度地图也是一个必不可少的条件。为此，Mobileye推出了一个路网采集管理（REM）系统，打造高精度地图。据介绍，Mobileye的REM可以为自动驾驶汽车提供更精准的定位，这是传统定位方式不能比拟的。众包则是实现地图更新的最好方式。

Mobileye还推出了责任敏感安全（Responsibility Sensitive Safety，RSS）模型，阐释了如何通过规范事故过错和车辆安全来推动自动驾驶行业发展。

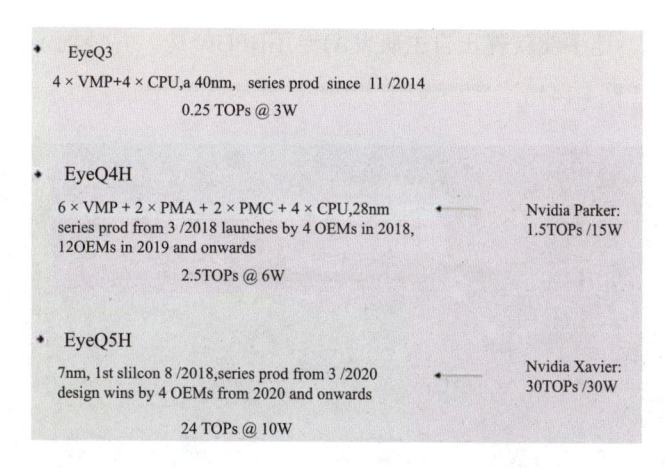

```
EyeQ3
4 × VMP+4 × CPU,a 40nm, series prod since 11/2014
          0.25 TOPs @ 3W

EyeQ4H
6 × VMP + 2 × PMA + 2 × PMC + 4 × CPU,28nm       Nvidia Parker:
series prod from 3/2018 launches by 4 OEMs in 2018,   1.5TOPs /15W
12OEMs in 2019 and onwards
          2.5TOPs @ 6W

EyeQ5H
7nm, 1st slilcon 8/2018,series prod from 3/2020    Nvidia Xavier:
design wins by 4 OEMs from 2020 and onwards        30TOPs/30W
          24 TOPs @ 10W
```

图 4-143　EyeQ 系列芯片算例/功耗

3. 从地平线看自动驾驶公司的算法固化之路

包括谷歌、英特尔、英伟达、地平线在内的科技公司，以及特斯拉、零跑汽车这样的新造车企业，都在积极研发自动驾驶汽车专用的AI芯片。其中，地平线作为同时专注于算法和处理器的企业之一，于2017年底发布了第一代自动驾驶处理器"征程（Journey）1.0"。

在2018年的北京车展上，这家公司又向公众展示了其新一代自动驾驶处理器——征程2.0的架构，并发布了基于征程2.0处理器架构的高级别自动驾驶计算平台Matrix1.0，该平台可支持L3及L3+自动驾驶系统。

面向智能驾驶的嵌入式人工智能视觉芯片被命名为"征程（Journey）1.0"处理器。它基于地平线此前已经推出的高斯架构，支持高性能的L2 ADAS，能够同时对行人、机动车、车道线、交通标示牌、红绿灯等8类目标进行实时检测与识别。

面向摄像头的视觉芯片被命名为"旭日（Sunrize）1.0"处理器，它同样基于高斯架构，集合了地平线的深度学习算法，在前端能够实现大规模检测跟踪、视频结构化等应用，可广泛应用于智能安防、智慧城市等场景。

这两款智能处理器性能达到了1Tops，能够实时处理1080p@30fps的视频，并可对每帧中的200个目标进行检测、跟踪和识别；而它们的功耗很低，只有1.5W。此外，这两款处理器还具有低延时、接口简单、标准封装和SIP封装等特征。

早在成立之初，地平线就提出自主研发AI专用BPU架构，并规划了高斯、伯努利和贝叶斯三代BPU架构（图4-144）。

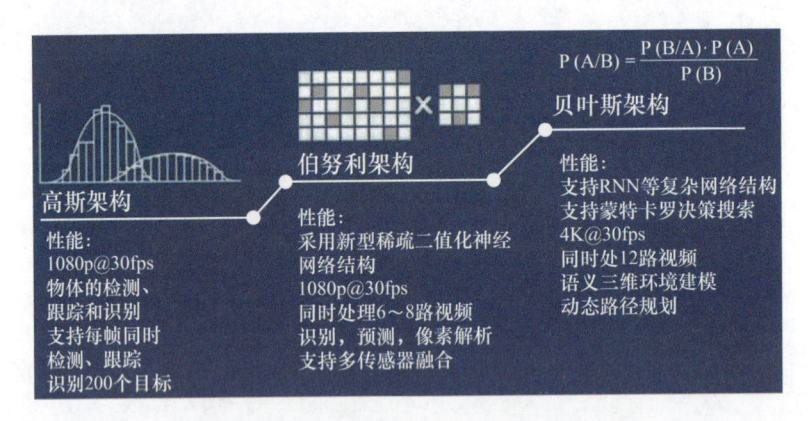

图 4-144 地平线 AI 专用 BPU 构架

地平线公司推出的Matrix平台可同时支持多个摄像头图像输入，以及毫米波雷达、激光雷达信息输入，实现传感器融合，且能够基于稀疏和定点神经网络，实现20种不同类型物体的像素级语义分割，精准识别每个像素点的类别，让汽车更好地理解复杂的驾驶场景，特别是应对高度遮挡、快速响应场景下的无人驾驶挑战（图4-145）。

图4-145 Matrix平台

Matrix1.0通过地平线的BPU架构，最大化了嵌入式AI计算性能，该平台目前已经达到嵌入式自动驾驶应用和产品化水平，能够满足自动驾驶场景下高性能和低功耗的需求。自动驾驶开发者、车企或零部件企业，基于Matrix平台及地平线自主研发的工具链，可以快速部署神经网络模型，从而开发、验证、优化和部署自动驾驶相关功能。

车载芯片领域投融资事件见表4-65。

表4-65　车载芯片领域投融资事件

细分领域	所属细分领域 上市公司	所属细分领域 未上市公司	近期并购事件 （2017年1月— 2018年3月）	近期融资事件 （2017年1月— 2018年3月）
车载芯片	英伟达、Intel、高通、三星、恩智浦、四维图新、英飞凌、中芯国际、意法半导体	地平线、瑞萨电子	—	2017年10月，地平线完成近1亿美元A+轮融资，英特尔资本参投

4.5.5　车载多媒体与交互系统

汽车智能化可以看作人类第四次科技革命的集大成者。与以往三次科技（工业）革命的不同之处在于，以往的科技（工业）革命更多体现在工业效率的提升上，是围绕"效率"的革命，而此次科技革命是围绕"人"的革命。或者说，以往的科技（工业）革命更多是人类四肢的解放，而此次科技革命不但有四肢的解放（如无人驾驶、机器人），更核心的是聚焦于头脑的革命：借助现代信息技术和AI技术的进步，为人本身（眼、耳、嘴直至大脑）赋能，使人类的生物性功能与现代信息技术带来的生物性耦合功能（如虚拟现实、语音交互、图像识别、人工智能、脑机接口）"交火"（Cross Fire），从而在人类大脑与计算机超脑之间构建起声音、图像甚至生物意义上的交互通道，不但使人的价值发生前所未有的提升，而且为人类文明创造出无限可能。

日产在2018年的CES上展示了其脑车接口（B2V）技术，尝试将人脑与互联网连接起来，将其变成"万维网上的物联网节点"（图4-146）。该技术通过使用脑电图技术来阅读和解读司机的大脑信号，日产的脑车接口可以预测人类司机的行为，从而提前实现转向或踩刹车等操作。这样，半自动驾驶汽车将比人类司机提前0.2~0.5秒采取相应行动。

1. 智能语音系统（图4-147）

作为全球语音交互领域的先行者，亚马逊已成功在福特、大众、现代、宝马、日产等全球多家著名车企旗下量产车上实现Alexa的商用，而且在2018年的CES上，亚马逊又获得了丰田、拜腾及Jeep三家车厂的鼎力支持。作为其强力竞争对手，谷歌依托自家车载系统Android Auto的高搭载率优势，将旗下语音助手Google Assistant通过系统升级大规模推送到福特、通用、日产、大众及沃尔沃等40多个品牌的400多款车型上。

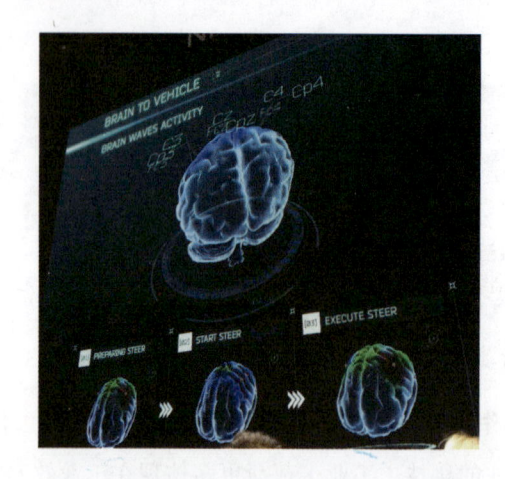

图4-146　脑车接口技术

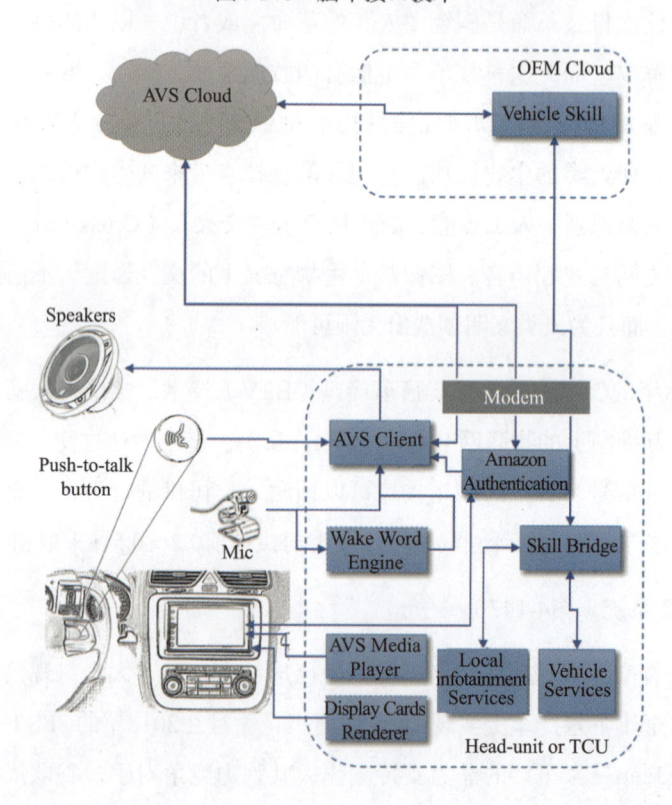

图4-147　智能语音系统

国内语音交互市场的竞争也十分激烈。科大讯飞的语音合成技术于2017年成功实现了量产化，并与大众、北汽及沃尔沃等多家大型车厂展开了合作（图4-148）。思必驰推出了升级版AIOS对话操作系统，云知声也发布了技术引擎3.0版本并开始切入后装市场，出门问问与大众中国成立了合资企业。

图 4-148 搭载科大讯飞智能语音系统的绅宝 D50 智能车机

上市新车车联网的配置比例已经从2016年的16%增长到了2017年的21%，以中国前装市场的配置数量来计算，2017年大概有200多万辆车具备了联网功能，且前装市场语音交互的装配量达到260万。另外，随着汽车网联化的进一步深入，交互模式也会由基于视觉呈现的视觉交互转向基于视觉呈现的语音交互，将出现更多的服务连接方式和交互方式。

2017年，我国乘用车销量已经达到2438万辆，预测未来有1/3的新车将装备语音识别功能。虽然这个市场规模每年只有10亿元，但巨大机动车保有量背后的运营服务市场规模高达数百亿元甚至更高，而车载语音识别技术就是进入这百亿元市场的钥匙，是实现各大车载设备"大连接"的基础。

受制于当前车辆环境复杂、硬件配置参差不齐及行车网络不稳定等因素，目前整个市场对语音系统的内存、CPU消耗和网络处理能力的要求极高，汽车是个难度很高的环境，其中的噪声、回声的干扰非常大，对识别技术来说是个极大的挑战。

针对诸如车载这类的嘈杂应用场景，目前芯片处理速率、识别率、预置方案匹配度（算法）、麦克风阵列、伺服器、电源、结构件、扬声器等反馈组件，各家的组合优化程度参差不齐。而就语音交互本身而言，当前最大的问题是如何通过软硬件的设计提升系统的抗噪能力。

2. 平视显示仪

平视显示仪（Head Up Display，HUD）的前身是用在战斗机上的光学瞄准器，利用光学反射原理将环状的瞄准光圈投射在座舱前的一片玻璃（或飞行头盔）上，投射的影像对于肉眼的焦距定在无限远的距离上，当飞行员瞄准的时候，不妨碍眼睛工作，维持清晰的显示（图4-149）。

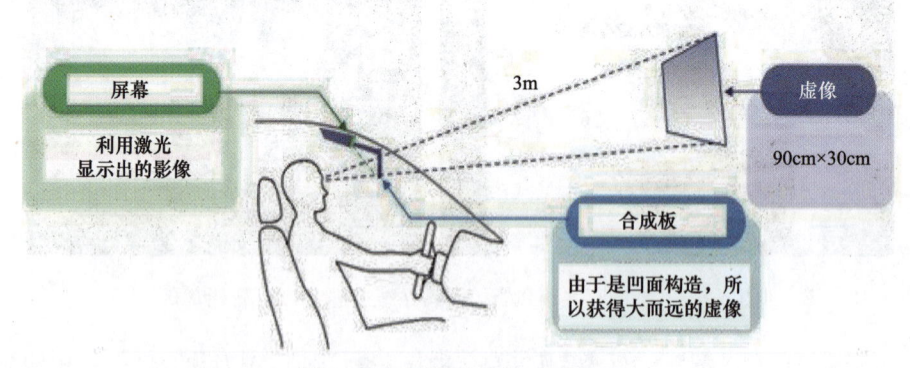

图 4-149　平视显示仪工作原理

车载HUD对电子元器件制造、CAN总线兼容、材料、光学反射、投影、折射、成像、图形计算、人机交互界面等均有较高要求。

车载HUD目前主要应用于豪华车系，如奔驰、宝马、奥迪；但已经开始向中低端车型渗透，如雷克萨斯、标致、比亚迪等。

HUD的优势：

- 获取信息时视线仍保持在路面上，无须看手机屏幕，也无须低头看仪表盘。
- 利用AR技术，将显示信息贴在实物上。
- 进行交互时手不离方向盘，目不离路。

HUD的难点：

- HUD是光、机、电一体化的产品，由于风挡玻璃是非对称面，相应的HUD的光学系统也是非对称光学系统。为了能在不规则弯曲的风挡玻璃上反射成像，HUD内部使用了一片自由曲面反射镜。相对于平面对称系统，其成像规律复杂，光路设计是最大的技术难题。

- 目前，业界自由曲面光学系统波像差的推导和归纳方法并不成熟，因此在非对称光学系统的像质优化和控制方面存在较高的技术壁垒。
- 由于DLP技术所产生的高温，使得热控制技术成为另一大重要壁垒。除此之外，显示精度、各项光学指标、大批量生产能力，都是制约国内HUD公司获得前装业务的主要障碍。

目前，HUD分为3种，见表4-66和表4-67。风挡式主要用于前装（直接嵌入仪表台）；悬挂式及仪表台式技术含量较低，主要用于后装。

表4-66　3种HUD技术路线的比较

技术路线	基本原理	优点	缺点
风挡式	风挡式HUD的设备嵌入仪表台内部，投影显示在风挡玻璃下方，驾驶员的眼睛、路况、投影信息处于同一平面	不影响驾驶，成像精度高，成像距离远，安全性高，适用场景广	计算量很大，要求硬件具有运算处理能力，温度高、技术要求高
悬挂式	悬挂式HUD多数安装在车内驾驶席一侧的遮阳板上，投影显示位置一般处于风挡玻璃的上半部分	适配性强，安装简单	影响遮阳板使用，成像距离近、效果差，影响驾驶，碰撞时可能产生伤害
仪表台式（合成器式）	仪表台式HUD通常拥有一块可翻起的透明玻璃，设备固定在仪表盘上方，投射出来的影像出现在翻起的玻璃上	安装简单，不影响驾驶，安装成本也很低	受阳光直射后温度高，散热问题难解决；仪表台的形状和角度不同，导致成像效果差，成像距离近

表4-67　3种HUD的参数比较

	风挡式HUD	悬挂式HUD	仪表台式HUD
分辨率/图像	高	高	高
亮度/效果	高	一般	一般
显示面积	大	小	小
成像距离	远	近	一般
安全性	高	差	一般
技术门槛	高	一般	一般

国内HUD前装市场主要被德国大陆集团、日本精机和日本电装所占据。日本电装的主

要客户是丰田。日本精机的主要客户是宝马，约占宝马HUD 80%的订单。德国大陆集团的主要客户是奔驰、宝马和奥迪。目前，我国自主品牌HUD公司大部分处于后装市场，技术含量过低，无法进入前装市场。泽景电子进入了上海大众、吉利、蔚来的供应链，可予以关注（表4-68和表4-69）。

表4-68 国内HUD厂商主要产品及特点

公司	主要产品	产品特点
泽景电子		虚实融合技术已完全能够应用于多维空间，对现实场景进行标注，具有准确度高、反馈速度快的特点。该公司掌握了AR图像矫正技术
北京乐驾（车萝卜）		通过HUD透明投影屏展现信息，并通过语音操控实现语音导航、接打电话、收发微信、听歌点歌等功能
小禾科技（哈德）		采用了TFT成像方式，设计的投射距离达2m，通过感光元件能够自动调节亮度
深圳京龙睿信科技		新一代产品采用了TFT屏幕，属于高性能后装产品，工作温度范围扩展到-40~90℃
深圳前海智云谷科技		采用了和宝马前装HUD类似的TFT光学成像方案，信息悬浮在车主视线2m外。搭载了车规级MSTAR Mst786双核1GHz中央处理器
杭州炽云科技		前装HUD结构与宝马前装模组类似，像距较长

表4-69 德国大陆集团和日本精机产品比较

项目	内容	德国大陆集团	日本精机
结构参数	尺寸（mm）	270×210×160	250×230×120
	重量	≤1.5kg	≤1.5kg
性能参数	电压	12V	12V
	功耗	0~45W	0~45W
	工作温度	-40~80℃	-40~80℃

（续表）

项目	内容	德国大陆集团	日本精机
数据通信	对象	车辆、移动设备	车辆、移动设备
	方式	CAN、BT	CAN、BT
	更新	在线	在线
图像参数	颜色	真彩24位	真彩24位
	分辨率	480×240	480×240
	对比度	≥1000∶1	≥1000∶1
	畸形矫正	支持	支持
光学参数	成像大小（mm）	200×100	130×56
	图像亮度（最大）	≥12000cd/m²	≥12000cd/m²
	视角	−4°	−4°
	眼盒（mm）	水平：130cm 垂直：40cm±25mm	水平：130cm 垂直：40cm±25mm
	投影距离	2～2.5m	2～2.5m
功能	显示车速、转速、故障报警等	支持	支持
	车载导航、娱乐信息	支持	支持
	来电提醒（安卓、IOS）	支持	支持
	手机导航、短信	不支持	不支持

相比于传统HUD，AR-HUD有以下几个特点：

（1）水平视场角增大一倍。

（2）投影距离提高两倍。

（3）图像亮度提高六倍。

（4）大量坐标运算和图像处理。

（5）需要特殊反射镜面型的自由曲面镜。

为了提高图像亮度和光效，降低系统发热量，AR-HUD采用DMD（微显）芯片组件作为核心图像生成单元。DMD组件由多个透镜组构成，设计难度大、装配精度高。AR-HUD

的显示界面需要与真实世界场景互动,在多个视觉坐标系中进行大量的坐标转换运算与图像处理工作。

目前,国内还没有团队能提供完整的AR-HUD解决方案。泽景电子AR-HUD产品已经上车使用,目前处于业内领先水平(图4-150)。

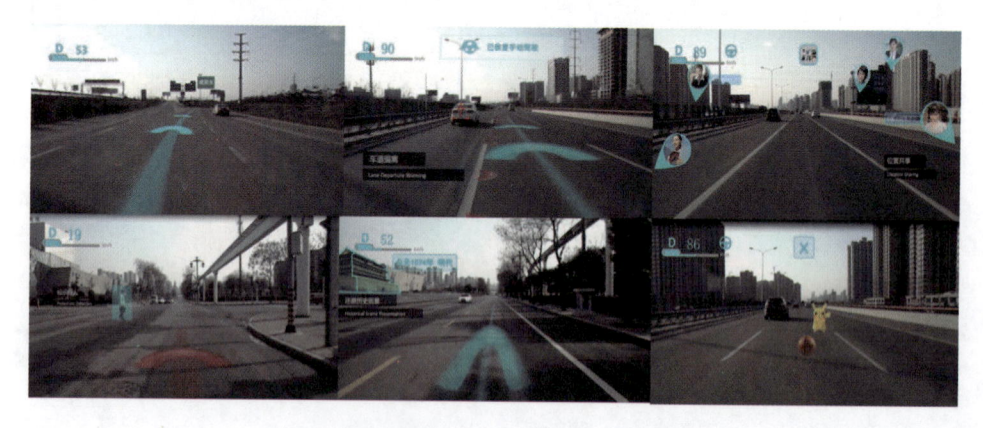

图 4-150　泽景电子 AR-HUD 产品实拍图

3. 数字仪表组合

由于汽车智能化带来的大量交互需求,车内多屏变成了现实,而且屏幕越来越大。

Byton Concept内置50英寸中控大屏幕,贯穿整个前排;同时,在驾驶员方向盘后内置一块8英寸触控屏幕,驾驶员在手扶方向盘的时候可以自然地够到(图4-151)。Byton Concept这套车内驾舱的打造似乎有一个终极目标,就是要让驾驶者忘掉传统右手侧的控制区。

图 4-151　Byton Concept

起亚概念中控台上使用的屏幕则更为激进，它是一块贯通式曲面液晶长屏，从驾驶位一直贯穿至副驾驶位，从竖立高度来看，比拜腾略低，在一定程度上避免了视线遮挡问题（图4-152）。

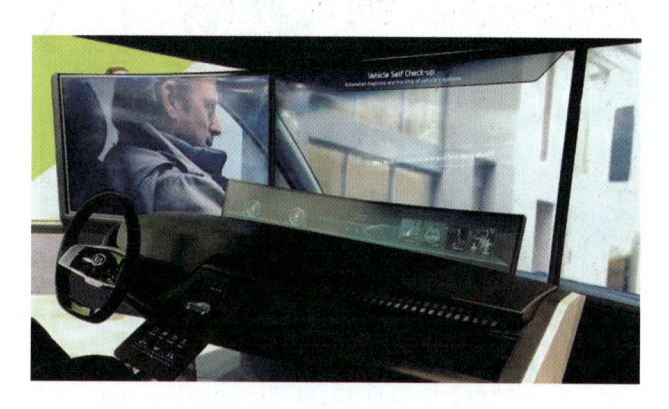

图 4-152　起亚概念中控台

现代集团旗下的MOBIS（摩比斯）概念驾驶舱包含多块液晶触摸屏，最有特点的一块屏被设置在靠近车顶的位置，驾驶员抬头可见，这一设计方式此前从未出现在其他概念车上（图4-153）。

图 4-153　MOBIS（摩比斯）概念驾驶舱

丰田Fine-Comfort Ride概念车首次搭载了车窗屏，更准确地说是车窗投射系统，可显示文字、图像、视频信息，并与用户交互（图1-154）。不过，这一设计还处于纯概念阶段。

图 4-154 丰田 Fine-Comfort Ride 概念车车窗屏

车载多媒体与交互系统领域投融资事件见表 4-70。

表4-70 车载多媒体与交互系统领域投融资事件

细分领域	所属细分领域上市公司	所属细分领域未上市公司	近期并购事件（2017年1月—2018年3月）	近期融资事件（2017年1月8—2018年3月）
智能语音	科大讯飞、百度、谷歌、苹果、阿里巴巴	灵伴即时、SoundHound、蓦然认知、哈曼国际、思必驰、普强信息、云知声、车音网	2017年3月，三星以80亿美元收购哈曼国际	2017年1月，蓦然认知完成A轮1000万美元融资，经纬中国、源码资本、襄禾资本参投
手势	谷歌、苹果、Eyesight、德尔福	大陆集团、锋时互动、极鱼科技、PrimeSense、Leap MoTion、未动科技、凌感科技、微动、京龙睿信、车萝卜、光晕	—	—
HUD	电装、舜宇光学	日本精机、大陆集团、伟世通、博世、圆盾智能、车萝卜、哈德、游乐士、Carpro、可可行、泽景电子、小禾科技、京龙睿信、智云谷、炽云科技	—	—
数字仪表组合	电装、德赛西威、比亚迪、京东方、索菱股份	大陆集团、友衷科技、车联天下、中科领航、航盛电子、上海仪电、华星光电、矢崎、中科创达、羽冉科技、赫千、Rightware	—	2017年2月，友衷科技完成A轮数千万元融资，辰韬资本、雅瑞资本参投

4.6 汽车后市场

1. "互联网+后市场"的三个发展阶段

（1）第一阶段："跑马圈地"，野蛮扩张。不同于传统电商行业，汽车后服务电商存活的先决条件为线下落地能力，因此，在发展初期，各平台积极发展线下加盟店，拓展线下服务能力。

（2）第二阶段："烧钱抢流"，提升服务。"跑马圈地"后，需要持续稳定的流量支撑平台运转。在第二阶段，各平台一是利用低价甚至免费的洗车、保养等高频项目将流量吸引到平台；二是完善物流建设，改善服务，提升客户的线下消费体验，从而将流量留在平台。在这一阶段激烈的"烧钱"竞赛中，资金实力至关重要。

（3）第三阶段：行业整合，赢者通吃。经过第二阶段的激烈竞争，有先发优势和资金实力的平台有望通过兼并收购实现行业整合，成为最后的赢家。

2. 中国汽车后市场发展的主要阻力

（1）汽车配件行业的连锁很难实现，一辆汽车有2万个左右的汽车零部件，且每个品牌的零部件均不相同，同一车型不同年份的零部件不同，同一年份不同排量的零部件也不同。互联网很难解决关于零部件与型号相互匹配的数据库问题，美国、欧洲已有数年的经验积累，中国处于空白阶段。

（2）中国的线下维修店没有整合，无法形成对上游车厂和零配件商的议价能力。制造业拥有显著的规模效应，而未整合的产业在物流上成本较高，同时，单店的销量过小因而缺乏议价能力。

（3）中国的零部件企业没有整合。目前，国内近10万家零部件企业中，绝大多数是中小企业，没有技术含量，因此，未来零部件企业的整合迟早会发生，但目前趋势并不明显，需要后端消费的整合来倒逼前端整合。

（4）中国线下门店的专业化程度低，服务质量难以保证。同时，零部件与安全高度相关，由于多数国内用户没有DIY的习惯，因此服务质量直接影响消费者的消费选择。

3. 中国汽车后市场未来发展预测

（1）传统经销商劣势较大，此类公司的产品价格较高，且仅售原厂件，由于主机厂的原因无法与零部件企业谈业务，无法通过谈判压低成本，未来在竞争中会逐渐被淘汰。

（2）互联网后市场公司普遍缺乏车货匹配能力和物流能力。原因在于当前国内市场车型较多，零部件型号较多，产品的安装、库存等环节有大量的车货匹配工作；同时，由于缺乏该项能力，互联网后市场公司以销售轮胎、机油为主，对线下门店没有控制力。

（3）未来产业需要巨额资本进行整合，参考美国的后市场进程，会出现类似主机厂成立产业联盟并收购线下门店的形式。受制于现实因素，这种做法会极大地损害4S店的利益，主机厂在短期内很难做到。

4.6.1 大出行

1. 共享出行

随着人工智能和互联网技术的发展，自有车辆出行将不断被租赁出行取代，随着人们买车用车思想观念的改变，这个渗透的过程会比我们预期的来得更快、更猛烈。据统计，国内注册运营分时租赁汽车的企业数量已达370家，实际有车队运营的公司数量超过100家。汽车行业未来也将面临与自行车行业类似的生产组织结构的巨变，汽车使用频率增加，使用周期下降，"购车变共享"冲击产业格局似乎在刺激这种商业模式的发展。我们一方面需要为自有车辆出行的消费者提供更加个性化、凸显个人品位的高度定制车辆，另一方面需要为共享出行、租赁出行提供注重品质、节能、成本、智能化、共性化的共享车辆。共享出行模式分类见表4-71。

表4-71 共享出行模式分类

出行模式	模式说明
出租车	传统的出租车叫车模式流行已久，主要为路边有用车需求的客户提供即需即用的服务。据统计，出租车扬招打车的成功率大概为60%，而以滴滴出行为代表的网约车招车成功率在90%左右。出租车业务，主要由地方出租车公司向乘客提供短中途出行服务

（续表）

出行模式	模式说明
网约专车/快车	用户根据用途及对价格的敏感性不同，按需进行预约。通常情况下，选择专车作为出行工具的情形主要包括小型企业商务用车、中高端人士日常出行，以及不想开车或由于限号等原因无法自驾车出行的私家车车主；而快车，更多是为了满足对价格敏感的打车消费群体的出行需求。目前，专车主要集中在一、二线城市，中小型城市以快车为主
经营性租赁	租车无须办理保险、年检维修，用户可以把买车、养车的负担转移给汽车租赁公司，并且车型可以随时更新，减少了消费者购买车辆所带来的无形损耗；同时，消费者可以将租车节约下来的资金用于其他用途或投资，充分提高了资金利用率；再加之不用考虑限购限号、打车难等诸多问题，越来越多的消费者被汽车租赁服务所吸引。对于企业用户而言，通过长租可以降低可征税前利润，从而降低赋税
分时租赁	分时租赁提供汽车的"随取即用"租赁服务，使用更灵活，消费者可以按个人用车需求和用车时间预订租车时长，收费以小时计算。分时租赁的用户群可以分为个人用户和企业用户两类。目前，大部分分时租赁业务是以微公交、car2go、EVCARD（环球车享）为代表的B2C业务
顺风车（拼车）	顺风车是个人向个人提供的出行共享服务，用以分担出行费用，平台收取一定的服务费作为佣金。对于大多数普通打车一族来说，经常呼叫专车是一种奢侈的消费，顺风车（拼车）无形之中就成了打车一族的新需求。
P2P租车	P2P租车是一种走轻资产路线的租车服务模式，如PP租车、凹凸租车等P2P租车服务平台并不持有车辆，而是通过搭建共享平台为车主和租车用户提供信息配对。P2P租车属于租车领域的新兴细分行业，通过个人向个人租赁车辆，出行平台收取中介费用的商业模式运营

车企共享出行项目见表4-72。

表4-72 车企共享出行项目

成立时间	车企	共享出行项目	投放车型
2000年10月	戴姆勒	car2go	Smart
2011年4月	宝马	DriveNow	MINI、i3
2012年6月	雷诺	Twizy	Twizy、ZOE
2012年7月	丰田	Rakumo	超小型电动车
2013年2月	菲亚特	Enjoy	菲亚特500
2015年5月	吉利	曹操专车	帝豪EV
2015年6月	福特	GoDrive	福克斯电动版、嘉年华
2016年1月	通用	Maven	Volt
2016年2月	大众	MOIA	MOIA
2017年4月	北汽	华夏出行	EC、EU、EX、ES、EV、EH六大车系
2017年5月	北汽新能源	轻享出行	北汽EC系列
2017年12月	日产	E-share mobi	聆风

2018年3月28日，戴姆勒集团与宝马集团将旗下已存在的共享汽车、网约车服务、停车服务、充电网络、多模式联运等业务进行合并和扩充。双方将各掌握合资企业50%的股份（图4-155）。

图 4-155　戴姆勒与宝马移动出行服务

（1）通过moovel和ReachNow实现多模式和按需出行，包括预订和支付在内的不同移动出行产品间智能化无缝互联，不仅将为用户带来更为显著的附加值，还将为城市个人交通出行提供解决方案。

（2）整合car2go和DriveNow共享汽车服务。car2go和DriveNow分时租赁在全球31个核心城市运营20 000辆汽车。通过共享汽车可以更好地利用车辆，从而减少城市中的车辆总数。

（3）整合mytaxi、Chauffeur Privé、Clever Taxi及Beat网约车服务。通过欧洲最大的手机出租车应用，便可在法国境内轻松预约出租车或搭乘由专业驾驶员驾驶的车辆，游览法国各大城市。目前，有1300万名用户和约14万名驾驶员在使用mytaxi、Clever Taxi和Beat，或者私人专车服务Chauffeur Privé等手机应用。

（4）整合ParkNow和Parkmobile泊车服务。这项服务可以实现以无票据、无现金支付方式在路边泊车，或者寻找、预留停车场车位。

（5）提供即时充电（ChargeNow）服务和数字化充电解决方案。这项服务可使客户便捷访问拥有14.3万个充电桩的全球最大的公共充电桩网络，完成充电和支付。通过与市内专属泊车位相结合，将有助于电动出行发展，同时使越来越多的人了解这种技术，并与自己的移动出行需求相结合。

2. 分时租赁

分时租赁进入中国市场的时间点正好是国内新能源汽车的起步发展期，且新能源汽车在使用成本上比燃油车更具经济性（新能源汽车充电费用、维修成本均比燃油车低）；同时，一些企业希望通过分时租赁推广自身的新能源车型，所以新能源车型成为了中国分时租赁市场的绝对主导车型。目前，除个别企业，如戴姆勒car2go和途歌使用燃油车型外，市场上90%以上的分时租赁汽车均为新能源汽车。

从规模上来看，规模超过5000辆的企业有3家，包括微公交、EVCARD（环球车享）及盼达用车；规模在1000～5000辆的企业有14家，包括一步用车、GreenGo（绿狗租车）、Gofun出行等；规模在500～1000辆的企业有6家，包括途歌、一度用车、宜维租车等；规模小于500辆的企业有8家（表4-73）。

表4-73 主要分时租赁企业及投放情况

项目名称	现有车辆规模（辆）	成立时间（年）	投放城市	投融资轮次	投融资金额
微公交	14 000	2013	杭州、上海	未透露	未透露
EVCARD（环球车享）	8 400	2016	上海、北京、成都、重庆、南京等大城市，并已推广至全国23个城市	未透露	未透露
盼达用车	7 000	2015	重庆、成都		未透露
一步用车	4 000	2016	郑州、合肥	未透露	未透露
叮咚出行	3 500	2016	广州	未透露	未透露
宝驾	3 000	2016	交易平台接入共享汽车运营商10家，接入分时租赁车辆3 000辆	A轮	3 000万美元
E+租车	2 514	2016	重庆	未透露	未透露
GreenGo（绿狗租车）	2 268	2014	北京、常州	未透露	未透露
海马庞大	2 000	2016	郑州	未透露	未透露
金钱潮	1 500	2014	深圳	未透露	未透露
易开	1 160	2016	芜湖	A轮	未透露
Gofun出行	1 100	2015	北京、上海、厦门、成都、长沙、佛山、广州、桂林、南京、青岛等17座城市	B轮	A+及B轮共获得21.5亿元人民币（首汽租车）

（续表）

项目名称	现有车辆规模（辆）	成立时间（年）	投放城市	投融资轮次	投融资金额
车纷享	1 000	2011	宁波、青岛、常州、北京、杭州	A轮	1 000万元人民币
易卡租车	1 000	2013	北京	未透露	未透露
知豆租车	1 000	2006	山东沂南	未透露	未透露
格灵租车	1 000	2014	上海	未透露	未透露
位位用车	1 000	2016	长沙	未透露	未透露
TOGO（途歌）	900	2015	北京、上海、深圳、广州	A+轮	4 000万元人民币
一度用车	700	2015	北京、天津、太原、厦门、莆田、泉州、漳州、南昌、广州、汕头、中山	A轮	1.28亿元人民币
宜维租车	650	2013	北京	未透露	未透露
壹壹租车	520	2015	北京、乌镇	天使轮	1 000万元人民币
深圳联程共享	500	2015	深圳	未透露	未透露
嗒嗒用车	500	2016	泉州、福州和厦门	A轮	2 000万元人民币
car2go（即行）	400	2008	重庆	未透露	未透露
UCAR（用车科技）	400	2014	北京、三亚	天使轮	数百万元人民币
Car2Share	300	2016	北京、上海、深圳广州	未透露	未透露
巴歌出行	300	2016	北京、广州、唐山	天使轮	1 000万元人民币
零派乐享	200	2016	北京	A轮	20亿元人民币
EZZY	200	2015	北京	天使轮	未透露
氢氪出行	150	2016	邯郸	未透露	未透露
京鱼出行	130	2017	河北易县（农村包围城市）	种子轮	500万元人民币

1）分时租赁运营模式差异分析

2016年12月，国务院正式发布《"十三五"国家战略性新兴产业发展规划》，再次明确新能源汽车、新能源和节能环保等绿色低碳产业的战略地位，要求大幅度提升新能源汽车和新能源的应用比例，推动新能源汽车、新能源和节能环保等绿色低碳产业成为支柱产业。国内主要新能源汽车共享平台如图4-156所示。

图 4-156　国内主要新能源汽车共享平台

行业运营模式有以下两种。

（1）轻资产运营。

企业车辆来源以租赁为主，运营方面主要采用集中调配、统一补电的模式，不用背负重资产折旧分摊、贬值的风险，在车辆运营方面要耗费大量的人工、充电等成本。

（2）重资产运营。

所有运营车辆均为企业自有，且为用户提供配套的充电、预约等服务，在运营方面大大节省人力，灵活性不及轻资产运营模式，扩张速度也较为缓慢。

2）分时租赁行业投资全景导航

（1）竞争格局。

- 新能源车：EVCARD、Gofun、Ponycar、一度用车、巴歌出行、盼达用车、华夏出行。

- 传统能源车：涂歌、car2go。

（2）行业壁垒。

前期需要大量投资，行业的盈利模式尚未形成。车辆来源、牌照、车辆管理、网点布局等方面都存在一定的壁垒。

（3）投资风险。

行业马太效应明显，"烧钱"存活到最后的企业才能占领市场；市场初期不规范，相关规章制度不明晰。

（4）最有价值的投资领域。

- 具有流量入口的企业。

- 具有新能源车及牌照的企业。

- 有丰富车辆运营管理经验的企业。

3. 停车行业

汽车保有量是服务市场规模加速增长的关键。截至2017年年底，我国汽车保有量已达2.17亿辆，较2010年增长138%；据国家信息中心预计，至2020年，这个数字将达到2.5亿。2017年国内汽车产量为2 994.2万辆，同比增长3.2%。

据国家发改委数据显示，2016年全国新建停车场项目约1.2万个，新增停车位约540万个，其中公共停车位约200万个，其余为配建停车位。这就意味着原来近6000万个的停车位缺口不仅没有被填补，反而继续增大，车主们"停车难"的问题依然令人头疼。停车行业整体规模及行业机遇如图4-157所示。

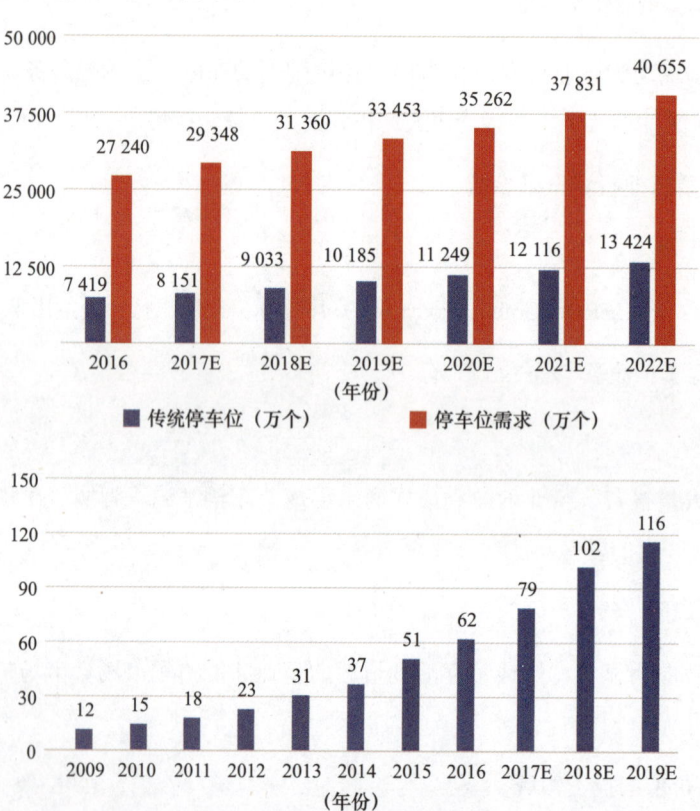

年份	传统停车位（万个）	停车位需求（万个）
2016	7 419	27 240
2017E	8 151	29 348
2018E	9 033	31 360
2019E	10 185	33 453
2020E	11 249	35 262
2021E	12 116	37 831
2022E	13 424	40 655

年份	智慧停车市场规模（亿元）
2009	12
2010	15
2011	18
2012	23
2013	31
2014	37
2015	51
2016	62
2017E	79
2018E	102
2019E	116

来源：前瞻产业研究院

图4-157 停车行业整体规模及行业机遇

1）停车行业的特点

（1）产权分散，圈不住地难搭台。停车行业是非常特殊的产业，从业者身份复杂，既有经营公共资源的官方参与，又有来路多样的商业运营，还有独占一地的私人拥有者，资源门槛极高，利益协调复杂。虽然商场、医院、社区及路边停车场随处可见，但各种类型的停车场资源均"各自为政"。停车场资源的产权方众多且复杂导致圈地问题成为"老大难"。

（2）需求分散，众口难调拼平台。停车本身是一个高度专业的领域，相比于开设新商户，停车场的审批、修建时长要远高于其他领域。因此，停车场资源的有限性注定其供给不可能无限增加。停车场资源是具有独占性、稀缺性、排他性的资源。安防领域的海康威视、大华股份占据近40%的市场份额，但在停车场领域份额最大的企业的市场占有率也仅维持在7%～8%。

2）互联网停车商业模式

（1）公共停车场智能管理。

主要聚焦于停车场管理，通过铺设智能停车设备，实现停车场的智能化和互联网化，在降低停车位空置率、提升停车位收益率的同时，实现停车场的无人值守管理，降低停车场人力成本，从而实现停车场利润的最大化。虽然在前期停车场谈判中耗时较多，市场推进速度缓慢，安装智能停车设备需要雄厚的资本做后盾，但由于同停车场利益绑定，其掌握的停车位资源最丰富、停车位信息最准确，车主停车服务体验也最好，这也是智能设备服务商进军停车市场的最佳商业路径，其最佳市场为公共停车场，后续会逐步吞并车位预订、代客泊车等细分商业模式。代表企业有ETCP、停简单。

（2）业主车位共享管理。

智能车位地锁与手机App连接，当车主开启共享功能后，就能把车位的闲置时段出租给有需求的车主。这种模式在缓解停车难的基础上，增加了车位所有者及管理方的收益，对于智慧停车的普及具有参考价值。但其本身无法提供车场导航、车位引导等与停车密切相关的功能，这是一大软肋。

3)停车行业投资全景导航

（1）竞争格局。

市场上一般有三类平台厂家，第一类来自传统的停车场设备供应商，云停车系统中相关的信息比较全面，云平台甚至可以控制场库内的设备，通过智能化应用操作和良好的客户体验来吸引用户，如捷顺、安居宝、ETCP通过设备进驻掌握了大量的线下停车场资源。第二类来自互联网公司，一般仅收集场库出入车辆的信息，从而收集场库的空余车位数量，最终发布到App上，对用户进行停车诱导，并通过减免停车费来提高用户的黏性，再通过对用户进行数据挖掘，以及和场库周边商家的业务融合来获得盈利，如丁丁停车。第三类是停车管理公司，拥有停车场资源。

（2）行业壁垒。

- 需要一定的技术支撑。
- 前期投资成本较高，停车产业运营回报期较长，对参与方的资金实力要求较高。

（3）投资风险。

- 行业资源混乱、竞争激烈、早期盈利难。

（4）最有价值的投资领域。

- 拥有停车场资源、"轻重结合"的公司。
- 拥有成熟可行的盈利模式的公司。

大出行领域投融资事件见表4-74。

4.6.2 汽车新零售

1. 行业现状

如图4-158所示，汽车互联网交易规模近年来有了显著的增长。首先，线上服务的多元化程度有所提高，网络电商的发展为消费者提供了更多可供选择的消费模式；其次，消费者对商家的认可度有所提升，伴随着互联网电商的发展，消费者的消费习惯也在逐渐改变。

第4章 / 汽车全产业链投资价值研究

表4-74 大出行领域投融资事件

细分领域	所属细分领域上市公司	所属细分领域未上市公司	近期并购事件（2017年1月—2018年3月）	近期融资事件（2017年1月—2018年3月）
网约车	—	滴滴、Uber、Lyft、高德、美团、斑马快跑、Japan Taxi、Ola、99、呼我出行、万顺叫车、重庆Grab、Taxify、Careem、首汽约车、曹操专车、星包车	2017年12月，斑马快跑收购圣龙出租51%的股权	2017年10月，首汽约车完成B轮6亿元融资，泛海控股参投；2018年1月，曹操专车完成A轮10亿元有融资；2018年3月，星包车完成C轮5000万美元融资，经纬中国、广发信德、彼光资本参投
分时租赁	永安行、猛狮科技、万安科技、神州租车、一嗨租车	途歌、首汽Gofun、奇瑞新能源、Ponycar、巴歌出行、小二租车、易卡绿色、绿狗租车、华夏出行、轻享科技、北京出行、易开、租租车、小二租车、驾呗、大道用车、盼达用车、中大联合、car2go、DriveNow	2018年3月，戴姆勒初以7000万美元收购短期租赁服务公司car2go 25%的股权	2017年1月，途歌完成A轮2500万元融资，拓璞基金参投；2017年4月，途歌完成A+轮4000万元融资，真格基金参投；2017年10月，途歌完成B轮2200万美元融资，真格基金、SIG；2018年1月，途歌完成B+轮2800万元融资，真格基金、SIG参投；2017年5月，租租车完成数亿元融资，广发信德、永柏资本创世伙伴资本参投；2017年6月，神州优车完成A轮24亿元融资，人保资本参投；2017年7月，小二租车完成A轮3500万元融资，海航资本参投；2017年11月，Gofun完成A轮2.14亿元融资，大众资本、奇瑞幸福参投；2017年11月，Ponycar完成C轮2.5亿元融资，百度风投参投；2018年3月，大道用车完成天使数百万美元融资，百度风投参投；2017年12月，大道用车完成A轮数千万美元融资，红杉资本中国、火山石资本、贝塔斯曼亚洲投资基金、XVC创投参投；2018年1月，驾呗完成Pre-A轮8000万元融资，苏大天宫创投参投；2018年1月，巴歌出行完成B轮融资，XVC创投参投
P2P租车	—	凹凸租车、PP租车、友友租车、宝驾租车	—	2017年2月，凹凸租车完成C轮4亿元融资，中信建投资本、太平洋保险、经纬中国参投
停车服务	千方科技、安居宝、博林特、捷顺科技、东杰智能、数字政通	ETCP、无忧停车、安泊客、停车百事通、精英智通、优橙科技、前海亿车、信路通智、创泰科技、鲑鱼科技、蜜蜂停车、有车位、Airparking、小马智停、停天下、车位飞、停哪儿、阳光海天、小猫停车、顺易通、车位管家、Parkmobile	2018年1月，宝马收购停车应用软件服务商Parkmobile 2018年2月，东杰智能以5亿元收购汽车涂装公司常州海登100%的股权	2017年6月，鲑鱼科技完成天使轮100万元融资；2017年4月，有车位完成A轮1200万元融资，戈壁创投参投；2017年7月，Airparking完成Pre-A轮数千万元融资，赛富基金参投；2017年8月，停天下完成Pre-A轮1300万美元融资，洪泰基金、中物创投参投；2018年2月，顺易通完成2亿元融资，蚂蚁金服参投

图 4-158 汽车新零售行业规模

汽车金融的渗透率也有显著的提升。伴随着汽车消费者的年轻化，消费者对汽车金融的认可度显著提升，同时更倾向于买入性价比更高的车辆，这让汽车金融发展有了空间；另外，伴随着互联网企业进入传统的金融领域，汽车金融产品的种类更加丰富，设计也更多地面向新零售模式和新兴消费者。

二手车市场也有显著的增长，尤其在2017年，国家将二手车贷款最高发放比例调整到70%，且取消了限迁，使得当年的二手车交易量同比增速达到了20%，2017年是二手车市场发展的元年。

2. 新汽车销售管理办法对行业的影响

1）2017年汽车销售管理办法的主要修订内容

（1）意图改变主机厂授权为主导的销售体系，经销商出售未经供应商授权销售的汽车，应当以书面形式向消费者作出提醒和说明，并书面告知向消费者承担相关责任的主体。

（2）要求提供翔实的配件信息，经销商应当如实标明原厂配件、质量相当配件、再制造件、回用件等，明示生产商、生产日期、适配车型等信息，向消费者销售或提供原厂配件以外的其他配件时，应当予以提醒和说明。

（3）在一定程度上降低了主机厂对零部件企业进入后装市场的话语权，供应商不得限制配件生产商的销售对象，不得限制经销商、售后服务商转售配件。

（4）在一定程度上降低了主机厂对经销商的话语权，主要包括主机厂不得要求经销商同时具备销售、售后服务等功能；不得规定整车、配件库存品种或数量，或者规定汽车销售数量；不得限制经营其他供应商商品和为其他供应商的汽车提供配件及其他售后服务；不得要求承担以汽车供应商名义实施的广告、车展等宣传推广费用，或者限定广告宣传方式和媒体；不得限定不合理的经营场地面积；不得搭售未订购的汽车、配件及其他商品；不得限制本企业汽车产品经销商之间相互转售。

2）短期影响：主机厂势力强大，影响有限

（1）对经销商而言，主机厂虽然无法直接干涉其生产经营活动，但可以通过减少热门车型发货、压缩账期、减少返点等多种形式对其形成压力。因此，除非主机厂做出过激行动，否则行业格局不会改变。

（2）对零部件企业而言，虽然允许介入后市场，但由于会对主机厂的价格体系形成冲击，因此会受到主机厂的抵制。多数零部件企业对主机厂没有议价权，因此，主机厂可以通过年降等多种方式对冲击其价格体系的零部件企业形成压力。同时，部分零部件企业供应给主机厂的零部件和后市场的零部件良品率不同，这部分影响不大。

3）长期影响：为互联网企业带来机会

（1）互联网大数据在未来将逐渐获得竞争优势。通过对各种车型数据的收集，有望形成新的后市场定价机制，且能够更好地做到车型和零部件的相互匹配。一旦大数据库成功建立，互联网经销商可以通过供需匹配的能力弥补其在物流上的劣势，如建立中心仓库统一管理等，最终获得做大做强的机遇。

（2）主机厂授权的体系将受到冲击，非授权业务有望进一步扩展。互联网平台对主机厂的依存度不高，可以通过非授权渠道进货并销售，如在部分地区建立多品牌旗舰店等，没有库存成本，且能降低人工费用，有利于在长期竞争中获得优势。

3. 汽车金融租赁业务入口布局情况

1）银行

利率和总体融资成本较汽车金融公司低。有些银行为了吸引客户，根据客户的诚信资质，将首付比例降低、贷款年限放长、贷款利率下浮。但是，从银行贷款买车，购车者需要提供得到银行认可的有效权利质押物或抵押物，审批时间一般为一个月左右；而且各种费用较多，须支付担保费、验资费、律师费、抵押费、家访费、保险保证金等费用，其金额一般是贷款额的5%左右。

2）汽车金融公司

要求购款人提供所购汽车抵押或其他有效担保。汽车金融公司在北京、上海、广州、深圳等限牌、限购城市存在大量无法抵押的贷款，因为限购政策导致客户、车管所、经销商3个关键主体在金融公司抵押流程中产生矛盾，使其市场份额急剧下降，而不需要抵押的银行信用卡、融资租赁公司等迅速抢占了这一份额。

3）汽车融资租赁公司

目前，一些租赁公司、经销商与银行联手，通过融资租赁方式卖车，即由银行发放 贷款,个人作为租赁者使用,付清贷款后产权归个人所有。据了解,融资租赁公司车贷付款年限可长达10年,有的融资租赁公司甚至提供"零首付",购车者每月的还贷压力很轻;牌照、保险、购置税、汽车装潢等其他购车费用也能分期付款。然而,资产端的资金成本一般是融资租赁公司的短板。

4)互联网电商平台

互联网汽车金融平台开始受到众多资本的青睐,2017年至今,融资总额已超过130亿元,各大互联网巨头也纷纷杀入市场进行布局。

5)线下销售集团

目前,一、二线城市汽车金融市场、汽车融资租赁市场竞争激烈,获利空间不断被压缩,利差将日益降低;而三、四、五线城市目前市场主导者较少,该类平台具有一定优势,但体量的快速增长同样面临管理和现金流方面的压力。

4. 汽车金融租赁业务模式梳理(表4-75)

表4-75 汽车金融租赁业务模式梳理

入口渠道	国内数量	举例	优缺点
银行	19家	平安银行	优点:利率低 不足:手续繁、杂费多 车贷年限:≤5年 最低首付比例:20%~30% 要求购款人提供所购汽车抵押或其他有效担保
汽车金融公司	27家	上汽通用汽车金融有限责任公司	优点:手续简便、费用低,往往具有OEM背景 不足:利率高,提前还款须支付约3%违约金 贷款年限:≤5年 最低首付比例:20%~30%
汽车融资租赁公司	23家	汇通信诚租赁有限公司	优点:期限长、月供少 不足:总费用支出高 产权归属:承租人按月偿付租金,租赁期末支付残值,车辆所有权从出租方转移给承租人
互联网电商平台	若干	阿里巴巴、腾讯、百度	主要以股权投资布局为主
线下销售集团	3家	神州买买车、花生好车	优点:渠道下沉优势,首付比例低,付款期限1~3年 缺点:利率高,费用总支出高,由于库存压力,车型以爆款为主 产权归属:直租模式中,车牌仍然归销售集团所有

5. 二手车业务能力或成为平台长期竞争力核心

由于花生好车、弹个车等代表性平台的业务以直租为主，未来必定面临一批前期直租客户返回的二手车。在这一特定阶段，二手车的处置能力成了新型销售集团盈利能力的一大考量因素。几大新兴融资租赁平台的二手车业务协同能力分析见表4-76。

表4-76 新兴融资租赁平台的二手车业务协同能力分析

公司	新车特点	二手车处置能力
花生好车	以自营门店为主，以二、三、四、五线城市为主	本身尚未建立二手车2C的处置业务，二手车业务发展初期2B的可能性比较大；但是根据访谈，如果建立二手车业务，其利润空间将扩大
神州买买车	以自营门店为主，以一、二线城市为主，主要考虑与神州其他汽车业务板块协同	与神州母公司的二手车业务（神州准新车）协同
弹个车	轻资产模式，线下业务外包，以回租模式为主	与大搜车的二手车板块互动

6. 平台向三、四线城市渗透的潜力巨大

考虑到建店成本，4S店一般选择建在一、二线城市，导致三、四线城市需求一直处于压抑状态。而意识到三、四线城市的强烈购车意愿后，众多主机厂商、4S店纷纷开始渠道下沉的步伐，开发三、四线城市市场，未来该领域市场巨大。

汽车融资租赁公司的运营模式比较见表4-77。

表4-77 汽车融资租赁公司的运营模式比较

公司	门店数量	城市分布	备注
花生好车	170家自营门店	三、四、五线城市	以新车为主
神州车买买	120家自营门店	以一、二线城市为主，同时布局三、四线城市	以二手车为主，兼顾新车
弹个车	无自营门店，主要通过经销商下沉	以一、二线城市为主，三、四、五线城市通过当地2S网络渗透	以新车为主

7. 汽车新零售与传统零售的对比

1）传统零售

（1）4S店在新车交易上基本没有盈利，盈利主要依靠后市场和汽车金融，前者占利润

的60%左右，后者占30%左右。

（2）当前，主机厂对4S店的依赖是因为需要4S店做库存，主机厂对盈利一般的4S店给予优惠或返点。伴随着行业供给过剩，4S店未来的收购兼并将进一步加强。

（3）4S店对主机厂的依赖主要在于货源，由于主机厂决定各个区域门店的货源情况，因此，中长期内主机厂仍然对4S店有绝对的谈判优势。

2）新零售

（1）互联网销售需要主机厂背书，当前最大的问题是供需端信息的不对称，消费者很难掌握产品质量信息，从验车到提车的流程难以把握，征信体系的建立需要时间。

（2）互联网销售平台存在物流功能缺失的问题，由于汽车销售的周转期较长，主机厂对库存的需求将长期存在，互联网零售很难出现爆发性增长。

（3）互联网交易平台的功能和定位大同小异，在汽车金融和后服务上与传统经销商很难有本质上的不同，很难形成真正意义上的行业壁垒，未来行业竞争注定趋于激烈。

8. 汽车销售及服务行业上市公司分析

如图4-159所示，汽车销售及服务行业PE处在中枢位置，但由于A股上市公司整体处于传统汽销及服务行业，行业处于衰退期，因此行业的投资价值不大。权重股广汇汽车的PE为14倍，考虑上汽集团、华域汽车的估值中枢都在10倍以内，因此，即使当前估值对应广汇的历史估值不贵，其股价上行的空间也非常有限。

行业的主要看点是是否有新进入者可以取代经销商，但这类新进入者并没有在二级市场上市，机会主要在一级市场。从二级投资的角度讲，我们建议规避此板块内的标的。

汽车新零售领域投融资事件见表4-78。

9. 汽车新零售行业投资全景导航

1）竞争格局

目前，汽车新零售有两条路线，一是以弹个车、大白汽车、毛豆新车等汽车消费金融平台为代表，利用融资租赁这一金融工具，将汽车零售巧妙包装为汽车金融产品，从而可以高效变现那些通过线上、线下等多渠道获取的汽车专业流量，以高附加值的金融变现方式取代低附加值的交易变现方式。从此，这些平台的属性就已不再是以零售交易为核心的电商公司，而是以汽车为载体的金融公司。

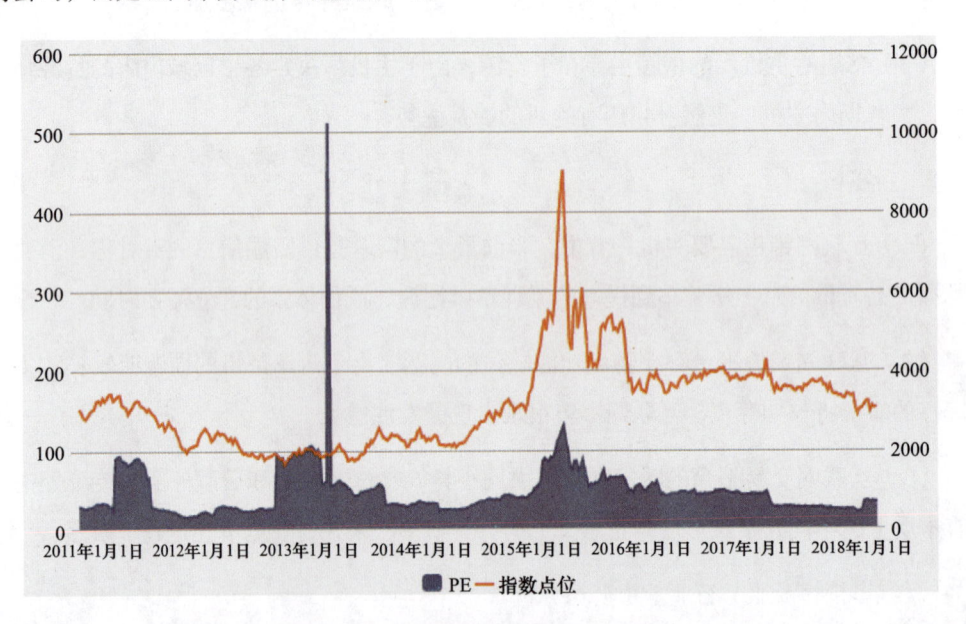

图 4-159　汽车销售及服务行业 PE

二是以致力于车源服务、供应链金融服务、汽车仓储物流服务、线下门店服务（如苏宁汽车超市）、无人试车体验服务等B端供应链服务的平台为代表，为非授权汽车流通渠道的B端客户（包括上述互联网汽车直租平台在内，以及二网经销商等）全面赋能，帮助这些相对弱势的市场主体走上汽车新零售之路，成为传统授权销售体系的有力补充。

2）行业壁垒

- 需要一定资金和资产的基础。

- 需要技术和商业模式的创新。

3）投资风险

- 替代以4S店模式为代表的传统汽车经销模式的效果不明显。

- 行业竞争激烈，汽车行业增速放缓。

第4章 / 汽车全产业链投资价值研究

表4-78 汽车新零售领域投融资事件

垂直领域	细分领域	所属细分领域上市公司	所属细分领域未上市公司	近期并购事件（2017年1月—2018年3月）	近期融资事件（2017年1月—2018年3月）
汽车新零售	汽车电商	京东、阿里巴巴、汽车之家、庞大集团、科达股份、易车网	人人车、车好多（原瓜子二手车）、优信二手车、卖好车	2017年3月，科达股份以2.7亿元收购汽车互联网公司智阈网络90%的股权，以5 225万元收购电商平台链动汽车77.9412%的股权	2017年3月，卖好车完成30亿元融资，招商银行、浙商银行参投。2017年6月，车好多完成4亿美元融资，红杉资本中国、经纬中国、蓝驰创投、Dragoneer Investment Group、H Capital、招银国际参投；2018年2月，车好多完成8.18亿美元融资，红杉资本、IDG、腾讯参投。2017年6月，蜜蜂停车完成A+轮4000万元融资，盛势资本参投。2017年9月，人人车完成2亿美元融资，滴滴出行参投。2017年11月，阳光海天完成A轮15亿元融资，华平投资、红星美凯龙参投
	二手车交易	易鑫集团	大搜车、车好多、置宝、广汇二手车、诚新二手车、及新车、乾坤好车、Gulliver、优信二手车	2017年10月，大搜车收购车行168 100%的股权；2018年4月，大搜车完成了对车易拍100%的股权的收购	2017年1月，优信二手车完成D轮5亿美元融资，新桥资本、时代资本、老虎基金、高瓴资本参投。2017年11月，大搜车完成E轮3.35亿美元融资，阿里巴巴、华平资本参投
	汽车金融及租赁	易鑫集团、金固股份、汽车之家	沣邦融资、众富融资、明云融资、安鹏融资、元正融资、普蕙融资、谱金融资、中安金融、百金贷、车e融、灿合集团、婴扬汽车、车猫好车、第一车贷	2017年3月，滴滴以4.3亿元完成了对一九付100%的股权的收购	2017年1月，第一车贷完成3.6亿元融资，360、经纬中国参投。2017年5月，中安金控完成A轮2.2亿元融资，海通开元、信雅达、弘信资本参投。2017年8月，百金贷完成1000万美元融资，鲁信创投参投。2017年8月，车e融完成1500万元融资，陶石资本参投
	其他	—	车e估、启辕汽车、精真估、事故同、车捕头、滚雷进口车、51进口车、行圆汽车	—	2017年5月，事故同完成天使轮285万元融资，英诺天使基金参投。2018年1月，滚雷进口车完成5亿元融资。2018年3月，行圆汽车完成A轮5亿元融资，执一资本参投

227

4）最有价值的投资领域

- 全产业链的汽车服务平台。

- 专业的汽车金融公司。

4.6.3 汽车维修保养

2011—2016年，汽车养护行业市场规模以年均复合增长率25%的速度增加，实现了4倍左右的增长，至2016年，汽车养护行业市场规模为7049亿元。预计2017—2022年汽车养护行业将以11.25%的年均复合增长率增长，市场规模不断扩大；到2022年，汽车养护行业市场规模将突破1.5万亿元，达到1.74万亿元，未来可增长空间巨大（图4-160和图4-161）。

图 4-160　2011—2016年国内汽车养护行业市场规模走势

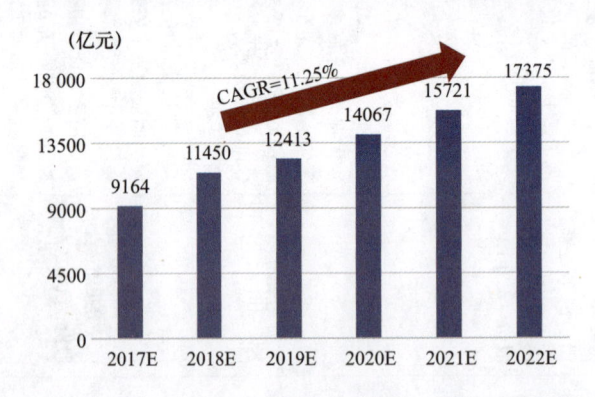

图 4-161　2017—2022年国内汽车养护行业市场规模走势

然而，国内汽车后市场极度分散，整个市场效率低下，和发达国家市场格局差异巨大。目前，我国汽车养护维修市场参与者极度分散，以线下渠道为主。参与者包括4S店、综合维修厂、快修连锁店，以及大量的路边店。互联网渠道占比低，近70%的市场份额仍被4S店体系占据。全国一、二、三类注册维修企业有40多万家，其中，非4S店在37万家以上，行业集中度极低。

美国的汽配维修市场以独立厂商为主，占全部市场的80%。汽车销售商占汽车后市场20%左右的份额。汽车销售商的20%份额主要来自汽车保修期内的维修养护，因为其只提供原厂配件，而在美国原厂配件价格较非原厂配件贵且质量基本相同，所以一旦过了保修期，大多数消费者会在独立厂商处购买汽配零部件。独立汽配修理的主要厂商有AutoZone、Advanced Auto Parts、O'Reilly Auto Parts及GenuineParts（NAPA），它们占全行业约30%的份额，市场集中度较高。

汽车保有结构的老化、消费升级、政策推动和互联网红利使汽车市场存量兴起，后市场迎来黄金时代。整个汽车后市场的效率提升势在必行，并且有较大的改进空间，传统的市场参与者，包括4S店、路边店等，已经无法满足消费者升级的需求，消费者一直没有更好的选择。市场上急需一个能够提供便捷、稳定、品牌化服务的车后连锁门店网络，以满足消费者的需求。

把车后连锁服务的整个业务流程拆解来看，最为关键的几个业务环节包括：后端产品和原材料的供应链、门店的运营和服务提供，以及前端的用户获取。每个环节都因为行业的属性和中国的一些特有国情，有着各自的复杂性和门槛，各个环节都存在很大的效率和体验的提升空间。为了让消费者能够获得更优的汽车后服务的消费体验，事实上，"供应链+门店运营+前端获客"，每个环节都环环相扣，需要全部打通。整个汽车后维修市场的基础将是通过品牌化、规模化，做好线下门店的运营和服务，后端建立可靠稳定的供应链体系，从而为消费者提供更优的选择和服务体验，同时，建立对于连锁品牌的信任感，形成正向反馈。汽车后市场未来将在线下门店通过连锁、品牌化、标准化的升级，加上互联网的手段，提供线上及线下的体验，其背后是形成更有效率的产业新格局。同时，通过和用户的有效交互，不断拓展和车主相关的其他需求。

汽车维修保养领域投融资事件见表4-79。

表4-79 汽车维修保养领域投融资事件

细分领域	所属细分领域上市公司	所属细分领域未上市公司	近期并购事件（2017年1月—2018年3月）	近期融资事件（2017年1月—2018年3月）
汽车售后配件	亚夏汽车	好修养、博湃养车、e洗车、功夫洗车、我爱洗车、赶集易洗车、呱呱洗车、响马帮、酷配养车、养车无忧网、车享家、易配通、汽配宝、好汽配、助商贷、瑞博恩汽车金融、途虎养车	—	2017年8月，好汽配完成A轮数千万美元融资，顺为资本、XVC创投、红点创投中国基金参投；2018年2月，好汽配完成A+轮数千万美元融资，SIG参投 2017年8月，助商贷完成A轮1000万元融资，头狼资本参投 2017年8月，瑞博恩汽车金融完成A轮2000万融资，洪泰基金、复之硕资本参投
汽车维修	回天新材、广汇汽车、万丰奥威、日上集团、庞大集团、扬子新材、金固股份、和谐汽车	慧聪、康众配件、海通股份、正时汽车、齐配、中国汽车配件网、北迈、汽配人、车优易、宜配网、嘀嘀汽配商城、德师傅、摩卡汽服、惠养车、携车网、蚂蚁女王、车通云、养车无忧网、月白、典典养车、百顺养车	—	2017年1月，惠养车完成A轮数千万美元融资，福鱼资本、弘治资本参投 2017年6月，和谐汽车完成2.8亿元融资 2017年6月，回天新材完成2.5亿元定增，价格为10.01元 2017年8月，月白完成数千万元融资，天使汇参投 2017年10月，典典养车完成C+轮数千万美元融资，纪源资本参投 2017年11月，广汇汽车完成80亿元定增，价格为8.05元

4.6.4 汽车循环利用

当前汽车循环利用的焦点在于锂电池的回收。锂电池的污染威胁，在于它报废之后的后端处理环节。尽管锂电池不含广受诟病的铅、镉等重金属，但从技术工艺上讲，除了锂，它的电解液中仍然有镍、钴、锰等重金属，电解液含氟有机物也有污染（表4-80）。此外，报废之后，它仍有300~1000V不等的高压，在回收、拆解、处理过程中如操作不当，可能会有起火爆炸、重金属污染、有机物废气排放等多种问题。

表4-80 常见锂电池中的金属含量

元素名称	钴	铜	铝	铁	锂
含量（%）	15	14	4.1	25	0.1

以锂电池电解液中的六氟磷酸锂为例，它在空气环境中容易水解产生五氟化磷、氟化氢等有害物质，对人体、动植物有强烈的腐蚀作用，因此，要特别注意溶剂和六氟磷酸锂的处理。

锂电池在资源再生循环利用的过程中，经过热解、粉碎等物理预处理和浸出、萃取等化学处理后，只能得到镍、钴、锰萃余液。要想进一步提纯，必须引入大量氨水来进行处理，如此一来，必然会排出有害的含氨废液。过量的含氨废液排入水体，将导致水体富营养化，造成水中生物的大量死亡，而高浓度氨氮废水被氧化生成的硝酸盐和亚硝酸盐则对人类的健康造成极大的威胁。更为致命的是，锂电池报废高峰，也将在随后几年到来。

据中国汽车技术研究中心预测，到2020年，中国电动汽车动力电池累计报废量将达到12万~17万吨。这大约是2016年报废量的10倍以上。

要做好报废电池的回收，必须做到"从哪里来又回到哪里去"，这就是"定向循环"的模式。通过废旧新能源汽车拆解及电池回收再利用，在避免废旧电池污染土壤的同时，还能提升电池利用效率，创造新的利润空间，降低新能源汽车的成本。锂电池在资源再生循环利用的过程中，可以再次得到国内依赖进口的镍、钴、锰等稀缺原材料。

全球锂电池回收业目前以欧美企业为主，国内锂电池回收公司不仅产量与国外企业差距大，技术水平也存在较大差距（表4-81）。

表4-81 锂电池主要回收企业

国家	公司	商标
比利时	优尼科	umicore
瑞士	Batrec	BARTEC
日本	三菱	MITSUBISHI
法国	Recupyl	RECUPYL
德国	IME	IME
中国	格林美	GEM 格林美
中国	邦普集团	BRP

锂电池回收方法有以下几种。

1. 高温冶金工艺

用高温焙烧经简单机械破碎的废弃的锂电池，筛选可得到含有金属和金属氧化物的细粉体。高温冶金工艺流程如图4-162所示。

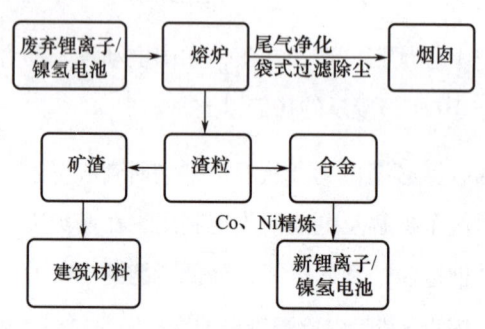

图 4-162　高温冶金工艺流程

高温冶金工艺相对简单，适合大规模处理。但是，电池电解质和其他成分燃烧易引起大气污染。

2. 湿法冶金工艺

将废弃电池破碎后，用合适的化学试剂选择性溶解，分离浸出液中的金属元素。湿法回收锂和铁的工艺流程如图4-163所示。

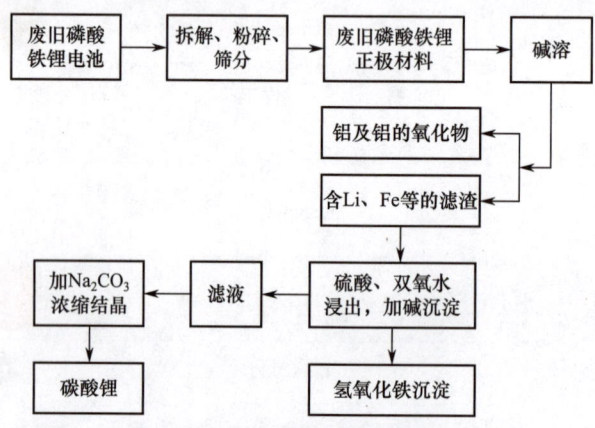

来源：《深圳市动力电池回收利用》机制与政策研究

图 4-163　湿法回收锂和铁的工艺流程

湿法冶金工艺稳定性好，适合中小规模处理，但是成本较高，废液需要进一步处理。

3. 物理拆解工艺

电池组分经破碎、过筛、磁选分离、精细粉碎和分类后得到高含量物质，再进行下一步回收。

物理拆解工艺处理效率低、耗时长，但是工艺十分环保，不会对环境造成二次污染。

4. 联合回收工艺

联合回收工艺流程如图4-164所示。

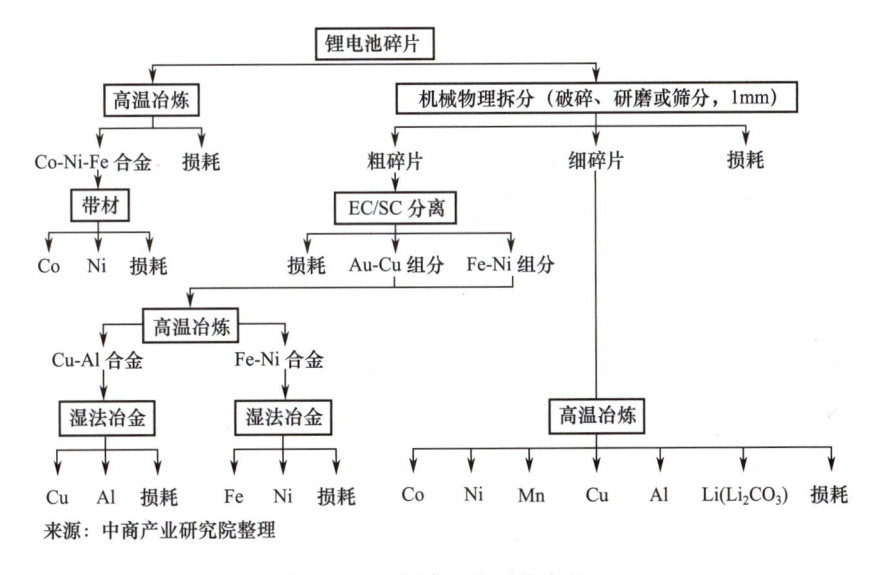

图 4-164 联合回收工艺流程

采用联合回收工艺，可以发挥各种基本工艺的优势，尽可能提高回收的经济效益。

5. 其他新型回收工艺

（1）生物冶金法：利用微生物菌类的代谢来实现对钴、锂等元素的选择性浸出。

（2）电极直接修复技术：通过破坏黏结剂来分离电极材料，进行回收。

（3）浸出液合成电极材料：浸出液直接参与化学反应，生成钴酸锂电极材料。

汽车报废回收领域投融资事件见表4-82。

表4-82 汽车报废回收领域投融资事件

细分领域	所属细分领域上市公司	所属细分领域未上市公司	近期并购事件（2017年1月—2018年3月）	近期融资事件（2017年1月—2018年3月）
整车报废回收	华宏科技、天奇股份	贵研资源、澳宏环保、新能再生、无锡新三洲、再生家	—	—
电池报废回收	格林美、豫光金铅、怡球资源、骆驼股份、比亚迪、宁德时代、华友钴业、厦门钨业、天奇股份、江森自控	超威集团、沃特玛、优美科、邦普集团、赣州豪鹏	江森自控收购电池回收技术公司Aqua Metals 5%的股权	—

第5章

结束语

21世纪，中国正大步走向国际舞台的中央，中国制造业正在强力重构全球产业格局。在新一轮产业竞争中，中国企业毫无疑问将扮演更重要的角色。

中国汽车企业抓住了汽车产业电动化转型的机会，坚持以科技创新驱动发展升级，在新能源汽车领域建立并不断巩固先发优势。在以智能化为代表的先进制造业领域，中国企业将迎来与国际巨头正面交锋的时刻，且优势引人注目：一是中国的互联网红利，二是中国的市场红利，三是中国的发展红利。

通过对汽车全产业链的梳理，我们看到了中国互联网、智能化等诸多领域众多企业与汽车制造业跨界融合的创新动力，看到了中国金融资本积极响应脱虚向实、投身产业发展的热情，这更增添了我们的自信与动力。

历史的机遇近在咫尺，作为本书的出品方、中国汽车产业创新与投资的主要力量，北汽集团愿与各位一同，乘变革之机，顺潮流之势，引领中国汽车制造新时代，共创下一站繁荣。

联系我们

北京
地址：北京市朝阳区东三环南路25号北京汽车大厦11层 100021
电话：010-87665207
传真：010-87665958-8027
邮箱：baiccapital@baicgroup.com.cn
网址：www.baiccapital.com

上海
地址：上海市长宁区凯旋路399号龙之梦雅仕大厦2202

深圳
地址：深圳市南山区深圳湾创业投资大厦34层 518063
电话：0755-66633058
传真：0755-66633058

江西
地址：江西省南昌市红谷滩绿地中央广场双子塔A1座704 330038
电话：0791-82287836
传真：0791-82287818

美国
地址：美国中关村硅谷创新中心
电话：+1 4082019999
Add：4500 Great America Parkway, STE100 Santa Clara, CA 95054
Tel：+1 4082019999

欧洲
地址：德国法兰克福弗里德里希艾伯特大街35号185大厦14层 D-60327
电话：+49（0）69505047000
传真：+49（0）69505047450
Add：Etage14, Tower185, Friedrich-Ebert-Anlage35, D-60327, Frankfurt a.M. Germany
Tel：+49（0）69505047000
Fax：+49（0）69505047450